康养休闲旅游服务系列教材

专家指导委员会主任｜韩玉灵
总主编｜赵晓鸿

康养休闲
旅游服务基础

赵晓鸿◎主　编
邹陆彬　李　丹◎副主编

北京·旅游教育出版社

图书在版编目（CIP）数据

康养休闲旅游服务基础 / 赵晓鸿主编. -- 北京：旅游教育出版社，2021.8（2025.7）
康养休闲旅游服务系列教材
ISBN 978-7-5637-4282-0

Ⅰ．①康… Ⅱ．①赵… Ⅲ．①旅游保健－旅游服务－教材 Ⅳ．①F590.6

中国版本图书馆CIP数据核字(2021)第133910号

康养休闲旅游服务系列教材

康养休闲旅游服务基础

赵晓鸿　主　编

邹陆彬　李　丹　副主编

总策划	丁海秀
执行策划	蒯　鑫
责任编辑	蒯　鑫
出版单位	旅游教育出版社
地　址	北京市朝阳区定福庄南里1号
邮　编	100024
发行电话	（010）65778403　65728372　65767462（传真）
本社网址	www.tepcb.com
E - mail	tepfx@163.com
排版单位	北京旅教文化传播有限公司
印刷单位	北京柏力行彩印有限公司
经销单位	新华书店
开　本	710毫米×1000毫米　1/16
印　张	14.25
字　数	215千字
版　次	2021年8月第1版
印　次	2025年7月第5次印刷
定　价	47.00元

（图书如有装订差错请与发行部联系）

系列教材专家指导委员会、编委会

专家指导委员会

主　　任：韩玉灵

委　　员：周春林　赵晓鸿　丁海秀　文广轩　董家彪　臧其林　魏　凯

编委会

总 主 编：赵晓鸿

委　　员：祝红文　吴越强　韩海军　夏丽娜　梁悦秋　杨红波　沙　莎
　　　　　石媚山　杨　英　马友惠　谭宏鹰　蔺　鑫　孙　超

《康养休闲旅游服务基础》编委会

主　　编：赵晓鸿

副 主 编：邹陆彬　李　丹

编　　委：（按姓氏笔画顺序排列）
　　　　　冯雪梅　刘　畅　肖怡然　宋　丽　陈　悦　和祯婧　谢　琳
　　　　　董玲瑜

总 序

当今中国，旅游产业欣欣向荣，新兴旅游方式与新业态如雨后春笋般蓬勃发展。康养休闲旅游作为新兴旅游业态，其市场规模呈快速增长态势。康养旅游中的森林康养旅游、温泉康养旅游、中医药康养旅游、运动康养旅游、康养旅居等更加专业化，休闲旅游中的户外休闲旅游、文化休闲旅游、运动休闲旅游、康乐休闲旅游等层出不穷。

中国康养休闲旅游快速发展，产业规模逐年增长，且发展空间巨大，但人才培养严重滞后。为此，四川省旅游学校于2015年创设巴蜀武术养生学院，探索康养旅游专业方向的学历教育，开启了中国康养旅游职业教育的先河；2016年成功申报休闲体育服务与管理专业（康养旅游方向），并于2017年开始招生；2018年以巴蜀武术养生学院为基础，正式成立康养旅游系。2019年5月，由四川省旅游学校主持论证的康养休闲旅游服务专业正式纳入教育部新增专业目录。受教育部和全国旅游职业教育教学指导委员会委托，我们带领团队完成了康养休闲旅游服务专业教学标准和部分专业核心课程标准的研制工作；2020年又完成了全国旅游职业教育教学指导委员会立项的《康养休闲旅游实训基地的规划与建设》课题研究任务。

新专业需要新的教材体系做支撑，康养休闲旅游服务专业急需一套与之相适应的专业教材。根据前期积累的教育教学与专业建设经验，我们在旅游教育出版社的大力支持下，开始筹划全国首套康养休闲旅游服务系列教材的编写与出版工作。

2020年初，四川省旅游学校牵头组织了一个覆盖全国的多行业、多学科专家团队，开启了艰难的教材研究与编写工作。专家团队涵盖四川大学、四川农业大学等985、211重点高校，成都中医药大学、西南医科大学、成都体育学院等专业院校，云南旅游职业学院、青岛酒店管理职业技术学院、太原旅游职业学院、沈阳市旅游学校、武汉市旅游学校等众多旅游院校，共有40余所院校参与了教材研究与编写工作；此外，我们还邀请了10多家行业企业的专家参与此项工作，专家团队规模达 160 余人。在研究数据缺乏、案例稀少、没有更多可借鉴参考资料的情况下，历时一年多时间，相继完成了系列教材中首批教材的编写，于 2021 年 8 月后陆续出版。

本套教材既可作为中高职职业教育旅游类专业教学用书，也可作为职业本科旅游类专业教育的参考用书，同时可作为工具书供从事旅游服务与管理的企事业单位专业人员借鉴与参考。

作为全国第一套康养休闲旅游服务系列教材，肯定还存在很多缺陷与不足，恩请读者指正，我们将在再版过程中予以完善与修正。

总主编：

2021 年 8 月

目 录

前 言 ·· 01

第一章　旅游服务概述 ·· 1
  第一节　旅游服务的概念内涵 ·· 3
  第二节　旅游服务的内容 ·· 7
  第三节　旅游服务人员的基本素质要求 ························ 14

第二章　旅游服务基本规范 ·· 23
  第一节　旅游服务规范的概念内涵 ································ 25
  第二节　旅游服务规范的内容 ·· 31

第三章　康养休闲旅游服务的概念及内容 ·················· 39
  第一节　康养休闲旅游服务的概念 ································ 41
  第二节　康养休闲旅游服务的内容 ································ 45

第四章　康养休闲旅游接待服务 ·································· 59
  第一节　康养休闲旅游接待服务的概念与特点 ············ 61
  第二节　康养休闲旅游接待服务的内容与规范 ············ 64

第五章　康养休闲旅游行程服务 ·································· 83
  第一节　康养休闲旅游行程服务的概念与特点 ············ 85
  第二节　康养休闲旅游行程服务的程序与规范 ············ 91

第六章　康养休闲旅游餐饮服务　107

第一节　康养休闲旅游餐饮服务的概念与特点　109

第二节　康养休闲旅游餐饮服务的内容与规范　114

第七章　康养休闲旅游住宿服务　141

第一节　康养休闲旅游住宿服务的概念与特点　143

第二节　康养休闲旅游住宿服务的内容与规范　149

第八章　康养旅游特色服务　159

第一节　森林康养旅游服务　161

第二节　温泉康养旅游服务　166

第三节　中医药康养旅游服务　171

第四节　运动康养旅游服务　176

第五节　康养旅居服务　182

第九章　休闲旅游特色服务　191

第一节　户外休闲旅游服务　193

第二节　文化休闲旅游服务　197

第三节　运动休闲旅游服务　202

第四节　康乐休闲旅游服务　206

参考文献　212

前言

旅游服务是旅游产品的核心，决定了旅游质量的高低。随着社会经济水平的不断提高，人民群众对美好生活的需求日益增长，旅游服务的需求和内容都在不断丰富，康养休闲旅游服务正逐渐成为现代旅游服务发展的新趋势。

本书是康养休闲旅游服务专业的核心课程教材，重在康养休闲旅游服务的知识性介绍，理论性、综合性较强，为学生后续学习康养旅游服务技能与休闲旅游服务技能做好基础知识准备。

本书共分九章，首先从旅游服务的概念内涵和基本规范出发，引出康养休闲旅游服务的概念和内容；再以康养休闲旅游接待服务、康养休闲旅游行程服务、康养休闲旅游餐饮服务和康养休闲旅游住宿服务四大板块为主线，介绍康养休闲旅游服务的概念与特点、内容与规范；最后，分别讲述康养旅游和休闲旅游的特色服务，展现当前康养休闲旅游产业中的服务亮点。

本书的编写得到了全国各相关院校的大力支持。参加编写的老师有：李丹（第一章）、肖怡然（第二章）、谢琳（第三、九章）、宋丽（第四章）、冯雪梅（第五章）、陈悦（第六章）、董玲瑜（第六章）、和祯婧（第七章）、邹陆彬（第七章）、刘畅（第八章）。全书的编写大纲由赵晓鸿教授拟定，由邹陆彬、李丹统稿，赵晓鸿教授最后审订。本书的编写出版，得到了旅游教育出版社的指导和帮助，对此表示衷心感谢。

因本书编写时间紧，编者水平有限，书中缺点在所难免，敬请专家和读者批评指正。

编者

2021 年 6 月

第一章

旅游服务概述

本章重点

旅游服务贯穿于旅游活动的全过程,是旅游业的核心,也是旅游质量保证的关键。本章主要包含旅游服务的概念、特点与内容以及旅游服务人员的基本素质要求三方面内容,重点讲解旅游服务的概念以及旅游服务人员的基本素质要求。

学习目标

通过本章的学习，学习者能够了解旅游服务的概念，熟悉旅游服务的特点，掌握旅游服务的内容和从业人员的基本要求，从而具备旅游服务的基本素质。

本章思维导图

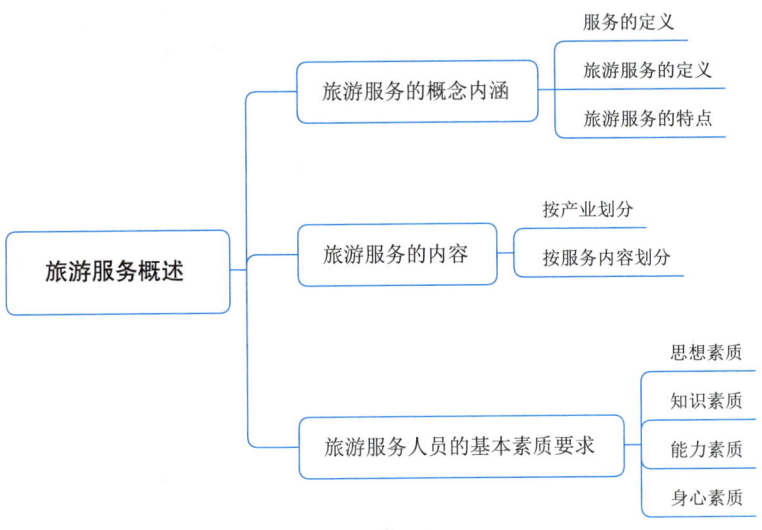

第一节　旅游服务的概念内涵

21世纪以来，全球旅游业在社会进步、经济发展、交通革命、信息技术进步等多重因素的推动下飞速发展。据世界旅游组织（World Tourism Organization，UNWTO）统计，1950年世界各国接待国际游客2 530万人次，国际旅游收入21亿美元。《世界旅游经济趋势报告（2020）》指出，2019年全球旅游总人次达123.10亿人次，全球旅游总收入为5.8万亿美元，分别是1950年的486倍和2 761倍。传统旅游业在旅游新业态的不断渗透下，呈现出前所未有的、丰富多彩的局面，世界旅游业从传统意义的朝阳产业业已发展为当前世界经济的支柱产业之一。

我们注意到：随着现代旅游业的发展，旅游服务在形式和内容上不断丰富，越来越凸显了它在旅游业发展中的重要地位，旅游服务为旅游活动的顺利开展提供了安全可靠的便利条件，也促使旅游产品从生产实现消费的转化。因此，在旅游业发展日新月异的新形势下，明确旅游服务的内涵，对提高旅游服务质量显得尤为关键。

一、服务的定义

厘清什么是旅游服务，首先从弄懂"服务"的概念入手。国际标准ISO9004-2《服务指南》中明确给出了"服务"的定义："为满足顾客的需求，供方与顾客接触的活动和供方内部活动所产生的结果。"可以看出，服务是一种劳务活动，具有一定的复杂性，它不以实物形式呈现，但又可以以实物为依托，赋予服务者的劳动以满足他人的物质或精神需求；同时，服务是在服务者与被服务者的互动中体现其价值的。

二、旅游服务的定义

长期以来，国内一些学者和国际组织对旅游服务的概念有过一些表述，目前尚无被学术界普遍认可的、相对统一的、科学的定义，这与其内涵的复杂性和多元性有关。

观点一：旅游服务就是以满足客人多层次消费需求为特征，向客人提供多种有形产品和无形劳务的综合性产品。主要从旅游者和旅游服务供给两个角度对旅游服务进行定义。此观点倾向把旅游服务归类于特殊的旅游产品。

观点二：世界旅游组织将"旅游服务"定义为："一切由旅游企业提供的满足旅游者需要的服务内容，包括旅游及旅行相关的服务，娱乐、文化、体育、金融、运输服务等十二类。"此观点对旅游服务所包含的范围过于广泛。

观点三：旅游服务是一个开放的复杂的系统。包括四个部分：客源市场系统、目的地系统、支持系统、出行系统。旅游服务在这四个子系统中都有所渗透，只是比重大小不一。此观点偏重对旅游服务的系统性研究。

观点四：张文建、王晖认为，旅游服务是一定经济发展阶段的一种综合服务现象，是发生在旅游服务者和接受者之间的一种无形性的互动，旅游服务的供需双方在交换中实现利益的满足，但互动过程不涉及所有权的转移；在吴必虎的"旅游系统论"基础上，呈现了旅游服务系统模式，如图1-1所示，可见此观点关注旅游服务在客源地服务系统、出行服务系统、目的地服务系统、支持服务系统四大系统中，服务者与被服务者之间无形性的互动。

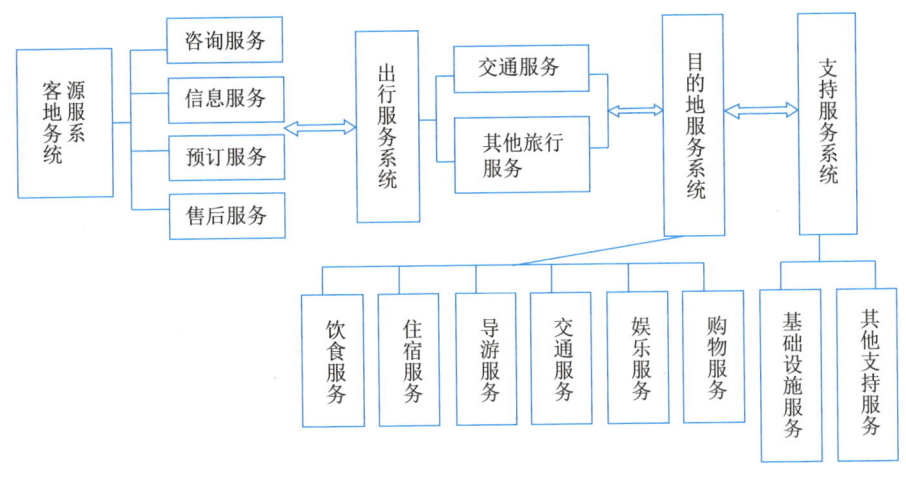

图1-1 旅游服务系统模式

上述观点各有其侧重，都揭示出了旅游服务的本质属性，即旅游企业提供的一种综合性的劳务行为，其目的在于满足旅游者的旅游需求。我们认为：旅游服务是一种生产性活动，在旅游全过程（含旅游准备、旅游中、旅游后），通过创造性的服务活动，将旅游资源、旅游产品和设施相互结合成为人们享受和消费的对象，创造一种特殊使用价值，以满足人们的物质和精神需要。因此，旅游服务可定义为：为满足游客的旅游需求，为旅游者提供的各种产品和技术支撑的服务形式的总和。

旅游服务有显性服务和隐性服务之分。所谓显性服务是指行业规范的服务及其过程或流程，诸如规范的服务流程、咨询服务、服饰礼仪，旅游经营场所的环境布局、提供的设备设施服务等，是游客现场可以感受到的规范的经营行为，也是能被竞争者模仿或超越的示范行为。隐性服务则是顾客感受不明显、容易产生个体感觉差别的、甚至感受有偏差的不易见的活动，如：旅游线路及旅游产品推介、旅游攻略策划与宣传、旅游体验分享、旅游评价等。隐性服务根据游客的满意度分为优质隐性服务和不良隐性服务两大类。优质的隐性服务能给游客带来意外满足感，也能提升服务产品的档次和吸引力；而不良的隐性服务却能严重影响游客的体验感，降低服务产品消费的满意度。

实践中，旅游服务内容、服务项目的丰富程度反映了旅游业供给水平的高低。旅游服务水平直接关系旅游企业的品质和信誉。由此可见，旅游服务的优劣体现了企业员工素质和管理水平的高低，是评价旅游企业经营管理的重要标准。

三、旅游服务的特点

服务是旅游业的核心，旅游服务质量的优劣维系着旅游业的生命，旅游服务竞争自然成为旅游业竞争的核心。旅游服务与其他行业的服务相比较，具有哪些特点呢？

（一）综合性

与社会上各种服务行业相比较，旅游服务具有综合性特点。主要表现在：旅游消费需在一定时间段内完成，需要各种不同的服务环节紧密相连。例如：某一旅游行程的安排，需要旅行社工作人员提供行程计划、签订旅游合同、组织导游服务；住宿酒店提供住宿服务；餐饮部门提供餐饮服务；娱乐休闲及购物等相关服务相应跟随。它不是单纯由一个环节独立完成，在旅游者多样化需求的驱动下，团体旅游客人的一切事务都委托给旅行社办理，旅行社提供的旅游服务体现出明显的综合性特点，这就要求旅游服务必须具有完整性、系统性和科学性，任何环节细微的疏漏和大意，都会造成整个服务的失败。

（二）消费性

旅游者购买旅游产品，通过食、住、行、游、购、娱等环节，连同旅游产品一并消费了旅游企业提供的旅游服务，旅游者选择旅游产品的同时也购买相应的服务。旅游服务在产生的同时也在被消费，否则它就没有使用价值。旅游服务不同于其他有形产品，必须等到完全生产好后才能交付使用，它是根据旅游者随机提出的旅游需求而及时提供的劳务。例如：客人在餐厅点餐，购买了菜品，还需要服务人员制作菜肴、介绍菜品、上菜、分菜，品尝美味的同时离不开享受餐饮服务，消费菜品也消费了餐饮服务。在很大程度上，旅游服务的水平影响着客人的满意度。

（三）直接性

旅游服务作为特殊的劳务活动，将所有旅游产品聚拢在旅游地。只有在旅游服务人员提供的直接服务下，旅游者接触旅游资源或设施，方能显现其使用价值。也就是说，在旅游消费中，只有通过服务人员直接、及时的服务才能把任何一种旅游劳务提供给旅游者。

在商品经济社会，一般有形产品从生产到消费，需要通过中间环节，即商业流通环节才能实现消费，它并不是直接的。有形产品的质量不仅有检测的过程，而且消费者对不满意的产品还有退换的可能。旅游服务则不同，它的生产和消费是同步进行的，也就是说，旅游服务的提供者和旅游者之间是直接的当面服务、当面消费，一次性完成，不能退换。

（四）同质性

国内游客多以团队游客为主，受常规旅游线路和固定旅游景点等旅游资源的制约。一般旅行社按统一标准安排餐饮、住宿，各家旅游企业提供的旅游服务没有太大的差别；且旅行社对多数旅游产品缺乏专利保护，在产品形式、旅游行程安排和项目设计上都具有同质化倾向，这就导致模仿、雷同现象泛滥。一般同一条旅游线路在食、住、行、游、购、娱等条件相差不大的情况下，旅游服务的差异很小，很容易被模仿，这就使旅游服务具有同质性的特点。

旅游企业若要获得竞争优势，应全面深入分析现代旅游市场发展趋势和当代旅游者需求发展特点，寻求旅游服务供给方式以及与游客间交流合作的方式创新；在旅游服务交流信息传递设施、设备的改进，信息收集与处理、人力资源开发、旅游产品开发与销售等技术手段上创新；优化产品结构，设计出更多符合现代旅游市场发展趋势的、能满足旅游者个性化、多元化需求的旅游产品，使旅游者在旅游全过程都能得到最合理、最优质的服务。

（五）复杂性

旅游服务的复杂性主要表现在以下三个方面：

1. 旅游主体的复杂

旅游者是个复杂的群体。每个旅游者受地域背景、经济收入、文化背景、个人生活习惯、性格爱好等多重个性化因素影响,决定了旅游需求的复杂性,在旅游接待中势必会形成多种多样的旅游接待方式。旅游从业人员需关注接待中存在的复杂现象,尽可能满足各种类型游客的需要。

2. 旅游服务内容的多变

游客的服务需求往往是突发的,而旅游企业为应对这些需求的准备往往是有限的。特别是各个国家或地区的经济发展水平不同,提供服务的条件会有很大差异。客观现实中还可能会出现与服务环境、条件不协调的变化,而服务者需要在应对游客复杂多变的服务需求面前迅速做出服务准备,应当在应变能力上下功夫。同样服务内容,在价格和质量差别较大的情况下,游客自然会选择价格相对较低、质量较好的服务。

3. 旅游主体的流动性

旅游者到某地旅游不可永久居留,具有暂住性的特点。因此,绝大多数游客在外都属于流动客。这一特点使旅游服务者很难做到熟悉和准确了解每个客人的需求和心理特点,无法准确掌控住房率、餐饮人次和最佳满意率。旅游工作者必须寻找本地区旅游服务与游客流动规律的最佳结合点,努力开发旅游资源,提升旅游服务品质,多渠道吸引游客,以获得更大效益。

(六)享受性

旅游本身就是一种生活享受,游客接受的旅游服务会对旅游者带来诸多体验感,除旅游资源和旅游氛围外,游客还希望在服务过程中享受艺术魅力,因此,旅游工作者应通过接待语言和服务操作两个方面给游客以美的享受。

"良言一句三冬暖,恶语伤人六月寒。"服务语言可以说是贯穿全部服务过程的艺术,运用是否得体,能否为游客所接受或信赖,都会直接影响旅游者的体验。亲切的表情、温暖的语言、和蔼的语气、得体的手势,都能使游客感到精神愉悦。

在旅游服务工作中,对服务项目技能技巧的基本功训练是旅游服务职业工作必需的,在长期训练和实践中,一些服务人员对许多项目操作技巧甚至可以达到近乎艺术表演的程度。游客从娴熟、利索、敏捷、专业的服务动作中可以感受到造型和韵律和谐美,而那些生疏粗糙、手忙脚乱、哗众取宠、笨嘴拙舌的服务会使游客生厌或放弃消费。

第二节 旅游服务的内容

随着社会的发展,在全球经济中旅游业显现强劲的发展势头,已成为规模巨大的产业之一。对国民经济的拉动性、社会就业的带动力以及对文化与环境的促进作用也日益明显。旅游业成为中国经济发展的支柱性产业之一，旅游服务的需求在不断扩大，旅游服务的内容在不断丰富。

孙静认为：旅游服务是多种关系交织的产物，既有旅游者与旅游企业的服务关系，也有旅游者与非旅游企业的互动作用，还包含着旅游者与服务人员、旅游者与服务设施、旅游者与旅游者、旅游者与政府机关、旅游者与目的地居民等多重关系。旅游服务是指在某种环境下旅游企业提供的一系列产品和技术服务的组合，它包括支持性设备设施（是指在旅游服务之前必须到位的物质性资源，即平常我们所说的硬件设施）、辅助性物品（是指旅游者在旅游活动中购买和消费的物质产品）、显性服务（是指旅游者可以用感官察觉到的和构成旅游服务基本或本质特性的利益）、隐性服务（是指旅游者在旅游过程中能模糊感到服务带来的精神上的收获或服务的非本质特性）。

旅游服务是旅游业服务人员通过创造性的劳务活动使旅游资源、旅游产品和旅游设施相互结合成为人们享受和消费的需要，在为游客提供物质和精神需要的过程中，创造和谐愉悦的气氛，触动游客情感，唤起游客心理共鸣，使游客乐于交流、乐于消费，在接受服务的过程中产生惬意、幸福之感的一种活动。

那么，旅游服务的具体内容包括哪些呢？作为一种直接面向旅游者的综合性服务，在旅游活动过程中，旅游服务主要围绕旅游者对食、住、行、游、购、娱等方面的多样性需求而提供多种服务，其内容通常按照产业划分包含旅行社服务、酒店服务、旅游交通服务、旅游商品服务、社会公共服务等；按照服务内容划分包含旅游信息服务、导游服务、住宿服务、餐饮服务、休闲娱乐服务、旅游购物服务及特色旅游服务等。

一、按产业划分

（一）旅行社服务

旅行社服务是指专门从事招徕、接待国内外旅游者，组织旅游并提供相应的旅游服务活动。作为旅游业的龙头，旅行社服务不仅负责旅游产品的设计、组合和营销，还要把旅游活动中有关食、住、行、游、购、娱等各种要素有机地组合起来，满足旅游者的旅游需求和消费，并直接给旅游者提供价格、信息咨询、旅游产品预订、旅游活动组织及导游等各种专门性服务。

（二）酒店服务

酒店服务是旅游者在旅游活动中的基本需要，也是旅游产品的重要组成内容。旅游酒店是为旅游者提供住宿和餐饮服务的主要企业，其服务规模、服务内容、卫生状况及环境、经营管理水平，直接反映了一个国家或地区旅游服务接待能力的大小及旅游服务的质量和水平。

（三）旅游交通服务

旅游交通服务既是旅游者进行旅游活动根本性要素，也是旅游服务的核心内容。随着现代旅游的发展，不论是纯粹的团体旅游、散客旅游，还是自助旅游活动，都要求提供相应的旅游交通服务，甚至在旅游景区景点区间的游览观光都需要提供交通服务，如景区观光车、空中游缆车等。有了旅游交通才能充分满足旅游者的旅游需求，因此，旅游交通服务是一个国家或地区旅游服务的重要内容。

（四）旅游商品服务

旅游目的地提供和满足旅游者对旅游商品的购买服务即旅游商品服务。例如：旅游者在旅游期间可以通过旅游酒店的商品部、景区旅游营业点及周边的商场、超市购买所需的生活用品、旅游纪念品等。

（五）社会公共服务

旅游中的社会公共服务是指旅游目的地社会公用服务机构、金融机构等向旅游者提供的各种服务。例如：旅游者可享受旅游目的地的公共事务服务、银行服务、加油站服务、警务服务等。

二、按服务内容划分

（一）旅游信息服务

传统的旅游信息服务主要指旅行社和旅行服务公司提供的业务范围内的服务特色及价格情况，包括相关旅行社的名称、地址、业务范围、旅游线路、行程计划、服务价格等，这些服务信息是旅游者决策时必需参考的。

随着科学技术发展和时代进步，特别是新型旅游方式——智慧旅游的出现，使旅游服务信息在云计算、物联网等新技术中得到应用，能够使旅游者精准迅速地获取各种旅游相关数据和信息，以实现旅游资源、旅游产品、社会资源共享；旅游企业也能够有效利用信息技术了解并合理设计旅游线路、控制客流、统计数据、分析消费、掌握运营数据。智慧旅游信息服务在助力企业实现数据驱动的精准营销和运营的同时，也为不同旅游业态的景区提供针对性、个性化的运营方案，在优化票务流程、提供旅游全链条服务、一站式智能服务、提升游客旅游体验方面发挥着重要作用，进而带动当地区域经济和其他行业的发展。

从满足旅游者需求的角度看，旅游信息服务借助信息技术、互联网技术能够从游客体验出发，改善传统旅游购票渠道单一、排队时间长、信息获取不及时、服务不匹配等问题，极大改善和提升了游客的旅游体验，增强了景区的服务能力。如：我国著名乐山大佛景区引入"梦旅程"景区触屏系统，游客可提前查看景区停车场状况，合理做好交通安排；到达景区后，游客可通过系统自动查询景点介绍、线路推荐、吃住行购、周边景点等信息。游客无须劳神费事，轻松高效享受旅游，提高了游览体验。在国外旅游景区中，如：尼亚加拉瀑布利用多种高新技术，实现了游客从水、陆、空、地下等多角度观赏瀑布，实力感受瀑布的震撼，增强了游客体验感；同时，瀑布体验中心开发了电影解说、惊险的瀑布极限挑战等旅游产品，契合了瀑布景观，迎合了游客心理，高效利用了旅游资源。

（二）旅游住宿服务

从传统意义上讲，旅游活动是由旅游酒店提供住宿服务的，这些酒店在规模、设备设施、收费、服务质量等方面都有行业统一标准规定。旅游住宿服务是旅游服务重要组成部分，也是旅游活动的必要保障，是指以酒店的空间、设备设施为依托，服务人员凭借优质、专业化、个性化的住宿服务项目及设施，为旅游者提供健康、舒适、高品质、个性化的住宿服务体验过程。

随着现代旅游的发展，旅游酒店的类型趋于多样化，HOTREC（欧洲酒店业协会）于2009年巴塞罗那会议参照21项基本原则对酒店进行了分类，欧洲酒店星级联盟2015年1月1日在布鲁塞尔发布2015—2020年度参照酒店一般信息、接待与服务、房间、食物、会议设施、康乐、质量与在线活动、最低限量点数共8类归属分类标准，将酒店分为1~5星级。我国于2011年实施由国家质量监督检验检疫总局和国家标准化管理委员会发布的《旅游饭店星级的划分与评定》（GB/T14308-2010）标准，将旅游饭店实行分级评审，分为五星级、四星级、三星级及以下酒店。随着我国经济社会快速发展，各种酒店数量快速增加，星级酒店向特色化发展，类型多种多样。根据酒店特色不同，除星级酒店外，各类主题酒店、度假村、酒店公寓、娱乐会所、社会旅馆、民宿、农家乐等不断加入，它们都以不同特色的服务满足不同住宿需求的游客。

近年来，还有一种新的住宿方式悄然进入人们视线——共享住宿。共享住宿作为非标准住宿的代表与传统酒店住宿相比，非常规、非标准，个性化强，即由个人业主、房源承租者或商业机构提供，可以满足旅游度假、商务出行及其他非常规性居住需求。在功能上，它是不局限于一处旅游的休息场所，也是一种体验当地旅游文化和旅游特色的途径；在服务上，让入住者有

"家"一样的住宿体验，其个性化旅游服务方式受到广大游客的喜爱。

（三）旅游餐饮服务

餐饮美食是游客在旅游过程中必备的，餐饮美食文化向来受游客青睐。随着人们对美好生活的向往和价值观的改变，人们对餐饮及其服务的要求越来越高，更加关注食品的营养、环境的舒适、服务的优质，在享受餐饮美食的过程中品味文化。旅游餐饮服务是指游客旅游期间，在各类餐厅就餐过程中，由餐饮服务人员利用餐饮服务设施向客人提供菜肴饮料的同时提供方便就餐的一切帮助，通过餐饮服务使客人感受到舒适和尊重。游客不仅可以品尝各国各地风味的美酒佳肴，还可以体验不同情调的饮食文化。对游客来讲，既是必要的营养补充，也能获得艺术感染，从而获得精神上的享受和满足。

（四）导游服务

导游服务是旅游服务中最重要的服务之一，是指导游人员代表旅行社，同游客签订合同，接待或陪同游客旅行、游览，按照国家和行业标准向游客提供的旅游接待服务。它包含向导服务、讲解服务、生活服务和安全服务。导游人员根据事前与游客约定的合同负责接待游客，安排交通、食宿及参观游览景点；为游客讲解景点文化和旅游资源，解答游客的疑问；帮助游客处理旅途中遇到的问题等。现代导游服务按照导游人员向游客介绍所游地区和景点方式的不同，可分为实地口语导游（亦称讲解导游）和图文声像导游（亦称物化导游）。

导游服务在旅游服务的各项服务中处于主导地位。日本旅游专家土井厚说："任何行业都有代表性的业务，在旅游行业中，就是导游服务。"导游服务作为旅游服务中的一种方式，与其他服务（如住宿服务、餐饮服务、娱乐服务）相比，无疑居于主导地位。从导游服务未来发展趋势看，趋向导游讲解内容高知识化、导游手段科技化、导游方法多样化、导游服务方式个性化、导游职业自由化。

（五）旅游休闲服务

随着我国经济迈入新时代，人们消费水平的不断提高，休闲娱乐意识也在提升，对休闲娱乐的要求越来越高，需要旅游企业提供旅游休闲娱乐服务的要求越来越迫切。好的休闲娱乐方式是一种文化、一种情操、一种境界。旅游休闲服务是旅游企业为了满足游客休闲旅游需求，提供在旅游过程中娱乐性、消遣性方面的劳务活动，以满足游客追求健康、舒适、快乐的需求，提升其幸福感和生活满意度。

目前，休闲产业范围广泛，旅游地产、旅游特色小镇、在线旅游、自驾车与房车营地、民宿、旅游演艺等旅游项目渗透着娱乐休闲、体育休闲、农业休闲、文化休闲等产业，娱乐休闲成为多数旅游者追求的生活时尚，是满足人们心理需求的休闲活动。新技术的飞速发展和人们的生活方式、自我意识、消费观念的改变，人们将更多的时间用于娱乐休闲成为可能。大型网络购物平台和物流业的迅猛发展，为消费者节约了购买功能型产品和服务的时间、体力与精力，使消费者有更加充裕的时间和精力进行享乐型产品和服务的消费。所以娱乐休闲将成为人们的消费主流，娱乐休闲产业的地位将逐渐得到加强。

（六）特色旅游服务

近年来，随着游客旅游需求的不断提升，一些旅游者已不满足常规旅游了，"特色旅游"作为一种新兴的更高形式的旅游活动产品备受欢迎。它是指为满足旅游者某方面的特殊兴趣与需要，定向开发组织的一种特色专题旅游活动。与常规旅游服务一样，特色旅游服务除了为旅游者提供食、住、行、游服务之外，是要服务者与旅游者共同参与旅行，在参与中提供服务，并用自己的专业知识指导旅游者实现其旅游目标。如：疗养、健康养生有关的康养旅游；高山、峡谷、沙漠短期探险旅游；非赛事的滑雪、攀岩、漂流、热气球、滑翔等体育旅游；自然、人文景观科考旅游；农庄、山村、果木花卉种植园的种植、培育、采摘农业旅游；增长知识、开阔眼界、培养素质的研学旅游等。

首先，对游客来讲，特色旅游注重的不是物质上的享乐程度，而是精神或心理上的一种检验自己能力的满足感。这种方式更具有自主性、个性化、目的性，在旅游的手段和途径上具有多样性，在旅游项目和线路上有新奇性、探险性。因此，特色旅游服务在安全保障上必须可靠，让旅游者能够最大限度地体验到项目和线路所蕴含的新奇和探险因素，又能在接待、服务等操作上最大限度地保证旅游者的安全，二者必须统一。

其次，特色旅游所设计的项目，与常规旅游服务不同的是，它不仅给旅游者留有自主参与的余地，也能够给旅游者提供尽可能完善的服务。如：在对旅游者的文化心理有充分理解的基础上，在允许的范围内，根据旅游者的个性化需要，满足其对项目或线路提出增加或减少内容的要求；在项目和线路实施过程中，精心安排一些如自备交通工具、参与餐食准备、组织娱乐活动等旅游者乐于参与的内容。增加旅游者在参加特色旅游过程中的自主参与性，在某种意义上改变了他们在常规旅游中的角色和心理上的被动性，增加了满足感和自信心、体会不同于常规旅游的欣喜愉悦。

>>> 案例 1-1 >>>

台湾长庚养生文化村特色旅游服务

坐落在台湾桃园龟山乡的长庚养生文化村,环境优美绿化完善,包含怡亲、健康、养生、文化、社区、体验、教育训练七大主题,是当地居民的养生养老的安居之所,也是接纳外地养生度假、乡村旅游、医疗旅游的好去处。

在长庚养生文化村,当地居民可享有居民特约门诊、康复护理等医疗服务和健康检查、体能检测服务;外地游客可以享受运动养生、文艺技艺、民俗活动,以及超市、餐厅、图书馆、体育馆、水疗池、园艺指导等多种特色旅游服务。

(案例改编自王玲主编《康养旅游策划》,浙江大学出版社,2020年8月,第1版,第64页。)

【案例分析】

随着人们美好生活的日益丰富,显然,单纯的游览观光已不能满足现代游客的多元化需求。产业跨界、融合发展已成为现代旅游业的发展趋势,"互联网+旅游""旅游+健康""旅游+体育""旅游+生活"等多种旅游形式的出现,不仅打破了传统旅游模式,也给旅游服务提出了多元化、个性化服务的新要求。

(七)旅游购物服务

购买地方特色产品,体验异地消费情趣,是旅游者的普遍心理。多数游客通过旅游购物实现旅游纪念、旅游记忆、馈赠亲友、求新求珍藏的愿望。一般说来,具有地方特色的手工艺品和纪念品比较受游客的喜爱。所以,旅游商品汇聚了游客对当地旅游文化的感知,在旅游购物中的服务体验影响着游客对当地旅游服务质量的评价。可见,旅游购物服务是保证游客购物满意度的关键所在。

(八)公共事务服务

随着信息技术在各行业的应用,社会公共资源共享理念与实践逐渐受到大众的欢迎。我国各地市政建设步伐不断加快,网络通信、政务平台、金融平台、警务平台、旅游资讯平台等都在不断完善,游客在旅游目的地活动期间,如需进行某些个人和团体的事务处理,即便不在自己的居住地,也能享受同样的公共事务服务。这些为旅游者出行提供便利的基础保障，也日渐成为旅游目的地旅游服务质量高低的标志。

第三节 旅游服务人员的基本素质要求

旅游服务是旅游业的核心和关键所在，它具有综合性强、复杂性强、直接性强等特征，决定了旅游服务从业人员必须具备特定的职业素质。当今，我国旅游业已跻身世界旅游前列，成为我国国民经济的支柱产业之一，旅游新业态如雨后春笋蓬勃兴起，旅游经济体制、旅游管理、政策法规日臻完善。随着人们生活的不断改善，对旅游服务的要求和自我保护意识的增强，游客对旅游服务人员的素质要求也在提高。具体说来，一名合格的旅游服务人员应具备以下基本素质。

一、思想素质

良好的思想品德是社会主义新时代对公民的共同要求，也是旅游服务人员的基本素质要求。2019年中共中央、国务院印发《新时代公民道德建设实施纲要》（以下简称《纲要》），明确了新时代公民道德建设的总体要求。习近平总书记强调培养担当民族复兴大任的时代新人。而时代新人则必须在思想水平、政治觉悟、道德品质、文化素养、精神状态等方面同新时代要求相符合。

（一）具有真挚的爱国情怀

爱国是中华民族的优良传统，也是社会主义发展的强大动力。作为新时代的旅游服务从业人员在旅游业这一窗口单位，代表着国家和城市的旅游业形象，是行业精神文明建设中的重要力量。旅游服务人员在服务过程中，要自觉维护国家的利益和民族的尊严，热爱社会主义制度，热爱祖国悠久的历史、灿烂的文化和壮丽的山河。

（二）具有正确的价值观

《纲要》指出：社会主义核心价值观是当代中国在价值观念上的最大公约数，其实就是一种德，既是个人的德，也是国家的德、社会的德。要将国家价值目标、社会价值准则和公民价值规范，有机融入公民道德建设各方面、全过程，更好发挥出引领作用。

"富强、民主、文明、和谐"，"自由、平等、公正、法治"，"爱国、敬业、诚信、友善"，24个字分别是从价值目标层面、从社会层面、从个人行为层面对社会主义核心价值观基本理念的凝练，也是对美好社会的生动表述，更是公民基本道德规范。旅游行业提倡的"游客为本，服务至诚"是社会主义核心价值观在旅游行业中的具体体现，"游客为本"为"服务至诚"指明方向，"服务至诚"为"游客为本"提供支撑，二者共同构成旅游行业核心价值观的有机整体。旅游服务人员工作在旅游业的第一线，直接为游客提供各项服务，应始终将自己的服务对象放在首位，本着"服务至诚"精神，向游客提供优质服务，全心全意地做好旅游服务工作，践行旅游行业的核心价值观。

（三）具有良好的道德修养

旅游服务人员应注重提高个人的道德修养，在旅游服务中要自觉遵守社会公德，讲究文明礼貌，养成良好的生活习惯和文明习惯。

我国旅游业经过跨世纪发展，在实践的基础上，经过不断总结和完善，与旅游业的特点结合形成了旅游一线人员的职业道德，包含：爱国爱企、敬业爱岗；遵纪守法、实事求是；积极热情、周到细致；宾客至上、清洁端庄；礼貌待人、微笑服务；一视同仁、不卑不亢；尊重配合、团结协作；优质服务、好学向上。旅游从业人员服务在旅游行业第一线，在按照旅游服务质量标准做好服务工作的同时，不仅要遵守旅游法规，更要用旅游职业道德来约束自己。

二、知识素质

现代旅游的发展，促进了旅游需求不断扩大，旅游活动也因此不断发展。旅游服务从业人员在满足旅游者整个旅游活动过程中的多方面要求时，必须具有广博的知识。作为专业化的旅游服务从业人员，要具有宽广的知识面，只有以丰富的知识做后盾，才能受到游客的欢迎。

（一）文化基础知识

旅游服务人员应具有扎实的文化基础知识。文化基础知识是通过规范化的教育和积累获得的。在服务中会涉及政治、经济、文化、法律、历史、地理、民俗、宗教等众多领域较系统的知识，这是满足游客需求所必需的基础知识，也是旅游从业人员职业可持续发展的原动力。此外，旅游服务人员的文化基础知识不仅要有广度，而且在一定程度上还要有深度，对个人所在岗位的工作密切相关的某一专业领域有一定的研究和独到的见解。例如，我国康养旅游中的中医药康养旅游服务，如果导游人员对中国历史和中医药类健康知识有较多的关注和研究，平时多积累这方面的知识，并能在服务中提出自己独到的见解，可使旅游服务升华增彩，游客从中得到启发，获得收益。所以，旅游从业人员合理的知识结构应是博而专。

（二）专业基础知识

旅游从业者服务的对象是多种多样的，他们的文化背景、服务需求各不相同，是旅游活动把他们和旅游服务者联系在一起。旅游服务人员应具有广博的专业基础知识，在整个旅游活动中能够运用丰富的专业基础知识为游客提供旅游服务。例如：导游员具备丰富的历史、地理、宗教、园林建筑等知识，在服务中灵活运用、融会贯通，使游客学到新知，得到享受；具备政治经济、旅游政策、法律法规知识，在旅游服务过程中遇到问题时，能根据国家的法律法规，特别是旅游业的法律和规章来解决和处理；学习和掌握心理学、美学、客源国民俗等知识，能认识和捕捉到游客在旅游活动中领略美、感受美的心理需求，以游客的心理需求和风俗习惯为基础提供有针对性的服务。旅游服务人员的专业基础知识是知识素质中的核心，也是旅游服务从业人员个体能力拓展的保障，故有导游"上知天文地理，下晓古今中外"的说法。

（三）专业知识

旅游业涉及"食、住、行、游、购、娱"六大要素，是一种综合性极强的大产业。住宿业、餐饮业、旅行社、景区、旅游交通业诸多不同的行业对从业人员均有特定的专业知识要求，专业化的旅游服务需要有过硬的专业知识。例如：西餐服务在不同国家和地区经过多年的发展都形成了自己的特色，西餐服务员掌握专业的法式、美式、俄式、英式等服务方法，能够为客人提供有针对性的专业化服务。导游人员具备讲解服务中有关景区景点专业知识、票务知识、出入境手续的办理、行李托运、安检等方面的知识，以及必要的卫生防疫知识、货币知识、保险知识、安全救护知识等，不仅能保障旅游活动的顺利进行，且有助于在服务中少出差错。旅游服务人员的专业知识在其知识素质中处于最高端，是旅游服务从业人员个体迈向职业生涯顶端的必备条件，也是其职业生涯升华的关键。

（四）前沿知识

随着世界经济发展、信息技术的广泛应用，旅游业态的不断创新，我国国际旅游逐渐从单一入境旅游发展成为出入境旅游并重格局，不断走向国际化发展。当前，旅游业从"吃住行"到"游购娱"再到"运健学"，不再是一个行业单一发展，大数据分享经济、VR、3D打印、智能语音等新科技、新技术让文化创意和深度体验在"旅游＋科技＋文化"中淋漓尽致地发挥作用。

因此，旅游服务人员还需要了解一些科技和国家经济建设前沿的知识，以及国际国内时政新闻，不仅可扩大知识面，在时代发展中做到与时俱进，而且有利于旅游服务人员较好地应对工作中的不时之需。

三、能力素质

语言、知识、技能是旅游服务的三要素，它们之间是相辅相成的关系。做好旅游服务工作，旅游服务人员必须恰到好处地将三者有机结合。所以，旅游服务人员除了应具备上述知识外，还应具有旅游服务所必需的各种能力。

（一）语言表达能力

旅游业离不开与人交流，旅游服务离不开服务人员与游客之间的信息沟通与语言交流，可见语言表达能力是旅游服务人员必备的素质，也是一门艺术。旅游服务语言以口头语言和体态语言为主，口头语言包括语音、语速、语调、语言的准确性、生动性、逻辑性等，要求旅游服务人员在表达时做到语音清晰，语意清楚，语速适中，语言流畅；语言表达能力的强弱会对服务的效果会产生直接影响，旅游服务人员的体态语言若要与口头语言配合得恰到好处，可以起到更好的表情达意、锦上添花的效果。旅游从业人员应在旅游服务实践中注重加强自身语言知识的学习和服务语言的实践锻炼，提高自己的语言表达能力。

（二）专业服务能力

旅游服务人员的专业服务能力是指旅游岗位的具体服务内容通过服务语言和专业化服务操作技术和技巧传达给游客的能力。如：导游讲解能力是导游人员在良好的语言表达能力基础上，将熟知的景区、景点知识和各方面情况，综合运用一些讲解技巧传达给游客。餐饮服务能力是酒店服务人员能够将托盘、折花、摆台、酒水服务、菜肴服务等服务技能配合服务语言给予客人规范的、灵活多样的、个性化的服务。旅游服务人员的专业服务能力高低是其职业发展的核心能力，也是衡量其服务水平的重要指标，旅游从业人员应注重自身的业务学习和实践，为自己的职业发展奠定扎实的基础。

（三）交往协调能力

旅游服务的根本目的是满足游客的服务需求，旅游服务人员面对的服务对象是游客，合作的伙伴是同一旅游企业与部门或不同旅游企业与部门的人员，是具有丰富感情和各种心理需要的人，他们在文化背景、工作方式、处事态度、个性特征等方面有很大差异。

为了做好服务工作，旅游服务人员要注意培养和加强同游客的交流和沟通，讲究与不同类型游客接触和交往的技巧，为游客营造友好和愉快的氛围，为提供针对性的服务创造条件。

旅游服务人员也需要和同一旅游企业与部门（如：同一旅游企业的营销部、接待部、对客服务部、后勤保障部、人力资源部等等）或不同旅游企业（如：旅行社、景区、主题酒店、车队、旅游商店等）与部门的人员处理好关系。为了使旅游活动的各个环节能够无缝衔接，旅游服务全过程能够顺利实施，旅游服务人员必须具备较强的交往和协调能力，讲究方式、方法，争取各环节人员的配合，学会和不同的人接触和交往。

（四）应变能力

在旅游活动中，难免会遇到某些突发事件或紧急情况。如：在旅游途中突遇不可抗力，发生非人为事故，导致游客受伤或死亡、游客走失、财物被盗等，这些都考验着旅游服务人员处理紧急问题的能力，即应变能力。旅游服务人员在突发事件和紧急情况下需要保持头脑清醒，处变不乱，快速分析和理智判断，并能运用经验和智慧，合情、合理、合法地处理问题。培养旅游服务人员应变能力，一方面需要加强业务学习，另一方面需要在实践积累和向有经验的一线员工讨教。

（五）创新能力

旅游业是一个发展迅速的行业，置身在全球经济不断变革的时代，旅游从业者必须具备创新能力才能适应行业的发展需求。比如，当前个性化旅游定制逐渐成为旅游服务的主流形式，旅游服务人员需要根据用户需求完成个性化旅游方案的制订，这是对旅游服务人员素质的又一要求。开发创造性思维，培养创新能力，是每个旅游企业面临的新问题。

（六）其他能力

全球经济发展趋势越来越走向国际化、全球化，旅游业未来发展也势必会走向国际化，旅游服务人才需要具备前沿发展能力以及可持续发展能力。也就是说，旅游服务人员必须具备国际视野，即前沿发展能力。包括：外语交际能力；个性化旅游产品设计能力；旅游产品和大型活动策划、宣传、营销、推广、组织以及主持能力；紧急事务处理能力；投诉处理、反馈能力；团队科学管理能力；制定应急预案和效果评估能力；维护顾客、维护顾客数据库、发展潜在顾客能力；对团体大客户销售、情感沟通能力，熟练的网络营销策划能力，等等。

四、身心素质

旅游服务工作的直接性和复杂性等特点决定了旅游从业人员既要掌握丰富的知识,具备一定的能力,又要有充沛的体力和定力。所以,旅游服务人员必须是一个身心健康的人。

(一)身体素质

1.健康的身体

良好的身体素质是做好服务工作的基本保证。对旅游服务人员来说,身体健康不仅要求生理上无疾病,还要有较好的体魄,能适应旅游服务长时间站立、行走、托盘等;要有较好的腿力、臂力、腰力,还能在各种天气条件下带领游客户外行走、爬山,适应不同旅游地区的水土和饮食。

2.良好的形象

旅游服务人员是游客在旅游目的地最先接触的人员。初次接触时,游客对目的地和服务人员均不了解,习惯从服务人员的穿着打扮、言谈举止上评判。所以,旅游服务人员的形象会给游客留下深刻的印象,并对以后的旅游活动产生影响。一名合格的旅游服务从业者应当是优良的素质和完美的职业形象结合。一个人的形象又被称为精神素质,它可以体现在仪表服饰上,也可以从站、坐、行、待人接物、礼貌礼节等多方面表现出来。所以,旅游服务人员要养成和保持良好的礼仪习惯,注重个人的文明素质。

图1-2 女员工形象

图1-3 男员工形象

（二）心理素质

旅游服务是一项综合性强、较为复杂的服务，从业者在服务中往往会遇到来自各方面的压力，如：有的游客对服务不满，冷嘲热讽，甚至横加指责；有的协作企业"短斤缺两"，降低服务标准；有时还会出现意想不到的突发事故。这些都会对服务人员产生心理影响和精神压力。如果旅游服务人员不能进行自我心理调适，化解或分散这些外来的影响，就容易产生精神萎靡不振、工作热情下降，焦虑、猜忌、多疑，和他人关系紧张等，从而影响工作的顺利开展。所以，旅游服务人员在服务过程中，必须保持健康的心理，自始至终不受外来因素的不良影响，拥有愉快、饱满的精神状态。

本章小结

本章主要介绍了旅游服务的概念，分析了旅游服务的特点，阐述了旅游服务的内容，从思想、知识、能力、身心素质四个方面具体分析了旅游服务人员的基本素质，明确了旅游服务是旅游业发展水平的关键所在。通过学习，学习者可以了解旅游服务的含义和重要性、旅游服务的特点与具体内容，掌握旅游服务从业者的基本要求，从而具备旅游服务的基本素质。

思考与练习

一、填空题

1. 旅游服务是一种生产性活动,是为满足游客的旅游需求,为旅游者提供旅游的(　　)和(　　)的服务形式的总和。

2. 旅游服务竞争是旅游业竞争的核心。旅游服务与其他行业的服务相比具有综合性、(　　)、(　　)、(　　)、(　　)、(　　)的特点。

参考答案

3. 旅游服务工作既具备专业性、又有一定的复杂性。做好旅游服务工作,除了需要有扎实的知识,还要有娴熟的(　　)能力和旅游服务所必需的专业服务能力、交往协调能力以及(　　)能力、(　　)能力和其他能力。

二、单项选择题

1. 以下项目属于特色旅游服务项目的有(　　)。
A. 森林瑜伽晨练服务
B. 主题酒店住宿服务
C. 旅游纪念品出售

2. 在旅游途中,游客被蜜蜂叮咬,导游小丁一时不知所措。说明小丁(　　)能力不足。
A. 创新能力　　B. 应变能力　　C. 学习能力

3. 小王在某餐厅做服务工作,因性格内向、猜忌多疑、不爱交流。在工作中,为了能使客人满意,所有能做的,小王常常默默地自己去做,但也经常出错。你认为小王要提高服务质量,应该从改善个人(　　)做起。
A. 知识结构　　B. 心理素质　　C. 交往能力

4. 服务是一种满足游客的物质和精神活动的产品,它常常以(　　)形式呈现。
A. 实物　　B. 劳务　　C. 技术

5. 星级酒店从硬件设施到服务标准都有统一的标准化模式,这是为了让客人直接感受到星级标准与一般酒店的不同,显示了旅游服务的(　　)的特点。
A. 直接性　　B. 享受性　　C. 同质性

三、简答题

1. 旅游服务的复杂性主要表现在哪些方面？
2. 按照服务内容划分，旅游服务应包含哪些内容？
3. 一名合格的旅游服务人员应具备哪些基本素质？

四、论述题

有人说：旅游服务就是旅游企业和非旅游企业给旅游者提供的具有一定品质的产品。对"旅游服务即旅游产品"的观点，你持什么看法？

第二章

旅游服务基本规范

本章重点

旅游服务的基本规范是保障旅游服务顺利完成的基础,旅游企业和相关机构、旅游从业者在旅游服务规范的指导和约束下为旅游者提供旅游服务。本章以通用的服务标准作为切入点,阐述了服务标准和旅游服务标准的定义和内涵,由此引出旅游服务规范的定义和内涵,在此基础上进一步介绍了旅游服务规范相关的专业术语、内容、构成和分类。本章的重点为旅游服务规范的定义和内涵、旅游服务规范的术语、内容和分类。

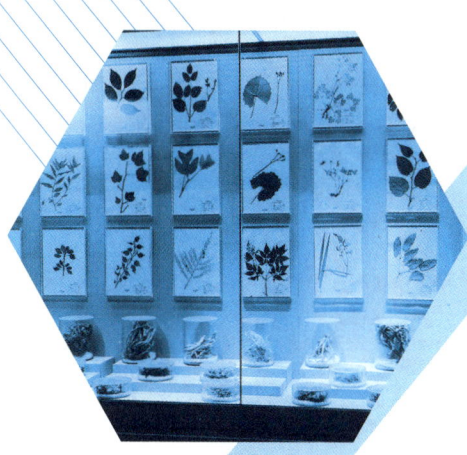

学习目标

通过本章的学习，学习者能够了解服务标准、旅游服务标准的定义和分类；掌握旅游服务规范的定义、内涵、分类、专业术语；熟悉旅游服务规范在相关领域的应用。

本章思维导图

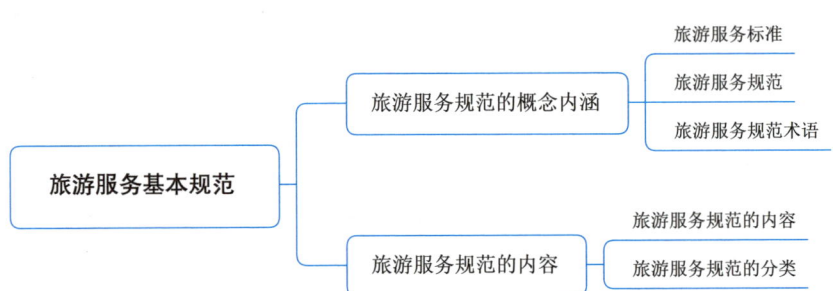

第一节　旅游服务规范的概念内涵

随着国内旅游业的快速发展，旅游服务标准越来越受到重视，它已成为政府管理市场、企业提升质量、顾客维护权益的重要工具。目前国内的旅游服务标准主要涉及等级评定标准和规范要求标准两类。

一、旅游服务标准

（一）服务标准

1. 服务标准的定义

服务是为满足顾客的需要，供应方和顾客之间接触的活动以及供应方内部活动所产生的结果。对某项服务工作应达到的要求所制定的标准，称为服务标准。服务标准一般广泛应用于商业、旅游、银行、饭店、广播、邮电、交通运输等领域。

按照 ISO 对标准化对象的划分，服务标准是相对于产品标准和过程标准而言的一大类标准，与服务有关的标准都可以划入这一类别。顾客（亦称为消费者、客户）在选择与接受各项服务产品时，总会预先考虑选择一家服务质量好的单位进行购买或消费。商家为了达到满足各类顾客的不同层次需求，总是在不断开发服务产品的新品种，努力提高自身的服务质量。以上这些行为，均离不开使用服务标准来衡量、规范服务质量。

2. 服务标准的分类

服务虽然具有无形性，它的形式可以是完全的劳务行为，即无形产品，如律师服务、股票交易、咨询和培训等；它的表现形式又往往与有形产品的制造和提供结合在一起，如餐馆提供的食物和饮料，汽车租赁和车辆销售，自来水公司的供水服务，出售计算机软件等。

随着经济的发展，服务业在各国经济结构中所占比重越来越大，发展服务业已成为促进经济增长、优化产业结构、创造就业机会、提高生活质量的重要途径。我们可根据服务业的领域、性质和作用对服务标准进行分类。

（1）按服务业的领域不同，可划分为：交通运输、仓储和邮政标准；信息传输、计算机服务和软件标准；批发和零售标准；住宿和餐饮标准；金融标准；房地产标准；租赁和商务服务标准；居民服务和相关服务标准；教育标准；卫生、社会保障和社会福利标准；文化、体育和娱乐标准；电力、燃气和水的供应标准；其他服务标准。

（2）按其性质和作用的不同，可划分为：服务基础标准；服务质量标准；服务资质标准；服务设施标准；服务信息标准；服务安全、卫生标准；服务环境保护标准；保护消费者权益标准。

（二）旅游服务标准

我国的旅游服务标准化工作始于 20 世纪 80 年代，其标志性事件是 1988 年原国家旅游局发布的《中华人民共和国旅游（涉外）饭店星级标准》。至此，全国以及各地旅游标准化技术委员会陆续成立，各项国家标准、行业标准和地方旅游服务标准纷纷立项、制定和实施，旅游标准化试点工作也有序展开。经过近四十年的发展，我国的旅游服务标准化越来越完善，既满足本土旅游业发展需求，同时也与国际接轨。总体上看，我国旅游服务标准化工作虽然起步较晚，但成果显著。尤其是在数量方面，包括休闲标准在内，我国已经颁布实施了 12 项国家标准和 7 项行业标准，另有 17 项国家标准已经立项。目前，我国已经成为世界上旅游服务标准最多的国家。

二、旅游服务规范

旅游规范即旅游规范标准，广义上属于旅游服务标准，是根据需要对旅游企业的服务制定具体的规范，如有关旅行社出境旅游、国内旅游、导游、旅游购物场所、旅游景区讲解的服务规范。旅游规范标准包括基础类标准和提升类标准。基础类标准是政府为了规范市场和企业行为对所有企业制定的基本行为准则，其本身并不具备先进性，如一些基本的术语符号、基本配备要求和流程要求；而提升类标准是为促进企业进一步提升服务质量而为其提供的行动指南，具有先进性和引导性，这类标准往往由行业内质量领先企业负责或参与制定。

旅游服务规范的制定和实施目的是提升内部服务质量，它属于质量驱动型路径。中华人民共和国国家标准体系对旅游服务规范的界定为：为达到某一服务标准而采取的以程序化、定量化、制度化为主要内容的科学方法。在实践运用中，相对于一般的质量标准和等级评定标准，旅游服务规范是以促进旅游企业持续改善质量为目的，对所有旅游企业提出共同且相对固定的服务准则。因此旅游服务规范可定义为：以保障旅游服务质量，对旅游企业提供服务的全流程进行标准化约束的服务准则。

旅游服务规范为旅游企业提供了改进服务质量的操作模板，如《导游服务规范》明确了全陪和地陪的服务程序以及一些常见问题的处理原则，为导游带团提供了很好的服务指导，从而保障旅游企业的服务质量。

三、旅游服务规范术语

本书所指的旅游服务基础术语为中华人民共和国国家标准体系现行的旅游服务规范中的术语。

（一）旅游服务需求与供给

1. 旅游服务需方：顾客

是指旅游产品或服务的接受者。他们可以是最终消费者、购买者、第二方或其他受益者。

（1）旅游者：为满足物质和精神文化需求进行旅游消费活动的主体，是旅游服务活动的需求者和服务对象。

（2）旅游散客：自行安排旅游行程，零星现付各项旅游费用的旅游消费者。

（3）旅游团队：通过旅行社或旅游服务中介机构，采取支付综合包价或部分包价的方式，有组织按预定行程计划进行旅游消费活动的旅游者群体。

2. 旅游服务供方

向需方提供旅游产品或服务的组织。

（1）旅游服务组织：无论联营或独营、公营或私营的，具有自身旅游服务职能和旅游服务管理机构的公司、社团、商所、企业或组合体，或它们的一部分。

（2）旅游服务企业：以资金、场地、设备、技术和劳务为生产要素，为旅游消费者提供产品或服务的经营实体。

（3）旅游定点企业：经国家或省、自治区、直辖市旅游主管部门认定，或由其会同相关行业主管部门认定，有条件为海内外旅游者提供定向产品或专门服务的企业。

（4）旅游服务特性：显示旅游服务质量的征象和标志。包括可以观察到的和须经需方评价的特性和顾客不能经常观察到的但又直接影响服务质量的特性。两类特性都必须是能被旅游服务组织对照所规定的验收标准作出评价的；旅游服务特性可以是定量的（可测量的），或是定性的（可比较的），这取决于如何评价以及由服务组织或顾客进行评价。

（5）旅游服务提供：提供某项旅游服务所必需的供方活动。

（6）旅游服务等级：对功能用途相同的旅游产品或服务，按照适应于不同需要的特性而进行分类或分级的标识。

①星级：用特定的星形符号及其数量表示旅游服务设施等级的方式。

②星级评定：由国家或省、自治区、直辖市旅游行政主管部门按照相应的星级标准对旅游设施、产品或服务进行的等级确定。

3. 旅游服务产品

由实物和服务综合构成的，向旅游者销售的旅游项目。其特征是服务成为产品构成的主体，其具体展示主要有线路、活动和食宿。旅游者可以购买整体产品（如综合包价旅游），也可以购买某一单项旅游产品（如航班座位、饭店客房）。

（1）观光旅游：以参观、欣赏自然景观和民俗风情为主要目的和游览内容的旅游消费活动。

（2）度假旅游：以度假和休闲为主要目的和内容的一种旅游消费活动。

（3）专项旅游：为社会、经济、文化、科研、修学、宗教、保健等某一专门目的而进行的旅游活动。

（4）会议旅游：由跨国界或跨地域的人员参加的，以组织、参加会议为主要目的，并提供参观游览服务的一种旅游活动。

（5）奖励旅游：由企业或社会团体提供费用，以奖励为目的的一种旅游活动。

（6）特种旅游：由旅游行政主管部门和相关主管部门专门批准，并进行总体协调的具有竞技性和强烈个人体验的旅游活动，一般需要提前申报计划。如探险、狩猎、潜水、登山、汽车拉力赛及洲际、跨国汽车旅行等。

（二）旅游服务要素

为使旅游者旅程顺利，获得参观游览的满意效果，由各类旅游企业提供的交通、游览、住宿、餐饮、购物、娱乐等方面的基本服务内容。

1. 旅行社

依法设立并具有法人资格，主要从事招徕、接待旅游者，组织旅游活动，实行独立核算的企业。

（1）导游人员：持有中华人民共和国导游资格证书和导游证，受旅行社委派，按照接待计划，从事陪同旅游团（者）参观、游览等事务的工作人员。（导游人员分为全程陪同导游人员、地方陪同导游人员和景点导游人员）

（2）海外领队：受海外旅行社委派，全权代表该旅行社带领旅游团从事旅游活动的工作人员。

2. 旅游交通

为旅游者在旅游过程中提供运输工具及其配套的服务系统。

（1）旅游汽车：为旅游团队（者）提供的、一般需要预订的客运汽车。

（2）旅游船：有24小时以上（含24小时）连续航运能力，以经营接待旅游者为主，并为旅游者提供娱乐、食宿和导游服务的客船。

（3）游览船：以接待旅游者为主，主要为旅游者提供沿途观光、导游讲解等服务的客船。

（4）星级游船：经国家或省、自治区、直辖市旅游行政主管部门依照有关国家标准和规定进行星级评定，获得星级称号的游船。

3. 旅游住宿

为旅游者旅游过程中提供的住宿设施及其服务的总和。

（1）旅游涉外饭店：经有关行政主管部门批准，允许接待海外来华旅游者的旅游饭店。

（2）星级饭店：经国家或省、自治区、直辖市旅游行政主管部门依照有关国家标准和规定进行星级评定，获得星级称号的旅游涉外饭店。

（3）涉外公寓：经有关行政主管部门批准，可租售给海外来华人士居住，并提供配套生活服务设施的高级住宅。

（4）星级公寓：经国家或省、自治区、直辖市旅游行政部门依照有关国家标准和规定进行星级评定，获得星级称号的涉外公寓。

（5）涉外写字楼：经有关行政主管部门批准，可供境外组织、企业或办事机构租购，服务完善、功能配套的办公和生活设施。

4. 旅游餐饮

为旅游者旅行游览过程中提供的餐饮服务。

（1）旅游定点餐馆：经旅游行政主管部门批准，并颁发定点标志，推荐作为接待海内外旅游团队的就餐场所。

（2）旅游团队餐：旅游定点餐馆按照事先与旅行社商定的餐饮价格、餐饮质量和数量等要求，为旅游团队提供的普通正餐，一般不包括团队风味餐。

5. 游览地

旅游者开展游览活动的地理区域。

（1）游览区：旅游资源比较丰富、集中，具有较高观赏、游览价值，设施比较配套、具有一定接待能力的地理区域。

（2）度假区：具有良好的自然环境和配套的旅游基础设施，融住宿、度假、休闲、游览、娱乐为一体的综合功能区。

（3）游览点：具有旅游吸引物与配套服务的游览地点。

（4）参观点：供旅游者了解社会、增长知识、丰富阅历的场所，一般只提供讲解服务。

6. 旅游购物

旅游者在旅游过程中购买商品的活动。这些商品一般具有纪念、欣赏、保值、馈赠意义或实用价值，主要包括旅游纪念品、旅游工艺品、旅游用品、旅游食品和其他商品五大类。

旅游定点商店：经旅游行政主管部门批准，并颁发定点标志，推荐接待海外来华旅游者购物的商店。

7. 旅游娱乐

旅游者在旅游过程中享受或参与的各类娱乐活动。

（1）文化类旅游娱乐场所：具有文化观赏性或文化参与性的旅游娱乐场所，如剧场、歌舞厅、卡拉OK厅等。

（2）康乐类旅游娱乐场所：拥有游乐、保健和健身设施及配套服务的旅游娱乐场所，如游乐园、健身房、保龄球场等。

（三）旅游服务质量管理

旅游行政主管部门和旅游企业为提高旅游行业的服务质量而制定的质量目标和实现该目标所采取的各种手段。

1. 服务

为满足顾客的需要，供方与顾客接触的活动和供方内部活动所产生的结果，如餐饮服务提供方（如餐厅）为顾客提供餐饮服务。

在接触面上，供方或顾客可能由人员或装备来代表；对于服务提供，在与供方接触面上顾客的活动可能是实质所在；有形产品的提供或使用可能成为服务的一个部分；服务可能与有形产品的制造和供应结合在一起。

2. 旅游服务质量

旅游服务质量是指旅游服务活动所能达到规定效果和满足旅游者需求的能力与程度，如旅行社为游客安排的行程是否达到合同约定的相关质量指标，以及旅游全程的服务给游客带来的满意度。

3. 旅游服务规范

为达到某一服务标准而采取的以程序化、定量化、制度化为主要内容的科学方法，是为了达到和保障旅游服务质量而制定的用以保证旅游服务标准和约束旅游服务过程中服务提供方行为的准则。

4. 旅游服务质量标准

由有关各方协商一致，经国家标准化管理部门或旅游行政管理部门批准，按照特定形式发布，对旅游服务质量应达到的数量和质量要求所做的统一规定，作为旅游服务的供方共同遵守的准则。旅游服务质量标准通常是由一系列的指标构成的指标体系，通过直观、具体的数字评分来反映被评价对象的质量水平。

5. 旅游服务质量评定

由旅游行政主管部门组织旅游者、专职质量评定人员和有关专家，按照旅游服务质量标准的要求，对旅游企业服务质量进行的综合评估。

6. 旅游服务质量认证

旅游行政主管部门根据旅游服务质量标准，对符合要求的旅游服务企业进行资格认证，并颁发相应的质量认证书的活动。

7. 旅游安全管理

旅游行政主管部门采取各种有效措施，保护旅游者在游览参观过程中的人身财产安全的活动，如制定的落实安全制度、检查安全设施及对事故的处理等。

8. 旅游投诉管理

旅游行政主管部门对旅游投诉的受理和处理行为。

（1）旅游投诉：旅游者向旅游行政管理部门提出的对旅游服务质量不满意的口头或书面上的表示。

（2）旅游投诉理赔：旅游行政主管部门对旅游投诉的处理过程及作出责任方的赔偿裁定。

第二节 旅游服务规范的内容

一、旅游服务规范的内容

（一）适用范围

旅游服务规范应明确规定其适用范围，应明确规定旅游服务总则、服务类型、服务提供、服务人员、服务管理等；同时应明确规定旅游服务规范适用的具体对象。如浙江省颁布的《康养旅游服务规范》规定：本标准适用于康养小镇、旅游养生综合体、生态养生园、休闲养生文化园（村）、康养度假中心（村）、健康主题酒店、温泉康体中心等各类康养旅游服务场所。

（二）规范性引用文件

旅游服务规范文件中的内容通过文中的规范性引用而构成本文件必不可少的条款。所有引用的文件均应标注引用并进行说明，其中，注日期的引用文件，仅该日期对应的版本适用于本文件；不注日期的引用文件，其最新版本（包括所有的修改单）适用于本文件。如：

GB/T 10001.1 公共信息图形符号第 1 部分：通用符号

GB/T 10001.2 标志用公共信息图形符号第 2 部分：旅游休闲符号

GB/T 10001.4 标志用公共信息图形符号第 4 部分：运动健身符号

GB 14881 食品安全国家标准食品生产通用卫生规范

GB 14934 食品安全国家标准消毒餐（饮）具

GB 37487 公共场所卫生管理规范

GB 50763 无障碍设计规范

LB/T 007 绿色旅游饭店

LB/T 035 绿道旅游设施与服务规范

SB/T 10992 美容服务面部护理操作技术要求

DB33/T 2241.1 新冠肺炎疫情防控技术指南第 1 部分：公共场所

（三）术语和定义

规定旅游服务规范中的术语和定义。如由原国家旅游局于 2016 年 12 月 19 日发布，2017 年 5 月 1 日起正式实施的《研学旅行服务规范》，对服务提供方、人员配置、研学旅行产品、服务项目以及安全管理等几大类内容进行了详细规定。如《研学旅行服务规范》中对于"研学旅行"的界定，首先是中文标注，其次是英文的表述，并以规范的学术语言对其进行界定：研学旅行（study travel）是以中小学生为主体对象，以集体旅行生活为载体，以提升学生素质为教学目的，依托旅游吸引物等社会资源，进行体验式教育和研究性学习的一种教育旅游活动。

（四）总则

总则是从宏观上把握整个服务规范制定的标准、依据、适用范围等，包括旅游服务规范的范围、服务标准的类型、服务标准的内容以及服务标准的实施与评价。如 2017 年 5 月 1 日开始执行的《研学旅行服务规范》（LB/T 054-2016）中总则部分：（1）研学旅行活动的主办方、承办方和供应方应遵循安全第一的原则，全程进行安全防控工作，确保活动安全进行；（2）研学旅行活动应寓教于游，着力培养学生的综合素质能力；（3）研学旅行活动应面向以中小学生为主体的全体学生，保障每个学生都能享有均等的参与机会。

（五）旅游服务类别及具体项目

旅游服务规范必须对旅游服务的类别及具体涉及的项目予以说明。根据旅游服务规范所属的具体领域对其服务类别和具体项目进行规范性说明，包括服务的提供方，服务的具体的项目和操作流程，人员的配置、产品的设计、产品说明、服务流程等。如《研学旅行服务规范》对服务提供方的规定为：

主办方和承办方，并对其进行了明确的要求。主办方应具备法人资质，应对研学旅行服务项目提出明确要求，应有明确的安全防控措施、教育培训计划，应与承办方签订委托合同，按照合同约定履行义务；承办方应为依法注册的旅行社，符合 LB/T 004 和 LB/T 008 的要求，宜具有 AA 及以上等级，并符合 GB/T 31380 的要求，连续三年内无重大质量投诉、不良诚信记录、经济纠纷及重大安全责任事故，应设立研学旅行的部门或专职人员，宜有承接 100 人以上中小学生旅游团队的经验，应与供应方签订旅游服务合同，按照合同约定履行义务。

二、旅游服务规范的分类

（一）按制定的主体分类

1. 旅游服务国家规范

发布单位为国家级相关单位的旅游服务规范。如中华人民共和国文化与旅游部、中华人民共和国国家质量监督检验检疫总局、中国国家标准化管理委员会等作为发布机关所发布的旅游规范。《老年旅游服务规范》《研学旅行服务规范》《旅游服务基础术语》《旅游经营者处理投诉规范》等均属于旅游服务国家规范。

2. 旅游服务地方规范

发布单位为省（市）、自治区相关行政单位的旅游服务规范。如各省（市）、自治区文化与旅游部、市场监督管理局等作为发布机关所发布的旅游规范。《浙江省康养旅游服务规范》《四川省旅游景区管理公司服务规范》《贵州省客运旅游服务规范》《深圳市旅游行业安全检查管理规范》《北京市胡同游服务规范》等均属于旅游服务地方规范。

3. 旅游服务企业规范

发布单位为旅游企业的旅游服务规范，即旅游企业为了提供更优质的服务而针对旅游产品和服务所制定的一系列具体的服务规范。如《××企业旅游安全管理规范》《××企业操作服务规范》等均属于旅游服务企业规范。

（二）按旅游服务典型领域分类

1. 旅行社出境旅游服务规范

国家标准《旅行社出境旅游服务规范》是由全国旅游标准化技术委员会提出，2011 年由国家质检总局批准立项。《旅行社出境旅游服务规范》国家标准对组团社出境旅游产品提出了具体的产品要求和设计要求，规范了组团社《旅游产品计划说明书》具体内容；对营销服务、出境旅游组团合同文本、组团社的履约义务、安全保障义务、领队接待服务以及应急问题处理等作出了具体规定；对包括奖励旅游和同业合作两种新兴业态的服务作出了特别规定。

2. 旅游景区讲解服务规范

《旅游景区讲解服务规范》是由中国社会科学院旅游研究中心、颐和园管理处等单位起草，并于2011年6月1日实施的一项行业标准。该标准规定了旅游景区讲解服务的质量要求，提出了在讲解服务过程中遇到若干问题的处理原则，适用于各类旅游景区在接待游客过程中提供的讲解服务。

3. 康养旅游服务规范

康养旅游服务规范目前尚无国家规范，但是各地方规范已比较丰富和完善，如《安徽省康养旅游服务规范》《浙江省康养旅游服务规范》等地方性服务规范，主要是从康养服务总则、服务类型、服务提供、服务人员、服务管理等方面出发，对康养旅游、康养服务、接待住宿、餐饮娱购、特色服务、服务人才、安全管理、质量管理等方面作了较为详细的定义及规范。康养旅游服务规范广泛适用于康养小镇、旅游养生综合体、生态养生园、休闲养生文化园（村）、康养度假中心（村）、健康主题酒店、温泉康体中心等各类康养旅游服务场所。

4. 温泉旅游服务规范

《温泉旅游服务规范》在一般旅游服务规范的基础上，针对温泉旅游这一特殊旅游形式，对相关的服务从操作到管理进行了详细的规则制定，规定了温泉旅游服务的水资源利用要求、温泉旅游服务功能区域与服务要求、安全要求、卫生要求、服务人员要求、管理要求、服务质量监测与持续改进，适用于正式营业的各种温泉旅游服务企业。

拓展阅读 2-1

5. 研学旅行服务规范

随着我国旅游业的发展，研学旅行已经成为教育旅游市场的热点。为了规范研学旅行服务流程，提升服务质量，引导和推动研学旅行健康发展，原国家旅游局发布《国家旅游局公告（2016年37号）》，宣布《研学旅行服务规范》（LB/T 054-2016）行业标准已经国家旅游局批准，2017年5月1日起实施。《研学旅行服务规范》规定了研学旅行服务的术语和定义、总则、服务提供方基本要求、人员配置、研学旅行产品、研学旅行服务项目、安全管理、服务改进和投诉处理，适用于中华人民共和国境内组织开展研学旅行活动的旅行社和教育机构。

拓展阅读 2-2

6. 特种旅游服务规范

特种旅游是一种新兴的旅游形式，它是在观光旅游和度假旅游等常规旅游基础上的提高，是对传统常规旅游形式的一种发展和深化，是一种对旅游供给方和消费者要求都更高的特色旅游活动产品。特种旅游通常也被称为专题旅游、专项旅游和特色旅游等。这里所说的特种旅游，是指为满足旅游者某方面的特殊兴趣与需要，定向开发组织的一种特色专题旅游活动。特种旅游种类丰富，如自驾车旅游、探险旅游，考察观察类旅游、宗教旅游等。以自驾车旅游为例，随着自驾游的兴起，自驾游线路越来越丰富，自驾游参与人数直线上升，自驾游市场亟须相应的管理规范出台以加强对整个市场的管理。2014年，《自驾游管理服务规范》通过原国家旅游局批准，自2015年11月1日起实施。该规范规定了自驾游组织机构、管理服务系统、路线与服务、合同与文件、人员、工作车及设备设施、安全与应急等管理的基本要求，适用于各类从事自驾游业务的旅行社、俱乐部和其他自驾游机构。

本章小结

本章以通用的服务标准作为切入点，阐述了服务标准和旅游服务标准的定义和内涵，由此引出旅游服务规范的定义和内涵，在此基础上进一步介绍了旅游服务规范相关的专业术语、旅游服务规范的内容、构成和分类。本章的内容是康养休闲旅游服务基础中的通识性基础知识，是衔接旅游服务基础知识和康养休闲旅游服务基础知识的重要知识组成部分。学习本章知识需要了解服务标准、旅游服务标准的定义和分类；掌握旅游服务规范的定义、内涵、分类、专业术语；熟悉旅游服务规范在相关领域的应用。

思考与练习

一、填空题

1. 服务是为满足顾客的（　　），供应方和顾客之间接触的活动以及（　　）内部活动所产生的结果。对某项服务工作应达到的（　　）所制定的（　　），称为服务标准。

2. 旅游服务规范的制定和实施目的是（　　），它属于质量驱动型路径。

3. 中华人民共和国国家标准体系现行的旅游服务规范对

参考答案

旅游服务规范的界定为：为达到某一服务标准而采取的以（　　）、（　　）、（　　）为主要内容的科学方法。

4. 旅游服务质量是指旅游行政主管部门和旅游企业为提高旅游行业的服务质量而制定的（　　）和实现该目标所采取的各种手段。

5. 旅游服务规范中的总则是从宏观上把握整个服务规范制定的（　　）、（　　）、适用范围等，包括旅游服务规范的范围、服务标准的类型、服务标准的内容以及服务标准的实施与评价。

二、多项选择题

1. 旅游投诉是指旅游行政主管部门对旅游投诉的（　　）行为。
　　A. 受理　　　　　B. 处理　　　　　C. 反馈　　　　　D. 处罚
2. 按规范制定的主体分，旅游服务规范可分为（　　）。
　　A. 国家规范　　　B. 企业规范　　　C. 地方规范　　　D. 具体规范

三、论述题

1. 阅读下面的材料：

海胆蒸蛋里没有海胆

2021年4月9日，来自宁波的李先生在海南三亚某景区吃饭，却发生一件令他恼火的事。李先生反映，在景区某餐厅吃饭时点了一份海胆蒸蛋，里面只有蛋，没有海胆。李先生表示，海胆端上来后，"只有鸡蛋的味道，一点海胆的味道都没有……因为我们也是生活在浙江沿海区域，之前也经常吃海鲜，所以知道到底有没有海胆，而且海胆的那个壳，明显是用过的，我就把服务员叫过来，服务员说：我们这儿的海胆就是这样的味道。"之后，双方发生了争执。于是，李先生选择报警，并拨打12315。在双方协商时，一旁服务员看事情闹大对李先生说："哥，你别闹，不然你不好走。"听完这话李先生有些害怕。这顿饭总共2 655.6元。在民警协调下，餐厅将海胆免单处理。退掉了228元，李先生支付了2 400多元。李先生表示，出于安全考虑，第二天他们便取消了接下来在三亚的行程。他还将整件事的来龙去脉发表在社交平台上。4月10日，对于海胆蒸蛋问题，餐厅负责人回应称因该季节当地海胆较瘦，与鸡蛋混蒸不易区分。

4月11日，"三亚发布"官微发布《关于网友投诉三亚某饭店海鲜欺客宰客情况的调查通报》：发现该网络投诉后，三亚市高度重视，当即成立由公安、市场监管、旅游监管、综合执法等部门组成的工作组开展调查。据初步调查，消费者李先生一行5人于2021年4月9日在三亚市云起观苍海饭店用餐，现场共点蒜蓉锦绣大花龙虾、海胆等6个菜，费用共计2 655.6元。由于菜品明码标价，消费者对海鲜价格无异议，但认为海胆、龙虾有调包行为，要求商家打折，双方协商不成产生纠纷，李先生遂报警。经工作组认真调查，该饭店所销售海鲜品明码标价，三亚每天发布海鲜排档鲜活海鲜品调控价格，对海鲜销售价格进行指导调控（按规定，大龙虾超1.5斤属于稀缺产品，由经营者根据成本自主定价）。使用秤具符合要求计量准确，产品销售加工过程公开透明（均有录像佐证），未发现有海鲜调包、掺杂掺假等价格欺诈行为。经工作组调查，就餐期间，消费者就海胆蒸蛋内没有海胆只有鸡蛋与涉事商家产生争执。据了解，当季本地海胆汁多肉少，与其他地区口味有所差异，一般采用蒸蛋的方式供客人食用。为证明当季海胆情况，纠纷发生时，涉事商家现场宰杀了一只海胆供消费者查实。民警介入协调后，商店免除了消费者消费海胆的费用，消费者实际支付2427.6元。针对消费者微博中所称饭店女服务员语言威胁，经警方核查，并非涉事商家人员所说，可能是消费者上厕所时一名路过的女性对其所说，目前警方正寻找该女性进一步核实。民警现场协调结束后，在返回警务室途中遇见消费者，见当时无来往车辆而帮助其返程，不存在消费者受威胁后由民警护送其返店的情况。三亚市旅游监管部门表示，三亚市对欺客宰客行为零容忍，全力维护消费者合法权益。有关部门正就此事作进一步深入调查。

（来源：北京日报ID：综合封面新闻、钱江晚报、三亚发布，2021-04-11。）

请思考并回答：
（1）该案例涉及旅游服务的哪些规范？
（2）有关部门处理投诉的主要依据是什么？
（3）为了防止此类事件的发生，应该从哪些方面制定相关的规范？

2. 请阅读下面的材料：

旅游团贵重物品寄存

某旅行团入住某饭店，在寄存物品于前台时，该旅行团导游依惯例负责全团人员物品的统一寄存。后来，该团某旅客在饭店领取寄存物品时，发现其寄存物中的一贵重物品丢失，随即向饭店索赔。饭店称：该物品寄存时未作特别声明，饭店就该项主张有旅行团导游统一寄存物品凭据为证，饭店为无偿保管，自己没有重大过失，本不应承担任何赔偿责任，顶多按照一般物品予以赔偿。该旅客又转向导游索赔。导游则认为：按照惯例，导游代游客寄存贵重物品于前台，其所有人通常都会单独向导游声明。故若无游客的特别声明，导游在代全团游客寄存物品时，不会而且也不可能在统一寄存时向饭店作特别声明，因而自己善意且无过失，不应当承担赔偿责任。该游客认为：统一寄存物品凭据上虽没有声明其中有贵重物品，但该凭据上只有导游签名而没有其本人签章，导游在寄存时并未向其说明应声明寄存物中的贵重物品，故该凭据对自己没有约束力，不应由自己承担该物品丢失所造成的损失。纠纷遂起。

请思考并回答：

（1）材料中的"惯例"是指的什么？如何看待按惯例处理旅游服务？

（2）本案例中贵重物品遗失的责任最终应该由谁来承担？主要依据是什么？

（3）该案例给旅游服务人员有哪些启示？

第三章

康养休闲旅游服务的概念及内容

本章重点

本章包含康养休闲旅游服务的概念和内容，重点讲解康养休闲旅游服务的定义、内涵和特点，对康养休闲旅游服务的内容进行了详细介绍。

学习目标

通过本章学习，掌握康养休闲旅游服务的概念及内容，掌握康养休闲旅游服务的特征，熟悉并理解康养旅游服务和休闲旅游服务的内容，为进一步学习专业知识打下基础。

本章思维导图

```
                                    ┌─ 康养休闲旅游服务的定义
                ┌─ 康养休闲旅游服务的概念 ─┤
                │                   └─ 康养休闲旅游服务的特点
康养休闲旅游服务的 ─┤
  概念及内容      │                   ┌─ 康养旅游服务的内容
                └─ 康养休闲旅游服务的内容 ─┤
                                    └─ 休闲旅游服务的内容
```

第一节　康养休闲旅游服务的概念

随着社会经济不断发展，人们生活水平持续提升，而在享受发展成果的同时，环境污染、交通拥堵、食品安全、工作压力、亚健康等问题也对人们身心健康产生影响。这些问题使得大众更为注重健康养生、休闲放松，而经济的发展、收入的增加以及闲暇时间增多等因素使得居民选择远离日常环境，到山清水秀、景色优美、宁静的场所调理身心，放松心情成为普遍需求，而这种需求也促使了康养休闲旅游的发展。

一、康养休闲旅游服务的定义

目前旅游市场不断扩大和成熟，其中康养旅游和休闲旅游成为重点市场，但目前业界和学界对康养旅游和休闲旅游的概念以及其内涵和外延都尚没有形成统一认识。

（一）康养旅游服务的定义

1959年，健康运动创始人之一，美国医生Halbur Dunn将wellbeing和fitness结合创造了wellness（一般将其翻译成康养）这个词，认为一个人的健康应是其在特定环境中身体、思想和精神状态的总和。"康养"表达的是高水平的健康状态。达到康养状态的人应该达到身心和精神的和谐，是身体健康、饮食合理、精神放松、具有高度的自我责任感、持续接受教育，并且关心社会和环境的人士。这一概念迅速在欧美国家得到广泛接受和应用。

而在中国，因为中西方语境和历史社会环境背景的差异，在运用西方概念阐释中国问题时，国内部分学者没有对来自西方的理论、概念的社会背景深入解析，导致国内有关康养旅游的内涵与外延上与国外产生偏差，因此国内有关康养旅游的内涵界定不清，至今学界和业界对康养休闲旅游的概念没有统一定论。

王赵认为，康养旅游概括来讲即为健康旅游、养生旅游，是一种建立在自然生态环境、人文环境、文化环境基础上，结合观赏、休闲、康体、游乐等形式，以达到延年益寿、强身健体、修身养性、医疗、复健等目的的旅游活动。

2016年1月，原国家旅游局发布的《国家康养旅游示范基地标准》（LB/T051-2016）将康养旅游界定为："通过养颜健体、营养膳食、修心养性、关爱环境等各种手段，使人在身体、心智和精神上都能达到自然和谐的优良状态的各种旅游活动的总和。"由此可见，康养旅游的目的是娱悦身心、缓解压力、康体健心，增强人们的幸福感和满足感。

所以，康养旅游服务是为了满足游客康养旅游需求，为其提供康养旅游各种产品和技术支撑的服务形式的总和。

（二）休闲旅游服务的定义

"休闲旅游"的英文为 Leisure Tourism，主要围绕休闲（Leisure）和旅游（Tourism）两大领域。两大领域均内涵广泛，并具有独立研究，因此关于休闲旅游的内涵一直较为模糊，概念界定较为丰富，无法形成共识。

刘群红认为："休闲旅游是指以旅游资源为依托，以休闲为主要目的，以旅游设施为条件，以特定的文化景观和服务项目为内容，离开定居地而到异地逗留一定时期的游览、娱乐、观光和休闲。"

陈永旭等人认为："休闲旅游是一种相对于观光旅游和度假旅游而言的旅游形式，是一种以消遣休闲为目的的旅游活动，强调游客获得真正的身心放松，也是一种目的地旅游业发展模式，与观光旅游相比，它的层次更高，呈现丰富性、深入性和舒适性特征，与度假旅游相比，它更侧重于以文化作为核心吸引要素。"

本书认为休闲旅游服务是指："以旅游资源为依托，以休闲为主要目的，以特色文化景观和服务项目为内容，为旅游者提供观光、游憩、娱乐和休息服务的总和。是指个体利用闲暇时间在异地从事与工作、义务等无关的个人喜好的活动，目的是实现身心调节与放松，提高生活质量和生命质量。"

所以，休闲旅游服务是为了满足游客休闲旅游需求，提供休闲旅游各种产品和技术支撑的服务形式的总和。

（三）康养休闲旅游服务的定义和内涵

1. 康养休闲旅游服务的定义

综上所述，编者认为，康养休闲旅游是以健康、养生和休闲娱乐等资源为依托，以企业、景区或主题公园等为载体，配套相关旅游服务设施，向旅游者提供游憩体验、健康服务、休闲娱乐等相关特色服务，包括康养旅游和休闲旅游。康养休闲旅游服务是为了满足游客康养休闲旅游需求，提供康养休闲旅游各种产品和技术支撑的服务形式的总和，包含康养旅游服务和休闲旅游服务。

2. 康养休闲旅游服务的内涵

（1）服务的本质

康养休闲旅游服务的本质是旅游服务，是旅游服务供给者和消费者在旅游过程中的一种"面对面"交互行为，具有时间上的"同时性"和"不可分离性"；是旅游服务人员运用设施设备、通过各种途径、手段和方法为旅游者提供的各种产品和技术支撑的服务形式的总和，本质上属于一种劳务行为。康养休闲旅游服务对象广泛，内容庞杂，涵盖食住行游购娱等基本旅游要素，包括门票提供、景点讲解、景点咨询、购物与安全指导、餐饮住宿服务等众多内容。因此，康养旅游服务也具有一定的结构组合性，由餐饮服务、住宿服务、交通服务、导游服务、娱乐服务等单项服务组合而成。其中任一单项服务都不能代替或视为整体意义上的"康养旅游服务"，只能作为其中的构成部分之一。

（2）康养休闲的目的

旅游作为一种行为方式，它目的有很多，包括休闲、观光、度假、康养、学习等。这些目的存在一定的交叉性，不可能完全割裂开。但是康养休闲旅游是以康养休闲为主要目的的旅游，具有其独特性，所有的旅游活动和内容都是为了能够达到这一目的。旅游消费者希望通过在目的地提供的系列项目活动或服务，如运动、按摩、营养膳食、瑜伽、禅修等促进旅游者在身心和精神上取得和谐，具有明确的康养休闲目的，这也是康养休闲旅游服务区别于其他旅游服务的特性。

（3）旅游的形式

康养休闲旅游归根结底属于一种旅游活动，这是它与其他康养休闲活动最本质的区别。它具有旅游服务的一般内涵和特性，即异地性和暂时性，注重互动性和交互性。而一般康养休闲服务并不具有以上特征。如文化休闲、森林康养活动可能在本地进行，也有可能在异地进行，如果是后者，就变成了文化休闲旅游和森林康养旅游。比如一个人所住的社区附近有一家博物馆或森林公园，他周末到这里来参观，即为文化休闲行为和森林康养活动；但如果他到另外一个城市去参观同样的一个博物馆和森林康养活动，即为文化休闲旅游和森林康养旅游。

二、康养休闲旅游服务的特点

（一）融合性

旅游活动本身具有综合性，涵盖食住行游购娱等众多需求和内容。对于旅游者来说，在旅游活动中，康养休闲旅游是一种较为高级的行为和方式。康养休闲旅游者具有一定的目的和要求，要求康养休闲旅游资源或产品具有一定的康养休闲价值。因此康养休闲旅游必须与其他资源或活动相融合，如

"温泉+康养+旅游""森林+康养+旅游""运动+休闲+旅游"等模式，由此造成康养休闲旅游服务具有显著的融合性。

康养休闲旅游服务的融合性主要表现在两个方面：

一是为满足旅游活动所提供旅游服务的融合性，必须同时满足基本旅游要素和需求，旅游服务是一种环环相扣的综合性活动，渗透在旅游全过程。要求旅游供给者在旅游服务进程中，应全局性、整体性考虑，向游客提供系统的服务。

二是为满足康养休闲旅游活动需求，必须与其他资源活动相融合，在满足基本旅游需求的同时满足康养休闲需求。如森林康养旅游服务，在满足基本旅游服务需求之外，还要与森林资源相结合，融合林业、医疗、健康、养老等，让旅游者能与大自然亲密相处，呼吸新鲜的空气，娱悦身心。

（二）多元性

康养休闲旅游服务的融合性也造成了康养休闲旅游服务的多元性。人们对于不同的康养休闲场所有不同的要求，对不同的康养休闲旅游活动也要求不同的旅游服务。不同的康养休闲场所，如果活动和服务完全一致，很难对游客产生吸引力；但如果完全不同，又难免在心理认同上产生排斥。因此，在康养休闲旅游服务中，国际化与本土化问题、标准化与个性化问题显得更为突出和重要。既需要研究如何对应旅游消费者的个性化需求，如何为其提供个性化产品和个性化服务；也需要根据主题融合文化特征，让消费者在认同和差异之间得到特色体验。如中医药康养旅游，要能在提供基本旅游需求的同时，还要为消费者提供医药健康科普、中药膳食饮品、医药文化健身、药材基地观光、医药医疗康复、医药养生保健等服务，让游客在旅游过程中了解医药文化，并提高身体机能；而在运动康养旅游中则在基本旅游需求以外，更要为旅游者提供康体运动、体育训练、赛事观赏、休闲健身的设施设备和服务，让游客在旅游的过程中深切地感受到体育运动为人们带来的好处。

（三）专业性

康养休闲旅游产业的发展离不开健康养生、旅游、休闲、医疗、餐饮、体育运动、文化等相关产业的发展。康养休闲旅游对旅游服务的专业性有更高要求。康养休闲旅游服务的专业性主要表现在两个方面：一是康养休闲旅游场所硬件设施（即环境和配套设施设备）的专业性；二是康养休闲旅游软性服务的专业性，包括各种服务标准和从业服务人员指南以及相关专业知识和技能。2016年原国家旅游局颁布了《国家康养旅游示范基地》（LB/T051-2016）行业标准，旨在建设产业要素齐全、产业链条完备、公共服务完善的综合性康养旅游目的地。康养休闲旅游行业和学界也致力于制定康养休闲旅游服务标准，以保障和满足旅游者对服务和品质的要求，促使行业规范化、品质化发展，并提升康养休闲旅游市场的满意度。不同主题的康养休闲旅游服务要求企业和服务人员具有不同的专业知识，如医疗康养旅游，要求企业提供如健康疗养、医疗保健、专业护理、营养膳食等方面的服务，并要求该区域从业人员具有相应的服务意识、服务技能和服务水平，能满足专业需求；而温泉康养旅游则要求企业提供温泉、水疗、SPA、美容等服务，并要求该区域从业人员具有相关的专业服务技能和水平。

（四）主题性

康养休闲旅游内涵广泛，并对自然环境有高度要求，绝大多数康养休闲旅游场所和企业都会根据实际选择特定主题内容，并根据主题对旅游场所进行康养休闲旅游情境化设计，让旅游场所成为符合主题，让景观环境成为满足游客体验过程中的道具和工具。在康养休闲旅游设计中，要求用情境化的手法进行设计，围绕"食、住、行、游、购、娱""商、养、学、闲、情、奇"旅游要素的每个环节，展开主题定位，形成情境化氛围，达到游客在情境之中体验和感悟的效果。如中医药康养旅游服务，要求依据中医理念，在精准数据的基础上，配合中医治疗和康复方法，如针灸、艾灸、药浴、中药熏蒸、火罐、推拿、正脊、太极、五禽戏等，结合内服药膳汤药调理，对旅游者进行辨证治疗，提供个性化、专业化和系统的康养服务；并将中医药理念知识融入旅游活动中，提供中医药观光、中医药体验、中医药购物、中医药体验、中医药资料等系列中医药康养产品，让游客在放松旅游的同时，体现中医特色康复在恢复和提高人体机能等方面的优势。

第二节　康养休闲旅游服务的内容

近年来，国家重视全民健康，提出全民健康战略，如今健康生活理念深入人心，未来大健康产业将成为国家重要发展趋势。同时，我国康养休闲旅游资源丰富，拥有广袤密林、逶迤海岸、浩瀚冰雪、壮丽高原、温暖阳光等，因此康养休闲旅游产品众多。康养休闲旅游服务内容广泛，主要可分为康养旅游服务和休闲旅游服务两大类，下面又分别包括接待、行程、餐饮、住宿和特色服务等。

一、康养旅游服务的内容

（一）康养旅游接待服务

康养旅游接待服务是指康养旅游经营者及其他相关部门为了满足旅游者康养需求，在游客康养旅游各环节中，直接面对游客提供的服务。

旅游接待服务包括硬件和软件两部分，即旅游接待服务设施和旅游接待服务。

旅游接待服务设施通常在旅游开发投资中占有很大的比重，涉及旅行社、住宿、餐饮、娱乐、购物等多项旅游服务项目，是旅游收入的主要来源。康养旅游因其特性对康养旅游设施的要求比一般旅游服务设施要求更高。康养旅游基地所提供的设施和服务一定要密切围绕康养主题、康养理论体系和康养旅游产品内容展开。康养场所的设计和建设，均要体现康养的理念和康养的主题与特色，无论是外部建筑、内部装修，还是基地环境、设施设备等方面都应尽可能地突出康养特色，让游客能够在舒适、康养的环境中调节身心，放松心情，体验康养文化。

在康养旅游接待服务上，培养专业水平高、服务态度好，具备相应资质的专业技师服务团队。人才的配备是康养旅游基地建设和发展的关键，也是康养旅游可持续发展的基础。因此要求康养旅游基地加强员工考核和培训，严格执业资格，相关服务标准化，规范服务行为，提升服务质量。还可以聘请资深康养医疗专家，为游客提供专业的康养旅游指导和建议，对基地的产品和服务提供更加科学、严谨的专业化指导，满足游客康养旅游服务需求。

（二）康养旅游行程服务

康养旅游行程服务是指旅游企业或其他相关部门为了满足游客康养旅游需求，在康养旅游活动过程中提供的行前、行中、行后服务，包括线路设计、产品完善、咨询接待、行程安排、办理手续和后续服务等内容。

旅游出行过程中涉及的食、住、行、游、购、娱等多个方面要素，都需要在时间节点和空间节点上进行有序衔接合理安排。旅游行程规划服务是帮助游客在旅游行程开始之前合理地规划旅游行程，主要关注于旅游线路时间和空间顺序排布的合理性，强调整体交通时间最短化与交通方式便利性。康养旅游行程服务在一般旅游行程服务的基础上更注重个性化和舒适性，要根据游客的实际情况和需求动态调整，对旅游路线与时间安排要求更加精细化，要根据康养目的，依据康养理论，劳逸结合，松紧有致。根据康养理论指导，结合旅游地理学、行为地理学和时间地理学的理论内涵和方法体系，强化对旅游行程构建方法的认识，以康养为目的，通过旅游产品创新和结构调整，提高游客旅游体验，提供个性化、精准化和智能化的服务，实现康养旅游行程服务的转型升级，给游客规划和提供最适宜的康养旅游行程服务。

（三）康养旅游餐饮服务

康养旅游餐饮服务是指客人在康养旅游行程中，以健怡身心为目的，在餐厅就餐时间段内，由餐饮企业工作人员利用餐饮服务设施向客人提供符合康养要求的菜肴饮品及方便就餐的一切服务形式的总和。

餐饮是康养旅游的重要的部分。康养旅游餐饮服务要求餐饮在满足"食"之外，还要有"养"的功能，需要对"吃"进行合理规划。

首先，根据康养主题开发主题养生餐饮，在提供大众饮食的同时，针对不同的客户需求，结合专业的养生团队，打造个性化、专业化的养生餐饮服务方案，打造以绿色生态食材、养生本草、中医药料理膳食等为基础，以健康养生、食疗食补为主要功效的康养餐饮产品；融合各大菜系文化以及养生饮食文化，开发具有特色的健康主食、养生菜品汤品、药茶、小吃、地方美食等多方位的"康养养生宴"。

其次，还可以开发出养生食品作为旅游商品进行出售，让游客可以将绿色养生食品带回家，将养生餐饮从旅游基地延续到家中，能持续通过饮食调节人体机能，提高人体免疫力，达到养生保健的目的。原料选择上尽量使用当地或特色食材，最好就地取材，倡导绿色、新鲜、无污染。

最后，注重康养餐饮产品的文化内涵及体验性，在康养餐饮产品开发中重视产品形式，挖掘饮食背后的文化，使游客融入文化特色，形成独特的消费体验；提高服务人员专业素养，加强对餐饮服务人员进行针对性、系统性的培训，服务人员要学习养生膳食方面的知识，提升服务水平，为游客提供个性化、细致化、全面化的康养餐饮服务。

（四）康养旅游住宿服务

康养旅游住宿服务是指游客在康养旅游行程中，为满足游客康养需求，以传统住宿业的空间、设备设施为依托，以康养服务项目及设施为特色，以服务人员优质、专业化、个性化的服务为媒介，为游客提供健康、舒适、高品质、个性化的住宿服务体验过程。

"住"在康养旅游中住宿服务非常关键，是体现康养特性的重要环节。孙思邈认为，应将居住地选择在"人野相近，心远地偏，背山临水，气候高爽，土地良沃，泉水清美"的地方，还认为"凡居处不得过于绮靡华丽，令人贪婪无厌，损志，但令雅素清洁，能避风雨暑湿为佳"。这为康养旅游住宿服务提供了指南。康养旅游住宿服务应该和一般旅游住宿有区别，不追求奢华，不崇尚富丽，不求新，不求奇，主要以提供舒适睡眠为宗旨，一切以为康养服务为理念；应以雅素清洁为主，和康养环境相适应，有利于修身养性，有助于休息睡眠，有康养旅游的独特风格。在消费者住宿期间还应提供各种养生保健服务，如睡眠管理、药枕、药浴、足浴、康复理疗、推拿按摩、艾灸、针灸等养生保健服务；还可以根据客户的健康状况采取综合的健康睡眠干预方法，达到缓解疲劳、调节身心的目的。康养旅游住宿服务应重视文化融合，提炼和活化文化内涵，以文化打动游客，在文化体验上形成特色并与传统旅游住宿产品形成差异，形成富有特色的康养住宿旅游服务。

（五）康养旅游特色服务

康养旅游形式多样，种类繁多，因此对不同种类的康养旅游服务也提出了特色化要求，比较常见的有森林康养旅游服务、温泉康养旅游服务、中医药康养旅游服务、运动康养旅游服务、康养旅居服务等。

1. 森林康养旅游服务

森林康养旅游服务是以森林资源为依托，为了满足游客康养旅游需求，提供以森林康养旅游为主的各种产品和技术支撑的服务形式的总和。

森林康养旅游作为一种旅游新形式，是目前康养旅游中最常见的模式，在缓解国民亚健康、人口老龄化压力，促进森林旅游提质升级实现可持续发展中具有重大意义。森林康养旅游是森林旅游和康养旅游的交叉与延伸。森林康养旅游服务应以森林资源为依托，以康养为目的，健康为魂，提供精细化服务，在细节上体现健康生活、绿色养生的理念，牢记健康宗旨，打造具有人文关怀的精细化服务体系。提供定制化服务，满足不同的森林康养群体需求，根据旅游者的年龄、文化程度、身体状况、心理健康状况等，定制"服务菜单"，将每一项产品与服务细分，为旅游者选择最适合的产品服务组合。制定森林康养旅游服务标准化评价指标体系，联合森林康养旅游相关科研机构制定相应标准。

森林康养旅游服务者应该具备相应的森林康养知识和技能，才能更好地为旅游者服务。可以开展森林康养师培训班，聘请有资历有经验的森林康养专业人士，确保森林康养师职业的专业化和标准化。发展基于"智慧医疗"的康养服务，开发森林康养旅游服务效果的可视化展示平台。通过可视化平台告知游客目前所处森林环境的各项指标数据和对身体的好处以及需要注意的事项；向游客展示当下所处环境的康养效果，增强游客的心理感知；与医疗技术先进的大医院合作开展互联网远程健康服务，提供健康体检、咨询等健康服务，促进个性化健康管理服务发展，对游客的身体状况进行即时的监测。

案例 3-1

日本 FUFU 山梨保健农园

FUFU 山梨保健农园（以下简称 FUFU 农园）位于日本山梨市山区，是日本知名的森林疗养基地。FUFU 农园占地面积约 6 万 ㎡，植被丰富，海拔差异明显，FUFU 农园以酒店为载体，以基地内的农田、果园、药材花园以及周边丰富的森林资源为依托，以先进的日式森林疗养理念为指导，为客户提供森林康养旅游服务。

（1）配备完善的康体及娱乐设施，增加客户游玩趣味。FUFU 农园内除酒店客房外，还配备了丰富的康体及娱乐设施，配套供入住客户免费使用，如心理咨询室、按摩室、瑜伽教室、阅览室、健身房等。

（2）设置丰富的特色课程和服务，充实客户康养体验。FUFU 农园的课程包含套餐课程、实践课程和可选课程。套餐课程面向所有到访客户免费；实践课程面向入住超三天两晚的客户免费，其余客户需额外缴纳费用；可选课程由客户自选，按需付费。每种课程包括丰富特色的课程和服务。

（3）配备专业资质认证的服务人员，保障服务专业化。日本从 2009 年开始每年组织一次森林疗法验证测试，为森林康养产业培育专业人才。FUFU 农园与多位森林疗养师、心理咨询师、瑜伽师、按摩师、芳香疗养师等签订长期合作协议，保障课程的科学性及服务的专业性。

【案例分析】

丰富的森林资源，完善的配套设施，特色丰富的体验课程，专业化的服务团队，共同铸就了 FUFU 山梨保健农园的成功，所有要素缺一不可。

2. 温泉康养旅游服务

温泉康养旅游服务是以温泉资源为依托，为了满足游客康养旅游需求，提供以温泉康养旅游为主的各种产品和技术支撑的服务形式的总和。

温泉内部含有大量的微量元素，对人体的健康有着极其重要的作用，自古以来便是重要的康养资源。随着人们生活水平的提高，温泉康养旅游已经成为大众化的消费需求。温泉是开发温泉康养产品的基础，温泉种类众多且功效不同，为了保证温泉康养旅游服务质量，必须制定温泉等级评定标准，并应根据标准，制定温泉康养旅游开发管理法律法规，规范温泉康养开采与管理。应根据标准和温泉特征功效开发不同功效和特色的温泉康养旅游产品体系，用于满足不同的温泉康养需求群体。温泉康养旅游服务是一种综合性服务，因此在温泉康养服务中，需要结合各地区的资源和文化特点，丰富健全温泉康养旅游产品体系，增加温泉康养＋养生、温泉康养＋娱乐、温泉康养＋体验、温泉康养＋休闲、温泉康养＋民俗文化、温泉康养＋滑雪等旅游项目，打造具有特色的温泉康养旅游产品体系，并提供相应的服务。

温泉旅游资源大多距离城市较远，加强公共、医疗设施建设，对提升温泉康养旅游服务至关重要，因此温泉康养旅游地要结合自身实际，把通往景区的旅游专线交通与城市公共交通紧密结合，为游客提供一个快捷舒适交通服务体系；在景区内配备温泉康养旅游街区和休闲娱乐设施，让游客在进行温泉康养之余，能在温泉康养街区进行购物、娱乐、品尝美食、体验文化活动。

随着人们健康意识的不断提升以及老龄化社会的进一步加剧，人们对温泉康养的保健养生功能的需求也在不断提高，更多的游客希望通过温泉康养的形式来放松身体和缓解疾病。温泉康养旅游地要增加必要的医疗服务、中医养生保健服务，健康咨询服务、健康教育科普服务等，并配备相应数量的医学养护人员，为游客温泉康养提供更好的医疗服务和医疗保障，提升温泉康养旅游的服务层次。

3. 中医药康养旅游服务

中医药康养旅游服务是以中医药知识、理论和中医药资源为依托，为了满足游客康养旅游需求，提供以中医药康养旅游为主的各种产品和技术支撑的服务形式的总和。

中国的养生之道与中医药有千丝万缕的关系，无论是食物养生、运动养生、药物养生、环境养生、气功养生、修道养生等都离不开中医药。中医药养生旅游将我国中医药医疗养生的理论、方法和技术等综合运用于旅游活动之中，让游客在轻松旅行的同时，获得各种养生医疗知识，可以调理身心，治疗各种慢性病，并提高健康水平和文化品位。因此中医药康养旅游更加注重服务性，要求专业化和标准化的中医药行业标准和监管体系，用以保障中医药旅游的安全和品质；要求多元化的完善的中医药康养旅游产品体系，在满足衣食住行娱购所有旅游要素的同时，提供中医药观光、中医药文化体验、中医药健康养生、中医药疗养康复、中医药休闲度假、中医药科普教育等多项旅游产品；重视游客的旅游体验，开发适合大众游客体验性的中医药康养旅游产品，并提供直接参与娱乐的机会，丰富游客的旅游经历；从业人员必须具有扎实的中医药基础知识和技能，以满足游客多方面需求。

4. 运动康养旅游服务

运动康养旅游服务是以各种运动资源为依托，为了满足游客康养旅游需求，提供以运动康养旅游为主的各种产品和技术支撑的服务形式的总和。

运动康养旅游的主题多种多样，以体育训练、赛事观赏、康体运动、休闲健身等作为康养旅游主题的新产品和新业态即为运动康养旅游。运动康养旅游将体育产业、康养旅游产业进行融合，取长补短，让游客在旅游的过程中深切地体验到运动为人们带来的好处，在轻松旅游的同时全面提升身体健康指数。为了达到运动康养的目的，提供专业的运动康养旅游服务至关重要。

一是要加大运动康养旅游产业的培育力度，积极引导运动康养旅游产业市场规模的扩大和成熟，不断整合现有体育运动和康养旅游优势资源，将现有资源有效整合，打造一批条件良好的运动康养旅游基地，形成范例；鼓励各地区向游客开放运动场馆和运动基础设施，支持具备有条件的地区争夺具有一定影响力的国内或国际运动赛事举办权。

二是加强康养运动旅游产品的创新和开发，比如将瑜伽、太极、五禽戏等传统健身运动融入康养旅游项目中，并为康养运动提供必要的场所和设施设备，并配备相关的服务人员。

三是培育专业运动康养旅游服务从业人员，加大服务人员的运动康养专业知识教育和提升，使其具备专业的康养运动知识和技能，能够全方面满足游客运动康养需求。

5. 康养旅居服务

康养旅居服务是以康养旅居为依托，为了满足游客康养旅居需求，提供以康养旅居为主的各种产品和技术支撑的服务形式的总和。

在"健康中国"的国家战略背景下，康养旅居产业成为康养市场的重头戏，康养旅居涵盖"健康、养生、旅游、居住"，是人们追求高品质生活的一种新选择，是一种高端康养旅游形式。康养旅居是一种生活方式、一种新兴业态，需要系统的产业支撑，做好康养旅居服务是基本。

在康养旅居服务中具有健康元素的特色物业管理服务是基础。康养旅居项目中的物业运营，不仅是简单的环境清洁、安全保障服务，更需强化物业运营团队的培训，提高物业运营团队的健康管理意识与服务能力，能够满足消费者多样化需求并为之提供高效的特色服务，增强消费者的满意度。

专业的健康管理队伍是康养旅居服务的核心，康养旅居项目中健康管理是重要内容，包括为消费者提供疾病预防、康复方案、运动指导、健康膳食指导等，目的是让消费者以健康者和旅游者的身份接受医疗救助，让医疗健康专家与助理为消费者的健康生活出谋划策，为其提供健康管理与服务，满足消费者对健康管理与服务的需求，追求更高的生命生活质量。

根据不同生命周期的人群设计不同的类型服务或产品是提升康养旅居服务品质的有效路径。如健康生命周期内的消费人群需求主要以享受和精神升华为主，康养旅居服务便是将旅游作为精神享受的重要形式，为这类消费者健康导游和健康管理服务，使这类消费者兼顾工作与生活，获得精神享受，减轻压力，提高生活质量和工作效率。而老年消费人群的消费需求主要以康养为主。为老年人的康养旅居服务需要在提供必要的配套基础设施之外，还要增加妇幼保健、基础教育等设施，让老人的生活因亲友小孩的陪伴而幸福；对于患心脑血管等慢性非传染性疾病的消费人群，要发挥健康管理团队的强大功能，时刻关注消费者健康状况，为消费人群提供用药提醒与指导服务、紧急情况救助服务等。

二、休闲旅游服务的内容

休闲旅游的出发点是为了满足人们提高生活品质的需求，是一种层次相对更高、更注重精神享受的旅游活动。服务是提升休闲旅游质量和扩大其功能的重要手段，作为高层次的休闲旅游包括高质量的餐饮、交通、住宿与导游等服务，更重要的是要求相关服务者必须善于理解游客的休闲目的，创造游客渴望达到的意境，在合适的时间、合适的地点，以合适的方式提供合适的服务，充分满足休闲者所要求的身心享受。要实现高质量的休闲旅游必须提供与之相适应的休闲旅游服务。休闲旅游服务包含着一般的旅游服务内容，即接待、行程、餐饮、住宿服务等，也包含着大量的与休闲旅游特色相适应的其他服务，如户外休闲旅游服务、文化休闲旅游服务、运动休闲旅游服务、康乐休闲旅游服务等。

（一）休闲旅游接待服务

休闲旅游接待服务是指休闲旅游经营者及其他相关部门为了满足旅游者休闲需求，在游客休闲旅游各环节中，直接面对游客提供的服务。

休闲旅游是一个旅游者时间和空间的变换过程，完成休闲旅游接待服务需要有不同的主体提供相应的服务，包括相关部门管理者提供的公共服务，旅游运输企业提供的交通服务，旅游中介组织提供的信息和代理等服务，以及旅游目的地提供的旅游项目、食宿等服务。所有服务都必须以"休闲"为目的，以"旅游"为形式，在提供基本的旅游接待服务之上，注重游客的休闲体验。因此，休闲旅游接待服务过程中，要保证公共服务设施设备和服务能满足游客休闲活动需要，交通服务要能让游客方便舒适，景区和旅行社的信息和代理服务要能让游客满意，旅游项目和食宿等服务要能让游客获得体验和享受。

（二）休闲旅游行程服务

休闲旅游行程服务是指旅游企业或其他相关部门为了满足游客休闲旅游需求，在休闲旅游活动过程中提供的各种行前、行中、行后服务，包括线路设计和产品完善、咨询接待、行程安排、办理手续、后续服务等内容。

舒适的旅游行程服务能增强游客的休闲旅游舒适感，这种舒适感是基于交通服务商提供的旅游交通工具状况、旅途时间的长短、旅途中人际环境以及旅途中其他相关服务的完善程度的综合服务。空间位移是休闲旅游活动的开始，旅途的舒适性在一定程度上对后来的休闲项目产生的体验感有很大的影响，因此，提高旅游运输服务水平和层次非常关键。时间安排是休闲旅游活动的过程，休闲旅游休闲是目的，而大众休假时间相对集中和景区旅游适宜时间的重叠很容易让某一景区或项目人满为患，过度拥挤或长时间等待不但达不到休闲目的，还会严重降低游客的旅游体验。合理安排行程，提高服务人员素质，通过信息化智能化手段，熟悉相关景区、道路状况，合理利用科技和手段控制车辆、人流量等，保证休闲旅游的高品质体验。

（三）休闲旅游餐饮服务

休闲旅游餐饮服务是指客人在休闲旅游行程中，以休闲为目的，在餐厅就餐时间段内，由餐饮企业工作人员利用餐饮服务设施向客人提供符合休闲要求的菜肴饮品及方便就餐的一切服务形式的总和。

休闲旅游餐饮更加注重特色和体验。休闲旅游餐饮服务不仅是为了满足游客的进餐需求，更重要是使游客能体验和融入当地特色，获得舒服的消费体验，因此休闲餐饮服务应首先重视文化内涵及体验性，否则很容易让游客产生同质化的感受。休闲餐饮旅游服务应提供个性化、细致化、全面化的服务来吸引和满足游客，提供特色化的餐饮产品，从菜品方面下功夫，积极创新，全面改良；优化菜品结构，主要从原料选择及搭配、营养养生角度、烹调工艺方法、菜品摆盘艺术性等方面着手，创新菜单内容；同时，注重情感化，从服务人员的仪容仪表、服务用语、服务态度礼仪等方面进行培训。对餐饮服务人员进行有针对性、系统性的培训，提高餐饮服务品质。休闲餐饮服务人员要树立热情好客、彬彬有礼、想顾客之所想的服务理念，全面提升休闲餐饮服务品质；并完善餐厅卫生间相关设施、物品配备，保障游客休闲旅游用餐体验。

（四）休闲旅游住宿服务

休闲旅游住宿服务是指游客在休闲旅游行程中，为满足游客休闲需求，以传统住宿业的空间、设备设施为依托，以休闲服务项目及设施为特色，以服务人员优质、专业化、个性化的服务为媒介，为游客提供休闲旅游住宿服务体验过程。

休闲旅游对住宿服务也有较高要求，更加重视"休闲性"和"体验性"。提高休闲旅游服务住宿需要从以下方面着手：

一是发展多样化、个性化的住宿项目，重点发展主题多样化住宿产品，并配备相应的设施和服务满足游客多样化需求和体验。

二是紧跟市场形势，不断改善住宿产品布局，规范和提高精品住宿产品的标准，因地制宜，避免同类化发展，积极建设"农业+住宿""娱乐+住宿""餐饮+住宿"等整体化服务体系，让游客在住宿之余有更多休闲活动体验。

三是深挖"体验性"和"文化性"，紧密结合地方特色、风俗习惯，提供多元化、个性化、特色化的休闲旅游住宿产品和服务。

（五）休闲旅游特色服务

休闲旅游种类繁多，主题各异，不同的休闲旅游对服务也提出了特色要求，比较常见的有户外休闲旅游服务、文化休闲旅游服务、运动休闲旅游服务、康乐休闲旅游服务等。

1. 户外休闲旅游服务

户外休闲旅游服务是以户外休闲资源为依托，为了满足游客休闲旅游需求，提供以户外休闲旅游为主的各种产品和技术支撑的服务形式的总和。

户外休闲旅游服务首先是安全性保证，户外休闲旅游有一定的风险性。近年来各景区意外事故，甚至身亡的事件时有发生。围绕以安全为核心的组织与管理、防控与急救、标准与公约等硬软件配套保障体系的建设，是户外休闲旅游服务的基础和根本。其次对各个区域的项目开发与准入标准进行规划，形成发展户外休闲旅游产业的规划方案，引导各个区域按规划有序地发展户外休闲旅游产业，形成合理产业布局。保护整个景区自然生态与人文环境，也能可持续发展户外休闲旅游，从根本上保障游客的户外休闲旅游体验。

2. 文化休闲旅游服务

文化休闲旅游服务是以文化休闲资源为依托，为了满足游客休闲旅游需求，提供以文化休闲旅游为主的各种产品和技术支撑的服务形式的总和。

文化旅游休闲是休闲旅游的一种方式，将传统的游玩、接触大自然、艺术欣赏、体育锻炼、社会交往等活动同文化的传播与创造、知识的学习、科普教育等结合起来，形成以某一内容为主题的休闲旅游活动。对于文化休闲旅游服务，要注重文化资源的挖掘，增强主体性和体验性，让游客参与其中过程、体验其中内容，比如对于茶文化休闲旅游来说，游客若能参与到种茶、制茶、识茶、品茶、评茶和售茶整个过程，就更加容易理解和接受茶文化相关知识和技能，陶冶情操、修身养性。

3. 运动休闲旅游服务

运动休闲旅游服务是以运动休闲资源为依托，为了满足游客休闲旅游需求，提供以运动休闲旅游为主的各种产品和技术支撑的服务形式的总和。

运动休闲旅游是一种特殊的旅游方式。运动休闲旅游既有"运动"，也有"休闲"，但归根结底是一种旅游方式。运动休闲旅游服务便是为这项旅游方式提供必要的保障。完善运动休闲旅游的相关配套服务体系，包括建设和配备运动休闲器械设备、场地设施、运动服装，提供运动休闲指导、运动休闲咨询和解说等，以及与之有关的附属服务，如运动场地设施的维护与管理、运动、场地、设施安全保障措施、环境卫生、购物等，以保证游客在运动休闲旅游的过程中能安全、舒适地体验运动休闲旅游所带来的身心感受，达到身心愉悦的效果。

4. 康乐休闲旅游服务

康乐休闲旅游服务是以康乐休闲资源为依托，为了满足游客休闲旅游需求，提供以康乐休闲旅游为主的各种产品和技术支撑的服务形式的总和。

康乐从字面可以简单地概括为"康体娱乐"。对于康乐的含义，现有的资料没有作出统一的定义。陈秀忠编著的《康乐服务与管理》中说："康乐的定义可以从字面上得到解答，它主要包括健身体育活动、休闲消遣活动、娱乐活动、文艺活动、声像活动、笑容活动等。"康乐休闲旅游服务最重要的是满足游客的康乐需求，以休闲旅游为载体，让自己融入活动中，获得康乐体验和感受。对康乐休闲旅游服务要通过有形的产品和服务，让旅游者在参与过程中得到高度的情感体验，即让游客亲身参与康乐休闲旅游活动，通过活动，让游客全身心地投入其中；还要通过无形的服务，让游客获得独特的康乐感受，通过服务人员与游客的互动，让游客成为康乐休闲旅游活动的一分子，让游客体验到玩的乐趣和参与过程的情感感受。在提供康乐休闲旅游服务的同时，还要充分考虑不同年龄、不同阶层、不同区域人群游客的需求和旅游的需要，针对性地提供相应产品和服务，做到产品和服务的多元化和结构层次性。

本章小结

本章共两节，第一节分别从康养旅游服务和休闲旅游服务的定义出发，阐述了康养休闲旅游服务的定义和内涵，并介绍康养休闲旅游服务的特征。第二节介绍了康养休闲旅游服务的内容，主要包括康养旅游接待服务、康养旅游行程服务、康养旅游餐饮服务、康养旅游住宿服务和康养旅游特色服务；休闲旅游接待服务、休闲旅游行程服务、休闲旅游餐饮服务、休闲旅游住宿服务和休闲旅游特色服务等。通过知识学习，掌握康养休闲旅游服务的相关概念、特征，对康养休闲旅游服务的内容有进一步的熟悉和理解，从而具备进一步学习专业知识的基础。

思考与练习

一、填空题

1. 国家旅游局发布的《国家康养旅游示范基地标准》（LB/T051-2016）将康养旅游界定为通过（　　）、（　　）、（　　）、（　　）等各种手段，使人在身体、心智和精神上都能达到自然和谐的优良状态的各种旅游活动的总和。

参考答案

2. 康养旅游服务是为了满足游客（　　）需求，为其提供康养旅游各种产品和技术支撑的服务形式的（　　）。

3. 休闲旅游是指以（　　）为依托，以（　　）为主要目的，以特色文化景观和服务项目为内容，为旅游者提供观光、游憩、娱乐和休息的服务总和。

4. 康养休闲旅游服务是为了满足游客康养休闲旅游需求，提供康养休闲旅游各种产品和技术支撑的服务形式的总和，包含（　　）和（　　）。

5. 森林康养旅游服务是以（　　）资源为依托，为了满足游客康养旅游需求，提供以森林康养旅游为主各种产品和技术支撑的服务形式的总和。

6. 康养旅游服务的内容包括康养旅游接待服务、（　　）、（　　）、康养旅游住宿服务和康养旅游特色服务等。

7. 康养旅游行程服务是指旅游企业或其他相关部门为了满足游客康养旅游需求，在康养旅游活动过程中提供的各种（　　）、（　　）、（　　）服务，包括线路设计和产品完善、咨询接待、行程安排、办理手续、后续服务等内容。

8. 康养旅游餐饮服务要求餐饮在满足"食"之外，还要有（　　）的功能，需要对"吃"进行合理规划。

9. （　　）是指休闲旅游经营者及其他相关部门为了满足旅游者休闲需求，在游客休闲旅游各环节中，直接面对游客提供的服务。

10. 文化休闲旅游服务是以（　　）为依托，为了满足游客休闲旅游需求，提供以文化休闲旅游为主各种产品和技术支撑的服务形式的总和。

二、单项选择题

1. "温泉＋康养＋旅游""温泉＋康养＋旅游""运动＋休闲＋旅游"等康养休闲旅游模式反映了康养休闲的什么特性？（　　）
   A. 融合性　　　　　　　　B. 主体性
   C. 多元性　　　　　　　　D. 专业性

2. 下列不能体现康养休闲旅游服务内涵的是（　　）。
   A. 服务的本质　　　　　　B. 旅游的形式
   C. 公益性　　　　　　　　D. 康养休闲的目的

3. 下列不属于休闲旅游服务内容的是（　　）。
   A. 休闲旅游接待服务
   B. 休闲旅游行程服务
   B. 休闲旅游餐饮服务
   D. 康养旅居服务

4. 一景区以中医药知识、理论和中医药资源为依托，提供中医药观光、中医药文化体验、中医药健康养生、中医药疗养康复、中医药休闲度假、中医药科普教育等多项旅游产品，该景区提供的是（　　）特色康养旅游服务。
   A. 中医调理
   B. 森林康养旅游服务
   C. 中医药康养旅游服务
   D. 文化休闲旅游服务

5. 以温泉资源为依托，向游客提供以温泉为主的旅游产品和服务，这样的服务属于（　　）。
   A. 温泉康养旅游服务
   B. 森林康养旅游服务
   C. 中医药康养旅游服务
   D. 运动康养旅游服务

三、简答题

1. 什么是康养休闲旅游服务？
2. 康养休闲旅游服务的特点？
3. 常见的康养特色旅游服务有哪些？

四、论述题

论述康养休闲旅游服务和一般旅游服务的区别。

第四章

康养休闲旅游接待服务

本章重点

本章主要包含康养休闲旅游接待服务的概念与特点、重要性、服务内容及规范等方面内容，重点介绍康养休闲旅游接待服务的特点和重要性，各项接待服务的内容以及规范。接待服务是康养休闲旅游服务的基础内容，要求学习者按照规范的流程为客人提供细致周到的服务。

学习目标

通过对本章内容的学习，学习者能够在了解相关康养休闲旅游接待服务的定义、特点、重要性和服务内容的基础上，掌握票务、问询、接送站、讲解及其他接待服务中的对客服务规范，同时具有一定的应变和创新能力。

本章思维导图

- 康养休闲旅游接待服务
  - 康养休闲旅游接待服务的概念与特点
    - 康养休闲旅游接待服务的定义
    - 康养休闲旅游接待服务的特点
    - 康养休闲旅游接待服务的重要性
  - 康养休闲旅游接待服务的内容与规范
    - 康养休闲旅游票务服务及规范
    - 康养休闲旅游问询服务及规范
    - 康养休闲旅游接送站服务及规范
    - 康养休闲旅游讲解服务及规范
    - 其他接待服务及规范

第一节　康养休闲旅游接待服务的概念与特点

近年来，随着我国经济的快速发展，在人口老龄化进程中，人们追求健康和关注养老成为热点，康养产业的发展使这一热点问题的解决成为可能。康养休闲旅游作为一种新兴旅游形式，依托健康、养生和休闲娱乐等资源，通过旅游载体、配套相关旅游服务设施，向旅游者提供游憩体验、健康养生、休闲娱乐等相关特色服务，使旅游者在旅游过程中，身心放松、娱悦生活。对从业者而言，如何抓住有利时机，运用专业知识为客人提供有针对性的高质量高水准的康养休闲旅游接待服务，成为应对新形势下旅游消费市场的主要内容。

一、康养休闲旅游接待服务的定义

康养休闲旅游接待服务是指康养休闲旅游经营者或其他相关部门为了满足康养休闲旅游者康养、休闲的目的与愿望，在游客康养休闲旅游各环节中，直接面对游客提供的服务。是游客享受康养休闲旅游产品的开始和结束，也是旅行社及相关旅游企业展示康养休闲旅游产品的首要环节和结束环节。所以，康养休闲旅游接待服务工作的好坏直接关系到旅行社及相关旅游企业的产品质量、企业声誉和企业的经济效益。

二、康养休闲旅游接待服务的特点

康养休闲旅游接待服务与其他行业的服务相比，有着自己的特点。

（一）原则性

我国的游客构成复杂，旅游动机各异，旅游接待服务人员在言谈中应注意分寸，凡涉及国家机密的，都不能泄露；在接待工作中还应注意自己的形象，不得做出有损国格的事。

（二）高级性

（1）康养休闲旅游接待服务是以满足游客康养、休闲为目的，使其获得精神享受的服务，是多方面的、综合性的、高水平的服务。

（2）康养休闲旅游接待服务是高技能的服务。现代旅游活动更加趋向对文化、知识、康养、休闲等多方面的追求。人们出游除了消遣，还想通过旅游增长知识、扩大阅历，追求健康养生、强身健体、身心愉悦，这就对服务人员提出了更高的要求。为了适应游客的这种需要，服务人员不但知识面要广、业务娴熟，而且还要熟悉游客的基本情况以及心理学、营养学、中医中药等方面的知识；整个接待过程中还要具备独立工作的能力，较强的组织协调能力，善于和各种人打交道的能力，独立分析、解决问题、处理事故的能力。

（三）综合性

康养休闲旅游接待服务不是单一服务，它是包含了食、住、行、游、购、娱、养等方面的综合性服务，哪个环节出了问题都会直接影响整个接待工作。

康养旅游休闲服务中涉及接待工作不仅仅是简单地安排吃住游，入住的舒适度、三餐的营养搭配、体育健身设施的配备使用、中医中药理疗项目与时机、各项康养、休闲活动的设计等。这些服务项目环环相扣，容不得一点差错和失误，由此可见，康养休闲接待服务工作是一项复杂的综合性服务。

（四）规范性

为了保障向游客提供的产品和服务的质量，康养休闲旅游接待服务工作应有规范的质量标准和接待的程序。按标准和程序提供规范的服务，按质、按量、按时兑现事先承诺的各项服务，如旅游线路、日程、航班车船次、饭店的档次、餐饮的标准、导游服务等，必须按照规范的标准执行。

由于接待服务涉及的内容比较多，因此接待工作要求有一系列的程序、规范化的标准。只有这样，才能确保各项接待工作能有条不紊地进行，使游客满意。

（五）经济性

接待工作的经济性，主要是指接待服务的创汇作用。康养旅游接待服务本身并不能独立地直接创汇，但是接待服务作为旅游产品的价值组成部分，已经包括在旅游者所购买的旅游产品内。而旅游产品的消费，必须通过接待工作才能逐步实现。接待服务贯穿于旅游者旅行活动的全过程，使旅游路线、旅游产品和旅游基地的价值得以最终实现。

康养休闲旅游接待工作的经济性，从宏观上看意义更大。这是因为，优质服务、个性服务能赢得长期、稳定的客源，从而使康养旅游企业、国家获得长期、稳定的旅游外汇收入。

康养休闲旅游接待工作的经济性还表现在促销商品的创汇作用上。有服务人员的导购，使旅游者放心购买商品，从而为国家增加收入。

三、康养休闲旅游接待服务的重要性

康养休闲旅游接待服务工作是康养休闲旅游企业的窗口，服务质量的好坏直接决定了康养休闲旅游企业的其他环节,对企业的影响至关重要。

(一)检验康养休闲旅游企业宣传、推销效果的凭据

康养休闲旅游接待服务质量的高低,会给康养休闲旅游企业的宣传、促销与产品销售带来直接的影响。所以旅行社和康养休闲旅游企业的接待业务计划,不仅是旅行社和康养旅游企业接待部门的工作计划,它还是旅行社和康养旅游企业内部各部门制订各类计划的基础。接待能力的大小和服务水平的高低对旅行社和康养休闲旅游企业产品的开发也会产生影响。

(二)决定了康养休闲旅游企业产品质量的优劣

康养休闲旅游产品的无形性和直接性等特点,决定了其只能通过康养休闲旅游接待服务提供给旅游者,不能维修、更换或退回,其质量难以改变。因此康养休闲旅游企业接待旅游者的过程,就是接待工作人员向游客提供旅游服务产品的过程,是游客衡量旅游产品质量最重要的形式。

旅行社和康养休闲旅游企业接待服务质量的好坏,直接决定了企业产品在旅游者心目中的形象,并对旅行社和康养休闲旅游企业在市场中的竞争地位产生影响。

案例 4-1

导游老韩火了一把

某天,泰安市某国际旅行社迎来了上海交大国学班的十几位企业家。行程是岱庙、泰山、曲阜的文化休闲游。"这个团的规格非常高,点名要求公司里国学功底最深厚的导游员接团。"旅行社老总提前给导游老韩打了"预防针"并交代了注意事项。一路上,老韩将重点放在了讲解泰山及儒家文化上,在语言技巧、表达方式、与客人的互动沟通上,老韩处处用心。最终这些挑剔的团员被他的职业素养、渊博的学识、深入浅出的讲解、诙谐幽默的语言魅力所折服。当这些游客来到孔子研究院听教授讲课时,课程听到一半,就不断有团员往外跑,找到老韩小声说:"韩导,还是你讲得好啊!"这个团回去之后,团队里有几位企业家还专门邀请老韩去自己的企业给员工上课,讲山东的历史文化和从业心态,老韩火了一把,山东也跟着火了一把。

(资料来源:郑燕:一辈子的泰山情——记全国优秀导游员韩兆君 https://www.sohu.com/a/55084761_184284。)

【案例分析】

老韩的高质量服务,直接影响了旅行社和旅游企业产品在旅游者心目中的形象，并对旅行社和旅游企业在市场中的竞争产生了良好的影响。

第二节 康养休闲旅游接待服务的内容与规范

康养休闲旅游接待服务人员要依托完善的设施设备、多样的方法途径和"热情好客"的态度等，为旅游者提供物质和精神的满足，使旅游者在接受服务的过程中产生惬意、幸福之感，进而乐于交流，乐于消费。为了给旅游者提供最优质的服务，康养休闲旅游接待服务人员在接待工作中必须要遵循标准的服务规范。

一、康养休闲旅游票务服务及规范

康养休闲旅游接待票务服务是为游客提供票务交易服务，这是保障旅行社和康养休闲旅游企业团队运作的基础。能否保障游客的往返程交通票是衡量一个旅行社和康养休闲旅游企业实力的重要标准之一。

（一）康养休闲旅游票务服务及规范

康养休闲旅游企业景区票务服务分为售票服务和检票服务。

1. 售票服务

（1）网络预订票务服务。

游客选择将要前往的康养休闲旅游景区后，可以通过同程旅行、美团团购等众多 App 购票，也可根据网页提示购票，还可以利用关注景区的微信公众号或者微信小程序购票。这几种购票方式快捷便利，被自由行的游客广泛采用。

拓展阅读 4-1

（2）现场销售票务服务。

①售票人员衣着整洁，姿态端正，态度热情，使用礼貌语言。如"您好，欢迎光临某景区，请问有什么需要帮忙的？"

②迅速、准确售票，误差率不超过万分之五。使用普通话服务，对游客的提问要做到百忙不厌。熟练掌握各种票券的价格、折扣和使用办法。

③售票处应公示门票价格及优惠办法，售票人员应主动向游客解释景区的票价优惠政策，售票时做到唱收唱付。

④游客购错票或多购票，在售票处办理退票手续，售票人员应按景区有

关规定办理，如确不能办理退票的，应耐心、礼貌地向游客解释。

⑤售票人员应熟练掌握景区的免票规定，对持有效免票证件的游客给予免票；对于不符合免票规定的游客，售票人员应耐心、礼貌地解释，如遇到难以解决的问题，应及时上报景区领导。游客出现冲动或失礼时，售票人员应保持克制态度，杜绝与游客发生冲突。

拓展阅读 4-2

⑥售票人员应耐心听取游客批评，注意收集游客的建议，及时向上一级领导反映。

◀◀◀ 案例 4-2 ▶▶▶

售票服务人员的灵活应变

某景点入口售票处，一个三口之家高高兴兴地准备买票。父亲对售票服务窗口内的服务人员小周说："买两张成人票。"小周目测了一下孩子的身高，对孩子的父母说："您好，我们景区实行优惠票制度，如果您的孩子身高在 1.4 米以下，您可以享受免票政策，请这位小朋友到这里来测量一下身高吧。"孩子母亲急忙说："我儿子不到 1.4 米，还差一些。"小周微笑着指引方向，请小孩去测量身高。小男孩蹦蹦跳跳到了测量仪器上，测量结果显示，他的身高刚过 1.4 米线。小周礼貌地对他的父母说："您的孩子已经超出 1.4 米了，需要购半价票，两张成人票一张儿童半价票，共 350 元。"孩子母亲不情愿地说："你们这尺寸会不会不准，我们前几天刚在家里量过，没到 1.4 米啊！我的孩子这么小，也要买票吗？"小周仍旧保持微笑解释说："我们的测量仪器定期检查，一定符合标准，这点您请放心。"接着转头对着迫不及待想要冲进园区里去的小男孩说："这位小朋友看起来比同龄人都要高呢！"小男孩也笑着回答说："是啊，我在班里是长得最高的呢！"说完还看看妈妈，脸上尽是骄傲的神色。母亲尴尬地笑笑，小孩子的父亲在边上说："算了，快买吧，看儿子已经跃跃欲试了！"于是三口之家顺利购买了门票入园游玩。

（资料来源：无名氏：我的孩子这么小也要买票吗？https://www.docin.com/p-1109231601.html。）

【案例分析】

此案例中售票人员对于不符合免票规定的游客，给予了耐心、礼貌的解释，并机智灵活地转移了话题，杜绝与游客发生口角。

2.检票服务

(1)站姿端正,精神饱满,面带微笑(见图4-1),熟练使用普通话和礼貌用语。如您好,谢谢,请,再见,对不起。

图4-1 微笑服务

(2)熟悉本景区规定的各种票券的使用方法,迅速、准确验收票券,每张门票的检票时间不超过5秒钟。

(3)对漏票的游客,使用礼貌语言,耐心解释,避免与游客发生冲突,并说服游客重新购票。

(4)熟练掌握景区的免票规定,对持有效免票证件的游客放行;对持无效证件、不符合免票规定的游客,检票人员应礼貌说明原因,提醒游客办理购票或补票手续,不得与游客发生争执。

(5)老人、幼儿、孕妇或残疾人进入景区时,检票员应主动予以协助。

(6)如遇闹事滋事者,要及时礼貌地予以制止;如无法制止,立即报告有关部门。切忌在众多游客面前争执,引起景区秩序混乱。

(7)游客流量较大时,主动疏导游客,确保出入口无拥挤混乱现象。

(二)旅行社票务服务与规范

1.票源的开发与采购

(1)同车站、航空公司、邮轮公司及各大票务代理公司签订合作协议。

(2)提前控票,以保障旅游团队的正常运行。

(3)票务人员要熟悉票源的各渠道采购及交通部门的各项运作规章,有应付突发事件的紧急措施。

2. 票务故障的处理

（1）不能预订到客人指定的航班（车次、船次）要与旅行社和旅游企业及客人协商改订其他航班（车次、船次），必要时可对客人损失进行一定的补偿。

（2）预订票日期发生错误，退改票要尽快完成，可以原价转让错票，尽量挽回损失。并按客人的预订日期重新订票。

二、康养休闲旅游问询服务及规范

（一）康养休闲旅游企业景区问询接待服务

（1）康养休闲旅游服务人员要具有较全面的旅游综合知识，随时掌握景区动态，对游客关于本地及周边区域景区情况的询问，或微信咨询或者网络咨询的游客，要提供耐心、详细的答复和游览指导（见图4-2）。

图4-2　网络问询服务

（2）接受游客当面问询时，应起立，面带微笑，且双目平视对方，全神贯注，集中精力，以示尊重与诚意，专心倾听，不可三心二意。答复游客的问询时，应做到有问必答，用词得当，简洁明了。接待游客时应谈吐得体，不得敷衍了事，言谈不可偏激，避免夸张语言。

（3）接听电话问询时，铃响不应超过三声并首先报上姓名或景区名称，回答电话咨询时要热情、亲切、耐心、礼貌，要使用敬语；通话完毕，互道再见并确认对方先收线后再挂断电话；如有暂时无法解答的问题，应向游客说明，并表示歉意，不能简单地说"我不知道"。

◀◀◀ 案例 4-3 ▶▶▶

良好的服务态度吸引了我

"十一"黄金周马上要到了,忙碌了几个月的小张,想找个康养休闲旅游景区放松下。网友给他提供了几个景区的咨询电话,于是他首先拨打了网友推荐较好的一个融休闲、度假、娱乐为一体的 A 景区。电话铃响过五六声以后,传来了服务人员急促而又低沉的声音:"您好,这里是 A 景区。""您好,我是上海的一名游客,想在黄金周期间到你们景区游玩,可否咨询下你们黄金周期间有没有优惠活动?""对不起,我们黄金周期间没有优惠活动。""有没有特色旅游活动?""请问您是一日游还是度假游?""什么意思?"小张有些疑问。"如果是度假游,晚上我们景区有大型篝火晚会,但是我们这里接待中心客房非常紧张;如果是一日游,没有安排篝火晚会活动。""那就是说我要度假的话也不一定有地方住,是吗?""是的,我不敢保证。""好吧,谢谢。""再见。"服务人员急不可待地挂了电话。

小张对 A 景区的满腔希望破灭了,于是他拨打了另一个景区的服务电话。优美的音乐过后,传来了服务人员甜美的声音:"您好,这里是 B 景区,很高兴为您服务。"小张听后心里有些温暖,马上把刚才的问题重新问了一遍。服务人员回答:"对不起,我们这里黄金周没有优惠活动。但黄金周期间我们景区增添了很多新的活动项目对游客开放,晚上有歌舞联谊会,门票价格不会上涨。""是吗,那住宿紧不紧张?""有些紧张,请问您打算几号来?""这有什么不同吗?""如果您 3 号来,我们的接待住宿中心还有一个标间,如果是 2 号之前就没有房间了。""是这样啊,我 3 号来也没关系的。""那我帮您把 3 号的房间订下来吧!""好的,谢谢!""请您把您的联系方式告诉我,如果您改变了日程,也请提前打电话告诉我,好吗?""好的,没问题。"小张愉快地把联系方式告诉了对方。

放下电话,小张看看剩下的几个景区,心想没有必要再打电话了,因为经过两个景区电话服务的比较,他相信 B 景区的服务肯定是好的。

(资料来源:无名氏:学习情境景区接待服务(课堂 ppt)https://www.docin.com/p-2377402107.htmll。)

【案例分析】

本案例中的 B 景区的咨询服务人员具有较全面的旅游综合知识,随时掌握景区动态,服务周到细致,对游客的询问,提供了耐心、详细的答复,真正做到为游客所想，从而也留住了游客。

（二）旅行社网络问询和电话问询接待服务

在网络飞速发展的今天，旅行社会结合自己的产品和服务，搭建适合自己特点和风格的微网站填充内容及微信商城添加商品。游客可通过微信或者网站查看旅行社的旅游线路、机票、酒店，或者当地的旅游攻略。旅行社还利用公众号二维码、微信号展示推广旅游线路，并且会做好日常运营管理，适时推送图文消息，游客通过微信就可以支付费用，接收到相关微信导游内容，非常便捷。此时的问询服务只需要回复用户咨询的相关问题，一般分为在线问询和电话问询两种。

1. 在线问询规范流程（见图4-3）

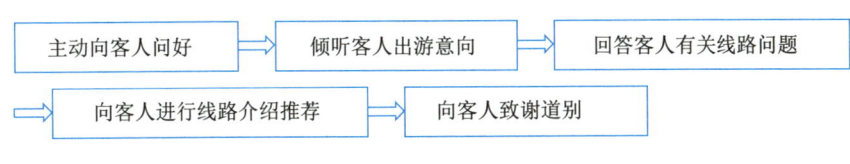

图4-3　在线问询规范流程

2. 电话问询规范流程（见图4-4）

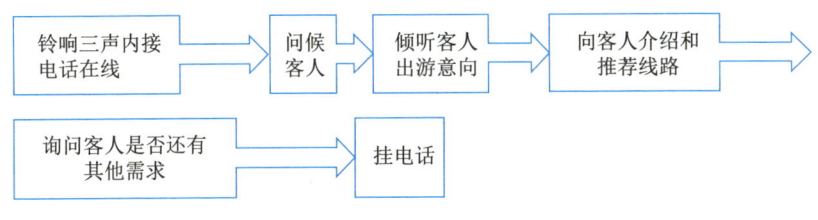

图4-4　电话问询规范流程

3. 注意事项

通常，客人通过在线问询和电话问询旅游线路时，接待人员只会简要说重点，而游客有时会因线路不够明确或吸引力不足而放弃参团。即使是在线问询和电话问询，接待人员也应详细地介绍景点线路，并且为客人尽可能地提供出行建议。即使隔着屏幕和电话，客人依然可以感受到你的亲切和热情，从而树立旅行社和康养休闲旅游企业的良好形象。另外，在线问询和电话问询时，工作人员应向客人简要介绍促销线路，看其是否有意要选择促销路线。电话问询完毕后须等客人先挂电话。

(三)上门咨询接待服务

1. 规范流程(见图4-5)

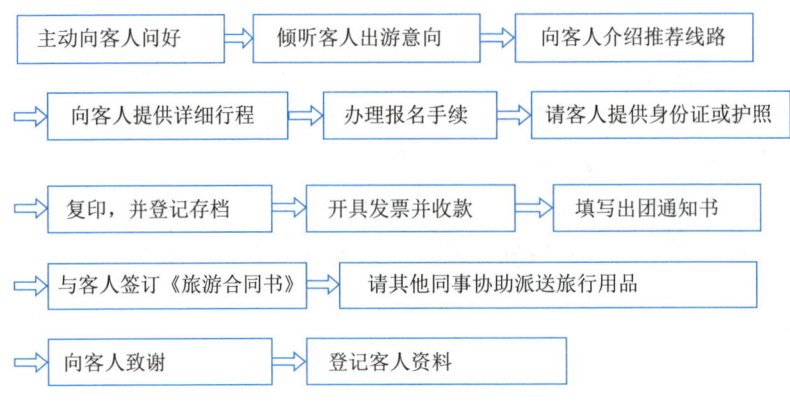

图4-5 上门咨询规范流程

2. 注意事项

(1)康养休闲旅游企业接待人员与客户间的联系,是旅行社开拓新客户的重要途径。因此,接待人员的自身业务素质和表达能力就起到了决定性的作用。接待人员要熟悉旅行社产品,尤其是最近旅行社主推的产品,做到当客户提出的每个问题都能马上作出专业的回答,这是在客户心中树立形象的首要条件。

(2)对于其他竞争性旅行社的相关线路与价格,尤其是与自己旅行社产品的区别,也应该了解。康养休闲旅游企业接待人员可以为客人设计线路。如果一些客户询问时,内心想法还没有成熟,这时候,最需要的是一个可以根据其具体情况设计出相应的旅游线路的接待人员。

(3)做好记录。康养休闲旅游企业接待人员对签订合同已成交的游客,要登记好旅游目的地、日期、身份证号、联系电话、合同标准、集合时间地点等,并告知客人是否接送等相关内容,提醒客人要带好出行通知单、有效证件等。

 案例4-4

用心的接待员

酷热的夏天,上海某旅行社接待员小李接待了一位想去海边避暑的游客。这位客人是一名退休教师,祖籍山东,特别想回老家看看,所以选择去青岛避暑游玩。但好多朋友给他推荐了北戴河，他一时不好做决定，在青岛和北戴河的选择中左右为难。接待人员小李给客人分析比较了这两个地方，还介绍了青岛的历史和现状。老教师很高兴，觉得小李知识渊博，介绍得很精彩，当即决定选择去青岛游玩避暑。

【案例分析】

　　康养休闲旅游企业的接待人员若能根据客人情况推荐一条理想的旅游线路，会大大提升客人对康养休闲旅游企业的信任。相反，若不能提出一个合理的设计，客人又处在犹豫的过程中，则很容易会产生选择其他旅游企业的想法，造成客源的流失。

三、康养休闲旅游接送站服务及规范

（一）游客网络预订接送站服务

1. 接站流程

（1）游客在线下单，确定航班（车次）、到达时间、送达地点，出行前司机直接联系游客。

（2）游客到达机场（车站），司机与游客取得联系，到达出口和游客会面。

（3）游客前往目的地，开启旅程。

2. 送站流程

（1）游客在线下单，确定航班（车次）起飞（开车）时间、出发地点，出行前司机直接联系游客。

（2）在约定时间到达约定地点，游客和司机见面上车出发。

（3）司机将游客送到指定地点。

（二）康养休闲旅游团接站服务

　　康养休闲旅游团接站服务是指相关接待人员提前半小时到达机场（车站、码头）迎接旅游团前后所提供的各项服务。接站服务至关重要，这是接待人员在游客面前的首次亮相，应提供准时、热情、友好的接待服务，以给游客留下美好的第一印象。

1. 旅游团抵达前的业务安排

（1）确认旅游团所乘交通工具抵达的准确时间。接待人员应及早与旅游团负责人联系，了解旅游团所乘交通工具到达时间接待人员还可以通过App

查询航班（车次、船次）的动态信息，或向机场（车站、码头）问讯处问清旅游团所乘交通工具到达的准确时间。

（2）与旅游车司机联系。确定该团乘坐的交通工具到达的准确时间以后，接待人员应与旅游车司机联系，商定出发时间，确保旅游车提前半小时抵达接站地点，并告知司机旅游团活动日程和具体时间。到达接站地点后，与司机商定旅游车具体的停车位置。

（3）再次核实航班（车次）抵达的准确时间。接待人员在到达接站地点后，应再次通过 App 或问讯处或航班（车次）抵达显示牌，确认抵达的准确时间。如所接航班（车次）晚点但时间不长，接待人员可留在接站地点继续等候旅游团；如晚点时间较长，应立即将情况报告接待社或接待企业有关部门，听从安排。

（4）持接站牌迎候旅游团。旅游团抵达后，接待人员应在旅游团出站前通过电话、微信或短信联系对方，并持接站牌站立在出口醒目的位置，面带微笑，热情迎接旅游团。接站牌上要写清团名、团号、负责人姓名或客人的姓名。

2. 旅游团抵达后的服务

（1）认找旅游团。游客出站时，接待人员应尽快认找所接旅游团。认找的方法是：接待人员站在明显的位置举起接站牌，以便游客前来联系；与此同时，接待人员应通过手机与负责人联系，了解游客出站情况；此外，还可根据游客的民族特征、衣着、组团社的徽记、人数等分析判断或上前委婉询问，问清该团团名、负责人的姓名以及游客人数，以防错接。

（2）认真核实人数。接到应接的旅游团后，接待人员要做自我介绍，并与负责人核实实到人数。如与计划的人数不符，要及时通知相关接待单位，以便安排住宿、餐饮。

（3）集中检查行李。若旅游团是乘飞机抵达，接待人员应协助该团游客将行李集中到指定的位置，提醒他们检查各自行李物品的件数以及是否有损坏。

（4）集合登车。接待人员要提醒客人带齐行李物品，引导游客前往旅游车停放处。旅游车司机应打开大巴底层的行李柜，帮助客人码放行李。地陪要站在车门旁，搀扶或协助客人上车。客人上车后，接待人员应帮助客人将放在行李架上的手提行李整理齐顺，注意行李架不得放大型或重型行李，以免意外掉落砸伤客人。待客人坐定后，接待人员要做好的第一件事是礼貌地清点人数，清点无误后方可示意司机开车。

3. 赴康养休闲酒店途中服务

从机场（车站、码头）到下榻饭店的行车途中，接待人员除了要表现出热情友好的态度之外，还应在接待语言、行为举止方面展现其职业素养，以赢得游客的信赖，留下可信、可靠的第一印象。为此要做好如下几项工作：

（1）致欢迎词。致欢迎词是接待人员给游客留下良好第一印象的重要环节，一般应控制在5分钟左右。欢迎词的内容应视旅游团的性质及其成员的文化水平、职业、年龄及居住地区等情况而有所不同，要有激情、有特点、有新意、有吸引力，快速把游客的注意力吸引到接待人员身上，给游客留下深刻印象。

欢迎词一般包括以下内容：

①问候语：真诚问候游客，如：各位来宾、各位朋友，大家好！

②欢迎语：代表所在旅行社或旅游企业、本人及司机欢迎游客光临本地。

③介绍语：介绍自己的姓名及所属单位，介绍司机。

④希望语：表示提供服务的诚挚愿望。

⑤祝愿语：预祝游客旅游愉快顺利。

（2）调整时间。这项工作是针对刚刚入境的国际旅游团。接待人员在致完欢迎词后向客人介绍两国的时差，并请游客调整好时间。

（3）康养休闲旅游首次沿途导游。接待人员要认真做好首次沿途导游，这不仅可以满足游客初到一地的好奇心和求知欲，而且也是展示自己服务水平和业务能力的大好时机，有利于接待人员树立良好形象，增进游客对接待人员的信任感和满足感，为此后旅游活动的顺利开展打好基础。

康养休闲旅游首次沿途导游的内容主要包括以下几点：

①介绍本地概况。接待人员应在行车途中向游客介绍本地的概况，包括地理位置、行政区划、气候、人口、康养休闲旅游特色、主要物产、居民生活、文化传统、土特产品、历史沿革等。

②讲解风光风情。接待人员应在行车途中讲解道路两边的人、物、景，做好风光风情康养休闲导游，以满足游客初到一地的求知欲。导游的讲解要简明扼要，语言节奏要明快清晰，景物取舍要恰当，要见人说人、见物说物，与游客的观赏同步。可适当采用类比的方法，使游客听后有亲切感和对比感。导游要反应灵敏，把握好时机。

③介绍下榻的康养休闲酒店。在旅游车到达酒店之前，接待人员还应向游客介绍下榻酒店的基本情况，包括酒店的名称、位置、距机场（车站、码头）的距离、星级、规模、主要设施设备以及入住手续和注意事项等。（如途中行车距离短这部分内容也可在客人进到酒店后介绍）

（4）宣布当日或次日的活动安排。在首次沿途导游后，接待人员应尽快与负责人商量当日或次日活动安排，包括叫早时间、早餐时间及地点、集合时间及地点、旅行线路、康养休闲活动项目与服务等。商定后接待人员应向游客宣布当日或次日的活动安排，并提醒游客做好必要的参观游览准备。

（5）宣布集合时间、地点和停车地点。旅游车驶进下榻酒店后，接待人员应在游客下车前向其讲清下次集合的时间地点（一般在酒店大堂）和停车地点，让其记住旅游车的颜色、车型和车牌号，并提醒他们将手提行李和随身物品带下车。告知司机第二天早餐和旅游团出发的时间。

（三）康养休闲旅游团送站服务

旅游团结束本地的参观游览活动后，接待人员应做到使游客安全、顺利离站，遗留的问题能得到及时有效的处理。送站服务是接待工作的尾声，接待人员应善始善终，如接待过程中曾发生不愉快的事情，应尽量做好弥补工作，要想方设法把自己的服务工作推上高潮，使整个旅游过程在游客心目中留下深刻印象。

1. 送行前的工作

（1）核实交通票据。

①旅游团离开的前一天，接待人员应认真核实旅游团离开的机（车、船）票，包括团名、代号、人数、去向、航班（车次、船次）、起飞（开车、起航）时间、在哪个机场（车站、码头）等事项，然后移交给旅游团领队。如果航班（车次、船次）和时间有变更，接待人员应问清计调部门是否已通知了下一站，以免造成漏接。了解本地和下一站次日的天气情况，向游客做适当提示。

②若是乘飞机离境的旅游团，接待人员除了要核实机票的上述内容外，还应掌握该团机票的种类，并提醒旅游团领队和游客提前准备好海关申报单，以备海关查验。

（2）商定游客出行李时间。

①接待人员应先了解旅行社行李员与酒店行李员交接行李的时间（或按旅行社规定的时间），然后与酒店礼宾部商定交接行李的时间。

②交接行李时间商定后，接待人员再与旅游团领队一起商定游客出行李的时间，商定后再通知游客，并向其讲清有关行李托运的具体规定和注意事项（如不要将护照、贵重物品放在行李中）。

③普通旅游团不安排行李车，客人行李随车运送，接待人员通知客人出发时间时一并提醒客人带上行李即可。

（3）商定集合出发时间。

由于司机对路况比较熟悉，所以出发时间一般由接待人员首先与司机商定出发时间。为了安排得更合理，接待人员还应与旅游团领队商议，商定后应及时通知游客。

（4）商定叫早和早餐时间。

接待人员应与旅游团领队商定叫早和早餐时间，并及时通知酒店有关部门和游客。如果该团是乘早班飞机或火车离开，需要改变用餐时间、地点和方式（如带盒饭），接待人员要及时做好有关安排。

（5）提醒结账。

旅游团离店前，接待人员应提醒、督促游客尽早与酒店结清有关账目，如洗衣费、长途电话费、食品饮料费等。若游客损坏了客房设备，接待人员应协助饭店妥善处理赔偿事宜。接待人员应将旅游团的离店时间及时通知饭店总台，提醒其及时与游客结清账目。

2. 离店服务

（1）集中交运行李。

若旅游团配备行李车，旅游团的行李集中后，接待人员要按商定好的时间与旅游团领队和酒店行李员共同确认托运的行李件数，并检查行李箱（包）是否上锁，捆扎是否牢固，是否破损等，然后交给酒店行李员，填写行李交运卡。期间也需请游客核实自己的行李。

（2）办理退房手续。

①旅游团离开酒店前，接待人员可将游客的房卡（钥匙）收齐交到酒店总服务台（也可由游客自交），并及时办理退房手续（或通知有关人员办理）。在办理退房手续时，要认真核对旅游团的用房数，准确无误后按规定结账签字。

②接待人员应注意酒店客房住宿结算时间的规定（《中国旅游饭店行业规范》规定：酒店应在前厅显著位置明示客房价格和住宿时间结算方法），避免出现未按时退房的情况。

（3）集合登车。

①出发前，接待人员应询问游客是否结清了酒店的账目，提醒游客是否有物品遗留在酒店，是否已将房卡交到总服务台，然后引领游客登车。

②游客上车后，接待人员要协助他们放好随身行李，待他们入座后，地陪要仔细清点实到人数。游客到齐后，要提醒游客再清点一下包括证件在内的随身携带的物品，若无遗漏则开车离开酒店。

3. 送行服务

（1）回顾行程。

在去机场（车站、码头）的途中，接待人员应对旅游团在本地的行程，包括食、住、行、游、购、娱等各方面做一个概要性的回顾，目的是加深游客对这次旅游经历的体验。讲解内容则可视途中距离而定。

（2）致欢送词。

在旅游车至机场（车站、码头）的途中，如有需要，接待人员可酌情对沿途景物进行讲解。快到机场（车站、码头）时，也可在机场（车站、码头），接待人员要致欢送词，以加深与游客的感情。致欢送词的语气应真挚，富有感染力。欢送词的内容主要包括：

①感谢语：对游客及旅游团负责人、司机的合作表示感谢。

②惜别语：表达友谊和惜别之情。

③征求意见语：诚恳地征询意见和建议。

④致歉语：若旅游活动中有不尽如人意之处，可借此机会表示真诚的歉意。

⑤祝愿语：表达美好的祝愿，期待再次相逢。

致完欢送词，接待人员可将旅游服务质量评价意见表（见表4-1）分发给游客请其现场填写，游客填写完毕后如数收回，向其表示感谢并妥善保留。游客还可以通过在线平台评价旅游服务质量。

（3）提前到达机场（车站、码头），照顾游客下车。

①接待人员带团到达机场（车站、码头）必须留出充裕的时间。按照要求，出境航班提前3小时（或按航空公司规定的时间），乘国内航班提前2小时，乘火车、轮船提前1小时。

②旅游车到达机场（车站、码头）后，下车时，接待人员要提醒游客带齐随身行李物品，并照顾游客下车；游客全部下车后，要再检查一下车内有无游客遗留的物品。

旅行社旅游服务质量评价意见表如表4-1所示。

表4-1　xx旅行社旅游服务质量评价意见表

亲爱的女士、先生：

为提高旅游产品质量，我们将非常感谢您对我们提供的服务提出宝贵意见。您的反馈，将是对我们工作的大力支持。谢谢！

填卡说明：

1. 请您准确填写旅游团团号和在××（地名）日期。
2. 请您在所列项目中您同意的评价等级栏内打"√"标记。
3. 请您将填好的卡片交还导游。

旅游团号：　　　　　　　　　　　　　　　　抵达日期：

项目	评价	很满意	满意	一般	不满意
餐饮	服务				
	餐饮质量项目				
	环境卫生				

续表

项目	评价	很满意	满意	一般	不满意
住宿	宾馆服务				
	设施设备				
	环境卫生				
游览参观	环境秩序				
	环境卫生				
行车	司机服务				
	车况				
	卫生				
购物	商店服务				
	商店管理				
	商品质量				
导游	服务				
	讲解				

陪同签名： 领队签名：

（4）办理离站手续。

①目前大多数旅游团都是行李随旅行车同载，下车后请游客拿取各自的行李，带领游客进入机场（车站、码头）的大厅等候。

②接待人员如有提前办理好的票据，清点无误后交给旅游团负责人，请其清点核实；如没有提前办理票据，接待人员可协助游客持有效证件办理取票或登机手续。

③送国内旅游团时，接待人员应协助办理离站手续；送出境旅游团时，接待人员应在核实行李后，将行李交给每位游客，由游客自己办理行李托运手续，必要时可协助游客办理购物退税手续，并向旅游团负责人或游客介绍办理出境手续的程序，将旅游团送往安检区。

④当游客进入安检区前，接待人员应热情地与他们告别，并祝一路平安。旅游团进入安检区后，接待人员方可离开。

（5）与司机结账。

送走旅游团后，接待人员应按规定与司机办理结账手续，或在用车单据上签字，并妥善保留好单据。

四、康养休闲旅游讲解服务及规范

康养休闲旅游讲解服务是接待人员的重要职责，接待人员讲解水平的高低也是判断接待人员综合水平的重要内容之一。要想成为一名优秀的接待人员，就应该不断提高自己的讲解水平，掌握讲解的方法与要领。

（一）做好讲解前的准备工作

1. 注重日常知识积累

如果没有日常的知识积累，讲解就很难做到运用自如，也很难满足游客的求知需求。要提高讲解水平，知识积累是重要基础。在日常工作和生活中，接待人员可以通过以下渠道积累知识：

（1）通过媒体关注身边事，收集康养休闲旅游城市及景区的点滴变化。例如 2019 年 7 月 5 日，中国黄渤海候鸟栖息地（第一期）获准列入世界遗产名录，当天众多媒体从各方面报道了相关消息。中国黄（渤）海候鸟栖息地（第一期）位于江苏省盐城市，主要由潮间带滩涂和其他滨海湿地组成，拥有世界上规模最大的潮间带滩涂，是濒危物种最多、受威胁程度最高的东亚—澳大利亚候鸟迁徙路线上的枢纽，也是全球数以百万迁徙候鸟的停歇地、换羽地和越冬地。该区域为 23 种具有国际重要性的鸟类提供栖息地，支撑了 17 种世界自然保护联盟濒危物种红色名录物种的生存，包括 1 种极危物种、5 种濒危物种和 5 种易危物种。这些内容接待人员如能有心收集，在日后讲解中将成为有用的素材，以丰富讲解内容。

（2）通过阅读专业书籍，丰富自己在某一知识领域的积累。例如：接待人员要想讲好温泉康养，可以阅读《中国温泉辑要》会有一定的帮助，只有通过深入学习，才能让自己的讲解不仅能"讲其然"还能"讲其所以然"。

（3）通过网络搜索，寻找某一关注问题的相关背景知识。例如接待人员可以在网络上搜集有关康养休闲旅游旅游的素材，以结合实际，灵活运用到讲解服务中，从而达到良好的讲解效果。

2. 做好接到任务后的准备

虽然平时的积累非常重要，但是"临阵磨枪"也是做好讲解工作的要领之一。只有在接到讲解任务，确切了解游客情况以及游览线路和景点后，才能有针对性地做好讲解前的准备。

（1）分析游客信息，厘清讲解重点。如果康养休闲旅游团成员的年龄偏大，可多准备一些历史上的人文逸事、革命历史故事及人物，以及我国传统历史积累的健康养生知识和广泛流传的经验做法等内容；如果康养休闲旅游团成员多为年轻人，他们关心的购物及休闲娱乐方面的情况就要用心多收集一些，在讲解内容上要突出康养休闲城市的新亮点、新变化。例如讲解清东陵时，如果接待的是以休闲为目的的老年游客，可结合影视剧题材为"因下嫁小叔子多尔衮而无颜葬入皇家陵寝"的孝庄皇后正名，为"砍去丽妃手脚装入瓦罐"的慈禧平反；如果接待的是机关公务人员，则应以讲解正史为主，讲康熙皇帝的廉洁治吏，评雍正王朝的功过是非。

当然，以某一个方面为重点并非其他的方面就一点都不涉及，技巧在于讲解内容的组合，主次分明，主题突出。

（2）温习"旧内容"，构思"新创意"。接待人员在讲解前要注意"温故知新"。"温故"指的是对于自己不是特别熟悉或曾经出过错的讲解内容，需要再次温习，以免出错，特别是自己不大熟悉的重要的历史年代、建筑物的长度或高度等数据。"知新"指的是在讲解前有意识地去寻找自己未曾讲解过的知识点和内容，力争使自己的讲解每次都有新信息、新创意。

（3）养精蓄锐，做好身体准备。

讲解也是一项"体力活"，要边走边讲，眼观六路，耳听八方。在讲解前要养精蓄锐，保护好嗓子。

（二）把握讲解过程中的要领

讲解过程中，可能会受到其他因素的影响，如天气变化、行程变更、游客兴趣等，因此即使做了大量的前期准备工作，如果没有当场的随机应变、灵活应对，也可能达不到理想的讲解效果。因此，在讲解过程中要学会吸引游客，"讲游客最想听的"。

1. 在旅游车上讲解时应掌握的要领

（1）与司机商量确定行车线路，在合理而可能的原则下尽量不要错过城市的重要景观。

（2）在经过重要的景点或标志性建筑时，要及时向游客指示景物的方向，讲解的内容要与车外的景物相呼应。

（3）要学会使用触景生情法。在讲解城市的交通、气候、地理特点等概况时，可与游客看到的景象结合，并借题发挥。例如，通过提醒游客观察计程车的车型，讲上海的汽车产业；看到玉兰树时，及时介绍上海的市花市树。

（4）在讲解的过程中要注意观察游客的反应，如果大部分人的关注点是车外或频繁地互相交流，此时接待人员要注意调整讲解内容，通过指示游客观看车外的某个景物或现象将其注意力吸引回来，并及时运用问答法与游客进行互动交流。

（5）在快要到达游览的景区时，要使用突出重点法，将景区的最重要的价值及最独特之处向游客进行讲解，以激发游客对该景区的游览兴趣；同时要注意强调景区游览时的注意事项及集合时间和地点。

2. 在景区讲解时应掌握的要领

（1）在景区的游览指示图前向游客说明游览线路、重要景点、洗手间及吸烟区的位置。

（2）要做好景区的讲解，需要确定讲解主题，以主题为线条，将每一个景点串联起来，引导游客去发现景区最独特之处。

例如，接待人员小云在讲解广州陈家祠时，是以建筑艺术技巧为主题和线索，因为整个陈家祠的建筑主体和部件，每座房子从柱基到瓦脊全都缀满了石雕、砖雕、木雕、泥塑、陶塑、铁铸和彩绘。所以小云以建筑中的雕、塑、绘展开讲解，让游客更好地领略了古建筑的艺术美，了解岭南风情与装饰美。

接待人员如果在讲解中能注意去寻找和发现更多的主题及相应的线索，针对不同的游客从不同的主题讲解一个景区，引导游客去发现美、欣赏美，满足他们的求知、求美的需求，这样的讲解一定会给游客留下深刻的印象。

（3）在讲解每个小景点时可以用突出重点法来讲解该景点的独特之处，用触景生情法延伸讲解与此有关的景区背景及历史，用妙用数字法来讲解其历史、建筑特点等，有些还需要用类比法，将该景点与游客家乡或熟知的景点联系起来以加深印象。

（4）接待人员在讲解自己熟悉或擅长的内容时，不要过于张扬卖弄，避免过多使用"你们知不知道……""让我来告诉你……"等语言，同时注意控制节奏，给游客缓冲、消化知识内容的时间。

（三）注意讲解后的服务

1. 巧妙回答游客的提问

在讲解结束后，游客有可能提出各种各样的问题。如果问题与康养休闲旅游有关，而且接待人员也知道如何回答，可以在回答问题的同时进行深入讲解，往往会有好的效果，能增强游客对自己的信任；如果问题与康养休闲旅游无关，就要学会巧妙地回避。当遇到自己不清楚的问题时切忌胡乱回答，以免被当面指出，贻笑大方，从而失去游客对自己的信任；如果自己知道确切答案，但游客有其他说法时，要注意不要当众争执，不要直接指出对方的错误，要学会回避矛盾、找出共同点，给对方找"台阶"下，及时转换话题。

2. 引导游客"换位欣赏"

接待人员在讲解结束后，要善于引导游客用眼睛去发现美，从不同角度去欣赏美，从不同层面去感受美。

3. 告知游客相关注意事项

接待人员在讲解结束后，要向游客说明自由活动的注意事项，针对他们值得去的地方及线路给出建议；再次强调集合的时间和地点，并告诉游客如果需要帮助可以在什么地方找到接待人员等。

每个接待人员在实地讲解中都会运用各种方法技巧，只要善于总结和提炼，往往就能掌握讲解中的要领。

五、其他接待服务及规范

如游客自由活动时间较多时，接待人员应当好他们的参谋和顾问。向他们介绍当地的文艺演出、体育比赛或康养休闲旅游基地开展的康养休闲活动，请其自由选择，并表示愿意协助进行安排。如果游客要外出购物或参加晚间娱乐活动，应提醒其外出时注意安全，并引导他们去健康的娱乐场所。

若是全程私人定制旅游，要根据游客的需求、游客的喜好定制旅游行程，给游客提供个性化的服务。接待人员在设计行程时，应全方位根据游客需求，在食、住、行、游、购、娱各方面灵活设计，精心安排。在陪同游客过程中，真正为游客考虑，服务周到全面，让游客真正省心又开心。

拓展阅读 4-3

本章小结

本章需要学生掌握康养休闲旅游接待服务的定义和特点，了解其重要性；掌握票务服务、问询服务、接送站服务、讲解服务及其他接待服务的内容及规范。通过学习，能使学生具有良好的交流表达能力、与人合作能力、信息处理能力及解决问题能力，并具有一定的创新能力。培养学生爱岗敬业、团结协作，有担当、负责任、不怕吃苦，执行力强和终身学习的职业素养。

思考与练习

一、填空题

1. 旅游企业景区票务服务分为（　　）、（　　）。
2. 旅游团抵达前的业务安排为（　　）、（　　）、（　　）、（　　）。
3. 旅游团抵达后的服务包括（　　）、（　　）、（　　）、（　　）。

参考答案

二、多项选择题

1. 讲解后的服务内容包括（　　）。
   A. 巧妙回答游客的提问　　　　　　B. 养精蓄锐，做好身体准备
   C. 引导游客"换位欣赏"　　　　　　D. 告知游客相关注意事项

2. 下列（　　）属于送行服务。
   A. 回顾行程　　　　　　　　　　　B. 致欢送词
   C. 办理离站手续　　　　　　　　　D. 与司机结账

3. 离店服务内容包括（　　）。
   A. 集中交运行李　　　　　　　　　B. 致欢送词
   C. 办理退房手续　　　　　　　　　D. 集合登车

4. 康养休闲旅游接待服务的特点包括（　　）。
   A. 规范性　　　B. 综合性服务　　　C. 超常性　　　D. 原则性

5. 接到讲解任务后的准备工作包括（　　）。
   A. 分析游客信息，厘清讲解重点
   B. 温习"旧内容"，构思"新创意"
   C. 养精蓄锐，做好身体准备
   D. 注重日常知识积累

三、简答题

1. 什么是康养休闲旅游接待服务？
2. 请画出旅行社网络问询接待服务工作的流程图。

四、案例分析题

"客人不配合"的讲解

某康养休闲旅游企业接待员小徐这次带的是来自上海的森林康养旅游团。上车后，小徐先致欢迎词，然后认真地讲解起本地的历史、地理、政治、经济，以及独特的风俗习惯。然而，游客对他认真的讲解似乎并无多大兴趣，不但没有报以掌声，坐在旅游车最后两排的几位游客谈得非常起劲。虽然也有个别游客回过头去朝那几位讲话的看一眼以表暗示，但那几个游客好像压根儿没有意识到似的，依然我行我素。看着后面聊天的几个游客，再看看一些在认真听自己讲解的游客，小徐竭力保持自己的情绪不受后面几位聊天者的影响。但是他不知道怎样做才能阻止那几位游客的聊天。

1. 请你设计并讲解欢迎词。
2. 你能帮小徐找出妥善的解决办法吗？

第五章

康养休闲旅游行程服务

本章重点

本章主要包含康养休闲旅游行程服务的概念、特点、程序、服务规范等内容,重点讲解康养休闲旅游行程服务的特点与原则,以及康养休闲旅游行程服务的规范。康养休闲旅游行程服务贯穿旅游者康养、休闲旅游活动的全过程,是康养休闲旅游服务中重要的一个环节。

学习目标

通过本章的学习，了解康养休闲旅游行程服务的含义和重要性，熟悉康养休闲旅游行程服务的基本原则与特点，掌握康养休闲旅游行程服务的基本工作程序和服务规范，从而具备康养休闲旅游行程服务的基础知识和基本能力。

本章思维导图

```
                                         ┌── 康养休闲旅游行程服务的定义
                  ┌── 康养休闲旅游行程服务的概念与特点 ──┼── 康养休闲旅游行程服务的特点
                  │                      └── 康养休闲旅游行程服务的重要性
康养休闲旅游行程服务 ─┤
                  │                      ┌── 康养休闲旅游行程服务的原则
                  └── 康养休闲旅游行程服务的程序与规范 ──┼── 康养休闲旅游行程服务的程序
                                         └── 康养休闲旅游行程服务的规范
```

第一节 康养休闲旅游行程服务的概念与特点

行程服务是康养休闲旅游服务的重要组成部分，贯穿旅游者康养、休闲旅游活动的全过程，是康养休闲旅游者能否顺利开展相关活动的重要环节。此外，行程服务涉及康养休闲旅游活动中的食、住、行、游、购、娱以及康养、休闲项目等内容的衔接，是影响康养休闲旅游产品质量的重要因素。

一、康养休闲旅游行程服务的定义

康养休闲旅游是指以康养、休闲为主要目的的一切旅游活动的总和，具有异地性、暂时性、综合性等特点。异地性是指旅游者要离开自己的惯常环境到其他地方参加康养休闲旅游活动。暂时性是指旅游活动不会导致永久的居住或者长时间的停留。世界旅游组织关于"旅游"的定义中明确指出"连续逗留的时间不超过一年"。综合性是指旅游活动过程中涉及食、住、行、游、购、娱等众多事项。因此，康养休闲旅游经营者提供的行程服务是保证康养休闲旅游者旅游行程顺利展开、旅游活动圆满结束的重要手段。

行程一词有"路程""旅程"的含义。服务是指一方向另一方提供的非实物生产的经济活动，通常有无形性、不可贮存性、所有权不可转让等特点。综上所述，康养休闲旅游行程服务是指康养休闲旅游经营者或其他相关部门为了满足康养休闲旅游者康养、休闲的目的和愿望以及在旅游活动过程中的一切需要而提供的各种行前、行中、行后服务，包括线路设计和产品完善、咨询接待、行程安排、办理手续、后续服务等内容。

从以上描述不难看出，康养休闲旅游行程服务的定义有如下几层内涵：

第一，行程服务主要包含行前、行中、行后三大环节。

第二，行程服务的主要内容有线路设计、产品完善、咨询接待、行程安排、办理手续、后续服务等。

第三，行程服务是一项经济活动，康养休闲旅游经营者通过提供相应的服务可以获得一定的经济收益，而康养休闲旅游者通过享受相应的服务可以获得一种经历、体验和一定的价值。

二、康养休闲旅游行程服务的特点

社会经济的发展、人们生活方式的改变、老龄化社会的推进等社会大背景促进了康养休闲旅游的产生与发展。康养休闲旅游是康养产业、休闲产业与旅游产业在交叉渗透的过程中产生的一种新型旅游方式,具有旅游节奏舒缓、重游率高,关注健康,追求身体、心智、精神层面的绝对放松等特点。因此,康养休闲旅游行程服务有别于"走马观花"式的传统观光旅游,其自身具备一定的特点,以达到满足康养休闲旅游者康养、休闲的要求,追求高品质生活的目的。

(一)养生性与休闲性,主题明确

城镇化的加快、生态环境的变化、亚健康人群的不断增多、社会老龄化的逐渐加剧,让人们对健康的关注超乎寻常。有学者指出,康养旅游是一种健康和养生旅游,养生性是康养旅游区别于其他旅游活动的最本质的特征,即能够满足旅游者调养身心、追求健康、放松心情的需求。

国外对"休闲"一词的定义主要体现在四个方面:第一,从时间范畴来说,休闲是与正常工作时间相对的可自由支配的时间。第二,从生存状态来说,休闲是一种不需要考虑生存问题的心无羁绊的状态。第三,从心理状态来说,休闲追求的是放松、愉悦、发展等目的的心理状态。第四,从活动内容来说,休闲指的是可以让自由意志得以尽情发挥的事情。休闲旅游是以休闲为目的的旅游活动的总和,是一种异地休闲活动,其休闲性特征显著,即让旅游者"以欣然之态,做心爱之事"。

因此,康养休闲旅游的行程服务在行前的线路设计、行中的活动安排等环节充分体现了养生性、休闲性。例如,在涉及食、住、行、游、购、娱等六大主要旅游要素中,深度挖掘提升身、心、神健康养生和满足康养休闲旅游者放松、愉悦、发展等要求的元素,形成主题明确、特色鲜明的旅游产品。

<<< 案例 5-1 >>>

春回芳华——昆明大理丽江康养之旅

2018年3月1日,云南省发布了首款康养旅游类主题产品——"春回芳华——昆明大理丽江康养之旅"(最美年华只在当下,最美景色只在芳华)。在6天的行程安排内容中,"春回芳华"康养旅游主题产品首次融入了礼佛、养生膳食宴、康养课程、7×24小时康养管家服务等元素,以"疗程化"模式开发康养旅游产品，更加注重旅游者身心的放松、精神的健康与和谐。

食：定制养生膳食（科学配比，吃出健康）、全素斋宴、礼佛宴、特色滇菜。

住：养老小镇公寓，7×24小时贴心康养管家服务。

行：安全舒适的慢节奏交通服务，豪华商务专车接送，行程安排一目了然。

游：大理古城、丽江古城、崇圣寺三塔、东巴秘境、花语牧场。

娱：大理篝火晚宴、丽江纳西打跳（增进感情、强身健体）。

特色服务：康养讲座、身体指标检测、白族三道茶。

（资料来源：http://news.cntgol.com/dyzd/2018/0305/182188.shtml。）

【案例分析】

"春回芳华——昆明大理丽江康养之旅"作为一款康养旅游产品，在饮食安排、住宿服务、交通服务、景区景点的选择、娱乐活动以及特色项目的安排上均有体现养生性，符合康养旅游者的旅游需求。例如饮食安排上的"科学配比，吃出健康"、住宿服务中的"贴心康养管家服务"，均符合康养旅游者追求健康、调养身心的需求，其"养身性"的主题非常明确。

（二）知识性与文化性，文旅融合

康养旅游者对健康的重视是毋庸置疑的，而休闲旅游者也渴望在旅游活动中提升自我。著名休闲学家马惠娣指出：休闲旅游更注重旅游者的精神享受，更强调人在某一时段内所处的文化创造、文化欣赏、文化建构的存在状态，它通过人的共有的行为、思想、感情，创造文化氛围，传递文化信息，构筑文化意境，从而达到个体身心和意志全面、完整地发展。

因此，在康养休闲旅游行程服务中，大力传播健康、养生、休闲知识和着力提炼旅游目的地的人文历史、民风民俗、休闲生活方式中所蕴藏的文化内涵是行程服务的重要责任之一。例如，长寿之乡居民的生活方式、饮食习惯等可以打造成"长寿文化"。通过行程安排中知识与文化的传播，康养休闲旅游者能够真正融入旅游目的地居民的生活之中，有助于旅游者留下难忘而有价值的旅游经历，实现健康养生、提升自我的旅游目的，并促进不同文化之间的交流与和谐共生。

(三)体验性与互动性,深度参与

拓展阅读 5-1

康养休闲旅游行程服务有别于"上车睡觉、下车拍照""走马观花""到此一游"的浮光掠影式的浅层行程服务。为了满足康养休闲旅游者对体验性的要求、对生活品质的更高追求,康养休闲旅游行程服务在线路规划、行程安排方面要设计带有体验性的项目,让旅游者能够与各旅游要素产生良性互动、深度参与,主动融入旅游活动中。

"体验"是从服务经济中提炼出的一种新的价值来源。注重体验与参与的康养休闲旅游者在旅游过程中,不再仅仅考虑旅游产品和服务的自身价值,而是更加关注在旅游过程中情感需要是否被满足、产品和服务是否契合自身的需求。他们注重旅游的过程并非旅游的结果,有加入旅游产品及服务的生产过程中的强烈愿望。例如,在康养旅游的饮食安排上,开发一些体验项目,让旅游者亲自参与养生菜肴的制作(见图5-1)。旅游者可以在菜肴制作的过程中,了解一些老年群体、亚健康以及慢性病群体的健康食疗菜谱、食疗偏方。通过亲身体验,让旅游者真实地触摸到健康食材,了解健康饮食的制作过程,自觉形成健康的生活方式,提高生活品质。又如,体验型的休闲旅游产品可以让旅游者在特定的旅游环境中,通过体验当地特有的民俗风情、生产生活方式以及文化氛围等实现休闲目的,例如泡成都老茶馆,体验盖碗茶、采耳等休闲项目,感受成都茶馆文化(见图5-2)。

图 5-1 广受欢迎的养生菜肴

图 5-2　四川成都鹤鸣茶馆休闲场景

（四）舒适性与享受性，以人为本

康养旅游以康养为主要目的，强调健康舒适、修身养性。休闲旅游以休闲为主要目的，强调文化体验、注重精神享受。康养休闲旅游者消费水平较高、消费能力较强，要求提供舒适的旅游环境、先进的服务设施、轻松惬意的活动项目。因此，康养休闲旅游行程服务要把"以人为本"作为服务的出发点。2017年12月，中国首部康养蓝皮书《中国康养产业发展报告》发布，书中提出：康养产业的核心功能是"尽量提高生命的长度、丰度和自由度"。因此，在行程服务中，"以人为本"的核心思想需要贯穿始终：为旅游者提供先进、方便、快捷的服务设施，能够让行程更加舒适；为旅游者提供轻松、愉悦、幽雅的旅游环境，能够让行程更加舒心；为旅游者提供丰富多彩、满足个性需求的活动项目，能够让旅游者充分享受旅游带来的快乐体验。只有充满舒适性、享受性的行程安排，才能让旅游者真正地放松身心。

（五）个性化与精细化，细节关怀

康养休闲旅游的目标群体广泛。治疗疾病的病患人群，追求延年益寿、养生保健、强身健体、避寒避暑的高收入群体、亚健康人群、老龄化群体，以及追求身心放松、体验异域文化、增长见识的休闲人群等都是康养休闲旅游的潜在消费者。庞大的目标市场，不同的目标群体，其需求也各异。因此，康养休闲旅游经营者需要进行市场细分，精准对接需求，才能为旅游者提供优质的产品和服务。优质的产品和服务一定要关注细节，具有个性化和精细化的特点。

在行前，根据康养休闲旅游者群体的年龄、性别、职业、健康状况等划分目标市场，利用互联网和大数据进行精准营销，依据不同群体的需求，提供不同档次、不同类型的康养休闲旅游产品。在线路设计时，尽可能地将精细化的时间安排融入行程，提升行程服务的精度，让康养休闲旅游者体验到高品质的旅游服务。优质的服务一般会给旅游者带来想象不到的惊喜，而这种惊喜常常出自对细节的关注，不管是"雪中送炭"还是"锦上添花"，旅游者都会因为被关注而感动。因此，在康养休闲旅游行程服务中，个性化和精细化的服务，是提升旅游者满意度和让旅游者成为回头客的重要手段。

（六）信息化与智能化，智慧旅游

《国务院关于加快发展旅游业的意见》（2019）指出：以信息化为主要途径，提高旅游服务效率。积极开展旅游在线服务、网络营销、网络预订和网上支付，充分利用社会资源构建旅游数据中心、呼叫中心，全面提升旅游企业、景区和重点旅游城市的旅游信息化服务水平。

在互联网大力普及、移动终端广泛使用的社会经济大背景下，网络已经成为旅游者获取旅游信息的重要途径。"智慧旅游"源于IBM提出的"智慧地球""智慧城市"的概念。"智慧旅游"在我国正式提出是在2010年，虽然时间不长，但是发展迅速。智慧旅游也被称为智能旅游，是利用云计算、物联网等新技术，通过互联网/移动互联网，借助便携的终端上网设备，主动感知旅游资源、旅游经济、旅游活动、旅游者等方面的信息，及时发布，让人们能够及时了解这些信息，及时安排和调整工作与旅游计划，从而达到对各类旅游信息的智能感知、方便利用的效果。简单地说，就是游客与网络实时互动，让旅游行程安排进入触摸时代。智慧旅游是提升旅游者旅游体验、满足旅游者个性化需求和较高层次旅游需求的重要手段。

康养休闲旅游的行程服务离不开信息技术的运用和智能化设施设备的使用。行前服务中，通过智能化的旅游网站，向旅游者提供更加全面的信息，包括景点介绍、旅游路线、当地餐饮、购物、住宿、旅游攻略等，提升旅游者的旅游体验。利用大数据精准定位旅游者的康养、休闲需求，便于为旅游者提供个性化、针对性的行程服务。行后服务中，通过康养休闲旅游经营者建立的信息反馈平台，旅游者可以采用分享照片、游记、视频、漫画、攻略等形式，将其对景点、交通、餐饮、酒店服务等反馈信息发布到微信、微博、QQ、论坛、博客、贴吧等平台上，一方面促进旅游者之间的交流，为其他旅游者提供旅行参考，实现免费的宣传与营销，另一方面也方便康养休闲旅游经营者收集、整理旅游者的信息，了解旅游者对产品和服务质量的意见。

拓展阅读 5-2

三、康养休闲旅游行程服务的重要性

首先,康养休闲旅游行程服务是旅游者实现康养、休闲目的的重要环节。常言道:"在家千日好,出门万事难。"旅游活动的异地性需要旅游者离开自己的惯常环境,到异地的陌生环境中参与康养休闲旅游活动。旅游活动过程中涉及食、住、行、游、购、娱等众多事项的安排,因此康养休闲旅游活动的顺利进行离不开康养休闲旅游经营者有计划、有组织的行程安排与服务。

其次,康养休闲旅游行程服务是康养休闲旅游者感知旅游产品质量的重要渠道。旅游产品和服务的无形性、生产与消费的同时性等特点,让旅游者无法在购买之前感知旅游服务的质量。旅游者只有在与经营者的不断接触之中,在行程不断的推进之中以及旅游活动的逐渐展开之中,才能慢慢体验旅游服务的质量。行程服务贯穿旅游服务的始终,任何一个环节出现问题,都会影响旅游者对旅游产品和服务的整体感知,著名的"100-1=0"定理,即说明了服务环节中的任何一点瑕疵或者失误,都有可能导致整个服务的失败,甚至还会带来不可预估的负面影响。因此,提供优质的康养休闲旅游行程服务是提升康养休闲旅游服务质量的重要手段。

最后,康养休闲旅游行程服务还是康养休闲旅游经营者展示企业形象、提升企业知名度、稳定客源、提升旅游者忠诚度的重要途径。行程服务包含市场调研、咨询接待、办理手续、迎接服务、客户回访等众多环节。每一个环节都可能成为旅游经营者展示企业形象、拓展客源的窗口与机会。例如,在咨询接待服务中,服务人员热情友好的工作态度会给旅游者留下美好的第一印象,激发旅游者进一步接触企业的兴趣,直至最终签订合同、购买产品。旅游者的旅游行程开始后,常常会因为各种意外情况或者突发情况导致行程受阻、正常活动受到影响。行程服务人员如果能在突发状况之下,妥善处理问题,并赢得旅游者的认可与信任,会让一件"坏事"变成"好事",让旅游者成为企业的回头客甚至忠诚顾客。

第二节　康养休闲旅游行程服务的程序与规范

程序是完成某项工作的步骤,规范是每个步骤要达到的标准。康养休闲旅游行程服务人员要按照一定的工作步骤与标准,为旅游者提供优质的服务。

一、康养休闲旅游行程服务的原则

（一）以客为尊

"以客为尊"首先要保障康养休闲旅游者的安全权、知悉权、自主选择权、公平交易权、求偿权、获得知识权、人格尊严权和监督权等合法权益。在行程服务中，要如实告知旅游者相关旅游事项，尽可能细化服务内容，使用标准术语。旅游者的人身、财产等在旅游过程中如遭受损害，要依法赔偿或者协助旅游者追偿。

"以客为尊"的核心是"以顾客为中心，以顾客的需求为导向"。康养休闲旅游行程服务要以旅游者注重健康养生、放松身心、陶冶性情、体验文化等需求为核心。行前的线路设计、行中的接待服务等均要充分尊重旅游者的需求、重视旅游者的偏好和感受。

"以客为尊"的目的是提高康养休闲旅游者对服务质量的感知和对服务产品的忠诚度，包含礼貌待客、热情友好、态度谦恭、服务周到等内容。

（二）节奏舒缓

康养休闲旅游属于较高层次的旅游活动，旅游者的旅游诉求不是尽可能多的游览旅游景点，而是追求一种健康积极的生活方式、一种放松身心的生活状态，乐于享受旅游过程所带来的安宁、舒适、愉悦、幸福的旅游体验。节奏舒缓的行程服务，一要节奏缓慢，二要行程轻松，三要状态舒适。康养休闲旅游者在轻松舒适的状态中赏景慢游，更能体验到旅游的乐趣。节奏舒缓的行程服务也更能满足康养休闲旅游者"康"与"养"、"闲"与"趣"的旅游需求。

（三）灵活性

康养休闲旅游活动的内容丰富，旅游者的需求多、要求高，行程服务贯穿旅游活动的全过程。灵活性是指康养休闲旅游经营者提供的行程服务必须能够适应旅游市场的变化、旅游各大要素的变化、旅游者需求的变化以及诸如天气等不可控因素的变化。行前的线路设计做得再精细，但是行中各种突发性的事件、意外状况是难以预料到的。因此，康养休闲旅游的行程服务一定要秉持灵活性的原则，适应随时发生的各种突发状况，并及时反馈与处理。

（四）准确性

准确性是指康养休闲旅游经营者在行程服务中提供的信息、知识等必须真实可靠。在进行线路设计、市场考察、产品完善时，要对旅游目的地的食、住、行、游、购、娱等事项全面了解并实地查看；要随时掌握最新变化，要以最优的组合规划行程、精心安排、落实接待计划，向旅游者传达准确可靠的旅游信息。对于一些诸如观看日出、聆听音乐会、观看比赛等活动，要严格掌握时间、地点、规则、路线、禁忌等特殊要求。对于一些暂时关闭的景区，要掌握关闭的原因以及再次开放的时间。

康养休闲旅游的一大特点就是知识性较强。旅游者期望在旅游活动过程中能有知识的收获、自身价值的提升。例如，康养旅游者对健康养生、强身健体的知识比较感兴趣，休闲旅游者对本土文化、休闲运动规则等知识比较感兴趣。因此，康养休闲旅游行程服务中提供的知识一定要准确可靠。

（五）规范化服务与个性化服务相结合

规范化服务又称标准化服务，是由国家或行业主管部门、行业组织、企业所制定、发布、运用的某项服务或工作应该达到的统一标准。康养休闲旅游经营者运用规范化服务有助于经营者进行服务质量监控与评价。但是，规范化的服务在特殊情形之下只能满足旅游者的一般要求，并不能满足旅游者的特殊要求。个性化服务又称特殊服务，是指服务企业提供个性化和特色化的服务项目，即以客人需要为中心提供各种有针对性的差异化服务或者超常规的特殊服务，以便让接受服务的客人有一种自豪感和满足感，并赢得他们的忠诚。

随着信息技术的不断普及，旅游者了解旅游信息的渠道更加多样化。康养休闲旅游的目的是以康养、休闲为主。康养、休闲的方式多元化，森林康养、温泉康养、中医康养、运动康养以及文化休闲、运动休闲、城市休闲、户外休闲等活动层出不穷。康养休闲旅游者群体庞大，其旅游需求也更加多元化。行程服务人员在服务过程中，要在规范化服务的基础上，善于观察、注重细节，为旅游者提供个性化服务，即情感化的超常服务和超前服务。

二、康养休闲旅游行程服务的程序

康养休闲旅游行程服务的程序（见图5-3）是指行程服务人员在接待康养休闲旅游者时应遵循的服务流程。康养休闲旅游者能否获得满意的旅游体验、能否圆满地完成各项旅游活动，在很大程度上取决于行程服务的质量。

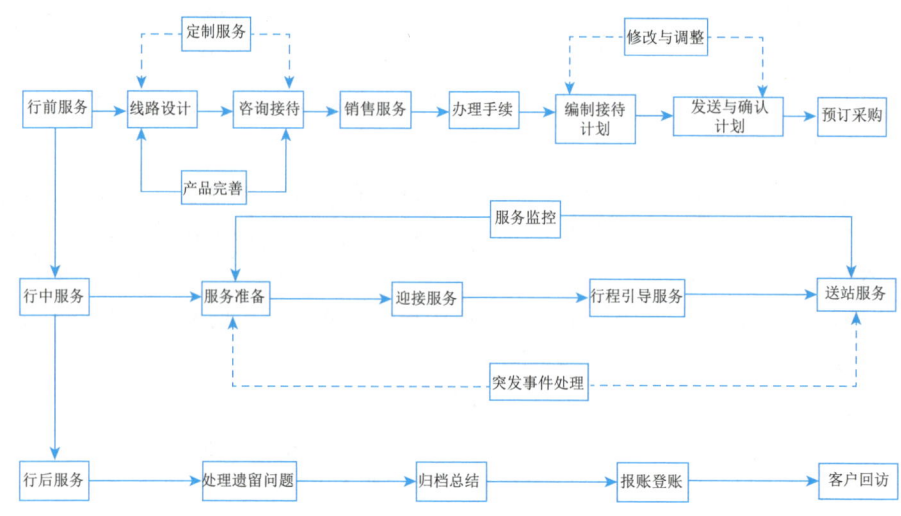

图 5-3　康养休闲旅游行程服务程序

康养休闲旅游行程服务包含了行前、行中、行后三大环节。

(1)行前服务是指康养休闲旅游者产生旅游动机后到购买旅游产品、离开常住地前往旅游目的地之前的整个过程中,由康养休闲旅游行程服务人员提供的服务,包含线路设计、咨询接待、销售服务、办理手续、编制接待计划、发送与确认计划、预订采购等内容。

(2)行中服务是指康养休闲旅游者为了参加康养休闲旅游活动,从离开常住地到返回常住地的整个过程中,由康养休闲旅游行程服务人员提供的服务,包含服务准备、迎接服务、行程引导服务、突发事件处理、送站服务、服务监控等。

(3)行后服务是指康养休闲旅游者返回常住地、结束全部旅游活动后,由康养休闲旅游行程服务人员为旅游者提供的服务和与相关部门进行的衔接沟通工作,包含处理遗留问题、归档总结、报账登账、客户回访。

程序是事情进行的步骤、次序,行程服务人员须对服务程序谙熟于心,才能在行程服务中游刃有余。但是,实际旅游活动中,旅游者的需求多种多样,外部环境千变万化,行程人员还需灵活应对,才能为旅游者提供舒心满意的服务,保证旅游活动顺利进行。

三、康养休闲旅游行程服务的规范

规范是指明文规定的标准。服务规范又称服务标准,是由国家和行业主管部门制定并发布的某项服务应达到的统一标准，要求从事该项服务的人员必须在规定的时间内按标准进行服务。康养休闲旅游行程服务规范是评价行程服务质量参考的标准，即行程服务人员在为康养休闲旅游者提供行前、行中、行后服务的过程中，应该遵循的服务准则和应该达到的服务标准。

行程服务规范是保证服务质量的基础，也是行程服务人员为旅游者提供优质服务的基础。旅游服务的特点导致对服务质量的评价有一定的难度。通过行程服务规范的制定和落实，可以规范行程服务人员的服务行为，提高其综合素质，并进一步提升旅游服务质量和品质。行程服务规范还是旅游者维护合法权益的重要参考依据，以及旅游经营者规范管理的重要手段。行程服务人员在服务过程中，要贯彻落实服务规范，通过为旅游者提供标准化、程序化、规范化的服务以及满足游客的个性化需求，让旅游者感受到高质量的旅游服务和高水平的旅游体验。

（一）行前服务

1. 线路设计

康养休闲旅游线路设计是指对食、住、行、游、购、娱六大旅游核心要素以及康养项目、休闲项目进行统筹配置，包含市场调研、选择旅游目的地资源、策划行程安排、成本估算与定价、线路包装与推广等流程。线路设计的原则是遵循市场、满足需求、布局合理、突出特色。

（1）市场调研的工作主要涉及市场趋势、旅游目的地情况和旅游资源信息的收集。分析市场消费群体的旅游需求，了解旅游目的地的政治、经济、文化、安全状况，了解各类旅游资源的分布情况、性质、品质是线路设计的基础。随着智慧旅游的不断推进，可以运用互联网、大数据等信息化手段，挖掘提炼出最有价值的康养休闲旅游消费信息。当下，自媒体平台不断涌现，利用各类自媒体的短视频、图片，可以从感官上更加清晰地了解各类旅游信息。

（2）选择合适的旅游目的地资源，首先要熟悉当地的旅游政策法规、接待环境和条件，其次要了解各类旅游设施和旅游服务设施的等级、消费水平。选择的旅游目的地资源，其状况要满足旅游者的需求、符合旅游者的要求、匹配线路的品质与特色。

（3）策划行程安排要合理配置食、住、行、游、购、娱等要素，着重考虑交通、时间等因素以及景点景区游览、康养休闲活动项目、购物等活动的顺序，要遵循特殊性、距离性、多样性、限制性、匹配性。行程安排中，要明示景区景点、康养休闲项目的开放时间、使用人群要求、限制人数等内容，要凸显必游景区景点的价值，注意游览顺序。行走方向、路况、海拔等因素对行驶速度、路程时间有较大影响，行程安排要有张有弛、不赶不累。每天的行程要有亮点，相似的项目要能体现区分度。不同等级的产品要和资源相互匹配，例如，度假休闲产品最好安排海景房、山景房，不安排内窗房。

（4）线路包装与推广是对线路设计成果进行进一步美化并推向市场展开营销的过程。线路包装要遵循诚信、透明化、具体化、吸引性、差异化等原则，利用图片、视频、主题及特色表述、背景介绍、行程文案等多种方式全方位介绍线路产品。线路推广要选择合适的推广渠道，制定正确的推广策略。

随着旅游业的不断发展，旅游者的需求呈现出多样化、个性化的特点。信息技术的不断发展，越来越多的旅游者可以通过互联网了解旅游信息、提出旅游需求。因此，定制旅游应运而生。线路产品还可以根据旅游者的个性化需求进行定制化的设计。旅游资源、市场环境、旅游者的需求在不断变化，已经投放市场的线路产品还要根据市场变化不断调整、完善、优化，增加产品内涵，提升产品质量。

2. 咨询接待

咨询接待服务是指康养休闲旅游经营者为了帮助旅游者了解旅游信息、旅游产品或者其他相关信息而提供的服务，例如旅游目的地和旅游资源情况介绍、行程安排、法律法规知识、注意事项等。

首先，康养休闲旅游者有了出游的需求与愿望后，就会采取各种方式了解相关旅游信息，向康养休闲旅游经营者了解旅游信息、旅游产品是重要的途径之一。有咨询行为的客人是企业最重要的潜在客户，一般来说，这些客人已经具备成为企业最终客户的三个前提条件：有经济能力、有消费时间、有消费需求。

其次，咨询也是旅游者与旅游经营者产生直接接触的第一个环节，是旅游经营者给旅游者留下第一印象的关键环节，咨询服务质量的高低决定着旅游者对旅游产品质量的认知以及是否会有进一步的购买行为。因此，做好咨询服务是达成交易的重要环节。按照旅游者咨询的方式，咨询可以分为现场咨询、电话咨询、网络咨询三种。服务人员首先要熟悉旅游产品，如线路内容、日程安排、交通工具安排、特色项目等。当旅游者进行咨询的时候，能够对答如流，并根据旅游者的不同情况给予适当的建议，体现服务的专业程度，获取旅游者的信任与好感。

最后，服务人员要熟悉竞争者的产品内容，便于进行差异化的推介，突出本企业的产品优势。在咨询服务过程中，服务人员还要熟知问候、迎接、交谈等礼仪规范，具备较强的沟通表达能力。

由于康养休闲旅游的知识性、高品质性等特点，咨询接待服务虽然主要在行前提供，但实际上旅游者在行中、行后均有咨询旅游信息、获取康养休闲知识的需求。因此，行程服务人员要善始善终，一如既往地热情服务。总之，在咨询接待过程中，要注意礼节礼貌、规范使用语言，注重心理服务，为旅游者提供人性化的服务，达到提高服务成交率的目的。

3. 销售服务

旅游者最终是否会采取购买行动、交易最终能否达成，还要取决服务人员能否遵循一定的销售服务原则、采取适当的销售服务技巧。

在销售服务中，服务人员首先要有热情礼貌的服务态度，处处"以客为尊"，通过交流与沟通，不断了解顾客的需求与偏好。其次，在旅游产品的销售中，由于旅游产品的无形性、生产消费的同一性，服务人员无法把处于异地的旅游产品或者活动项目拿到游客眼前。在信息化时代，可以利用声、文、图、影像等多种形式，使旅游线路的直观性、位置距离的准确性、旅游景点的真实生动性、声音的引导性和亲切感相结合，充分调用各种手段，让旅游者从不了解到产生兴趣和好感，直至最终采取购买行动。因此，在旅游产品和服务的销售中，采用体验营销的方式有助于取得销售成功。

案例 5-2

销售的成功与失败

青岛的刘先生决定在孩子暑假期间，带家人出去旅游，既能避暑休闲，又能增长孩子的见识。刘先生来到两家企业，两位服务人员提供了不同的销售服务。

场景一：

销售 A：您好，欢迎光临，请问您要旅游吗？（刘先生可能会想：来看看不行吗？）

刘先生：啊？是的，有什么好的线路吗？

销售 A：西藏旅游近期很火爆，您不妨试试。（太主观，不了解游客需求和旅游预算。）

刘先生：西藏旅游太贵了，我可没有那么多钱。

销售 A：那去北京吧，价格便宜。（被动应付游客心理变化，不了解游客消费偏好。）

刘先生：北京没什么好看的，我都去了好几次了。

销售 A：北京市确实没什么好看的。那么香港、澳门游怎么样？价格适中又是新线路。（让游客牵着鼻子走，游客一变，自己马上就否定了自己的线路产品。到现在都没搞清楚刘先生是一人出游，还是家庭集体出游。）

刘先生：那里多热啊，人多又拥挤，孩子受不了。

销售A：还有小朋友呀，那您不妨去胶东半岛，还可以去青岛看海底世界，小朋友都喜欢。（绕了一圈又回到家门口。）

刘先生：青岛这么近，完全可以自己去。如果要去，也没必要找你们呀。我还是到其他地方看看吧。

销售A：……（无言以对，失去了潜在顾客。）

场景二：

销售B：您好，欢迎光临，请问我可以为您做点什么？（温文尔雅，又不硬性推销。）

刘先生：我想趁暑假出去旅游，放松一下，可以避暑，不要太劳累。

销售B：您是和您的家里人一起去享受快乐的假期吧？（委婉地了解出游人数。）

刘先生：对，我们三口人一块去。

销售B：看起来先生一家经常外出旅游。都去过哪些地方呢？（了解游客的旅游经历。）

刘先生：本省我们都已经去遍了，另外还去过北京、上海等大城市。现在我对都市旅游已经不太感兴趣了。

销售B：现在是夏天，天气炎热。去亲近山水是个不错的选择，小孩子特别喜欢这类休闲活动，您说呢？就像我们这个门市布置得一样，清凉舒畅。（有针对性地试探游客的旅游偏好，并充分利用为夏季促销而特别进行布置的门市环境。）

刘先生：有道理。

销售B：那您看，我们这里有几条适合夏季旅游的线路，距离较远的有四川九寨沟、湖南张家界等线路；距离较近的有河南云台山、浙江千岛湖等。价钱适中，行程也都比较轻松，适合家人一起出游。您可以详细了解一下这几条线路的具体情况，这里有线路介绍的小册子和精美的图片。（有针对性地提供不同选择，及时为游客提供直观的资料、图片，便于游客决策。）

刘先生：那河南云台山怎么样？

销售B：非常漂亮，而且是消夏避暑、亲子出游的好选择。这里有我们的旅游团队在云台山旅游的录像资料，我给您播放一下。（在较简单直观的图片等资料的基础上，对有强烈意向的潜在游客播放时间更长、效果更直观的影像资料，推动其作出正确选择）

刘先生：真的非常漂亮。

销售 B：您还可以用这台电脑上网，登录云台山的网址，仔细浏览一下该景点的详细情况。（通过游客上网进行自行浏览，促使其最终作出决策）

刘先生：没问题，就是云台山了。既清凉避暑，距离又近，还不至于让孩子感觉过分疲惫。（销售成功）

资料来源：肖树青.旅行社门市的体验营销［J］.商场现代化，2006（11）：96.

【案例分析】

针对同一位旅游者提出的相同旅游需求，两位不同的销售人员因为销售方法与技巧运用的不同导致了不同的销售结果。销售 B 在销售过程中使用恰当的销售语言，通过针对性的提问了解旅游者的旅游经历与旅游需求，抓住旅游者的消费心理，激发了旅游者的购买欲望。并且，销售 B 利用声、文、图、影像等多种形式，让旅游者更加直观地感受到旅游产品的特点，消除了疑虑，促进了销售的成功。而销售 A 被动应付旅游者的提问，难以了解旅游者的需求与偏好，不能进行针对性的推销，导致了销售的失败。

销售服务是一门博大精深的学问，服务人员要在实际工作中不断学习和总结，才能提升销售能力和业务水平。

4. 办理手续

旅游者确定购买旅游产品的意向以后，行程服务人员需要为旅游者提供购买合同，签订相关协议。签订合同能够有效地保障旅游者和旅游经营者的权利，规范彼此的义务。服务人员要掌握《合同法》和合同签订的相关知识，耐心细致地解释相关条款，讲解相关的法律法规要求。服务人员还要根据规定收集客人的身份信息用于购买交通票或者预订相关服务项目。收取客人的订金、预付款后，要出具相应的收款证明或者票据。在行程服务中，还要向旅游者介绍旅游意外保险的相关知识，为旅游者办理旅游保险。

5. 编制接待计划

行程服务人员在与旅游者签订旅游合同以后，要将旅游者的行程和要求等做详细的安排，即编制接待计划。接待计划是康养休闲旅游经营者发给旅游者的一份有关旅游活动的日程安排，是明确展示旅游过程中经营者提供的各项服务的内容和标准的文件，也是旅游者和行程服务人员了解旅游目的地活动日程的主要依据。接待计划包括旅游者的基本信息、个性化要求、基本日程安排等内容，如线路名称、客源地、人数、抵离日期、交通工具、酒店名称和等级、游览活动安排、康养休闲项目安排、特殊要求和注意事项等。

接待计划的表现形式要简明扼要，以表格形式为主，可以图文并茂；内容齐全，要点清晰，能够一目了然；注意事项、特殊要求要重点凸显。接待计划还可以采用电子化的形式，文字、图片、视频、音乐有机结合，通过移动终端快速传播，提高行程服务的效率。

6. 发送与确认计划

行程计划编制以后，行程服务人员要尽快发给旅游者确认，以防出现疏忽或者遗漏，并督促对方尽快回复。行程计划确认的方式一般有书面确认、传真确认、电话确认三种形式。最好采用书面确认的形式，便于双方能够明确各自的权利和义务，利于纠纷的解决。在出发前24小时，行程服务人员要再次与旅游者确认接待计划。

7. 预订采购

康养休闲旅游活动内容丰富、项目繁多，任何一家康养休闲旅游经营者都不能独自提供旅游活动过程中需要的所有服务与产品。预订采购是指康养休闲旅游经营者以一定的价格向其他旅游企业或者相关行业与部门购买服务与产品的行为。这些其他旅游企业或者相关行业与部门称为旅游服务供应商或者旅游服务履行辅助人，包括但不限于酒店、餐厅、购物商场、旅游景区（点）、航空公司、铁路部门、汽车公司、康养休闲产业经营者等。

预订采购的要求是保证供应、质量稳定，争取利润最大化，常采用集中采购和分散采购两种方式。预订采购内容涉及交通服务、餐饮服务、住宿服务、游览服务、购物服务、娱乐活动服务、康养休闲体验项目等食、住、行、游、购、娱各个方面。

康养休闲旅游经营者要选择有品质的旅游服务供应商，签订采购协议或者合同，以保证旅游产品的质量。对旅游服务供应商的考察和选择可以从以下几个方面展开：是否具有合法的资质和许可，尤其是一些康养休闲项目，如医疗保健、高空、高速、水上、潜水、探险等；服务供应商是否按照国家有关规定取得经营许可；经营设施及营业环境是否符合国家或行业标准；经营业绩及信誉是否良好；经营规模是否能匹配接待需求；员工的职业素养能否满足服务品质要求。

（二）行中服务

1. 服务准备

行程服务人员在接待旅游者之前做好各项准备工作是为旅游者提供优质服务的前提。准备工作的内容包含熟悉接待计划、落实接待事宜、知识准备、物质准备、心理准备、形象准备。

行程服务人员在接到服务任务以后，要认真阅读接待计划并思考工作的安排和落实，详细、准确地了解旅游者在旅游目的地的行程安排；对接待计划中的重点内容、特殊事项要做好记录，并通过咨询、实地考察等方式解决接待计划中的疑难点。

落实接待事宜是指对接待计划中的用车、用餐、用房、景区景点游览、康养休闲项目安排、交通票据等的落实。行程服务人员要认真细致地落实每一个项目，切不可大意，也不能凭经验安排；对不熟悉的项目，要多方咨询或者实地考察。

知识准备、物质准备、心理准备、形象准备要建立在熟悉接待计划、了解旅游者特点的基础之上。面对康养休闲旅游者，一定要准备与本次旅游活动中康养、休闲项目相关的知识。物质准备包括必要的票证、表格、费用，接站牌、通信录、身份标识等工作物品，以及名片、防护用品、手机充电器等个人物品。

2. 迎接服务

迎接服务是指行程服务人员提前到达机场（车站、码头）迎接旅游者前后所提供的各项服务，包括确认旅游者的准确抵达时间、联系迎接车辆、提前迎候、确认旅游者、检查行李、登车、致欢迎词、首次沿途讲解等内容。

提供迎接服务的行程服务人员极可能是第一次在旅游者面前亮相，要准时、热情、友好、周到，给旅游者留下美好的第一印象。行程服务人员一般应提前30分钟到达接站地点，并持接站牌在出口醒目的位置迎候旅游者。确认旅游者时，一定要仔细，从外貌特征、人数等多方确认，以防错接。行程服务人员要清点行李的件数，并提醒旅游者检查行李是否有损害，认真填写行李卡。组织旅游者登车时，行程服务人员要站在车门一旁，协助旅游者上车。待所有旅游者上车后，要帮助旅游者整理行李，并注意行李架不得存放大型或重型行李。待所有旅游者坐定后，行程服务人员要礼貌地清点人数，清点无误后方可示意司机开车。待车辆启动后，行程服务人员要致欢迎词。欢迎词的内容和形式可以灵活多变，一般包含问候语、欢迎语、介绍语、希望语、祝愿语，并结合旅游者的文化水平、职业、年龄、旅游目的等情况进行针对性的介绍。首次沿途讲解主要是对旅游目的地的概况、民俗风情、沿途景观等进行介绍。

3. 行程引导服务

行程引导服务是行程服务人员为了协助旅游者顺利完成当地的旅游活动而提供的餐饮、住宿、交通、购物、游览、康养休闲项目体验等服务。行程引导服务贯穿旅游者在一地停留期间的始终。针对每一个单项服务，行程服务人员都要精心准备、提前安排、热情主动、尽心尽力，确保各个项目顺利衔接，提供让旅游者满意的服务。

4. 送站服务

送站服务是一地行程服务工作的尾声，要善始善终，在顺利完成服务工作的基础上，争取能让旅游者留下难忘而美好的回忆。送站服务包括送站前的工作安排、离店服务、送行服务。行程的最后环节，也是容易出问题的时刻。行程服务人员首先要提高警惕，不能麻痹大意，认真核实交通票据、落实离店事宜，防止误机（车、船）事故的发生。在离店之前，要提醒客人结清自费项目的账目，如洗衣费、食品饮料费等。在送行服务中，行程服务人员要与旅游者一起回顾行程，画龙点睛地评价行程中的特色项目、精品项目。在旅游车行至机场（车站、码头）的途中，行程服务人员要致欢送词，语气要真挚，富有感染力，表达依依惜别之情，加深与旅游者的感情。行程服务人员要带领旅游者提前到达机场（车站、码头）。按照规定，出境航班提前3小时或者按照航空公司规定的时间，乘坐国内航班提前2小时，乘坐火车、轮船提前1小时。

5. 突发事件处理

旅游服务与产品具有生产与消费同步的特点。因此，旅游活动极容易受到相关因素以及突发事件的影响。例如，旅游者提出的各种个性化要求，旅游者投诉，旅游行程的变更，误机（车、船）事故，旅游者财物遗失，交通事故、火灾事故、治安事故，旅游者患病、死亡，以及重大自然灾害、突发公共卫生事件等情况可能会导致旅游行程的变更甚至旅游活动的中断。

在处理突发事件时，要遵循"变更最小、顾客至上"的原则。"变更最小"是指尽量缩短影响的时间、减小波及的范围，将损失降到最低。同时，尽可能对原行程计划不做大的调整，尽量不导致其他因素的变故。行程计划和安排是康养休闲旅游经营者与旅游者在行前达成的协议，是一种契约性的文件，对双方的权利义务均有规定，在处理突发事件时，要充分考虑旅游者的意愿，尊重旅游者的要求与意见。

6. 服务监控

服务监控是指从旅游活动开始到结束的过程中，行程服务人员24小时监控旅游行程中的活动开展情况，关注旅游质量，监督旅游服务供应商是否按照旅游计划落实接待任务，协调相关服务人员处理遇到的各类突发事件。行程服务人员要关注旅游者的旅游体验情况，对接待中出现的各种问题，要及时反馈到相关部门，使问题尽快得到合理解决，提高旅游者的满意度。

旅游者游览期间，行程服务人员要与各方保持通畅的联络，对旅游活动中出现的质量问题要及时纠正，提出预防和改进措施。对旅游活动中旅游者提出的不满和投诉，要督促相关旅游服务供应商及时处理。如果需要变更原接待计划的行程内容、服务标准等，要协助相关服务人员重新签订变更协议。如果旅游活动中发生意外或遭遇不可抗力事件，要及时通知相关单位及部门，并协助相关服务人员处理和解决。要督促相关人员落实旅游服务质量反馈单的填写，并按照要求回收，用于康养休闲旅游经营者进行质量改进。

（三）行后服务

1. 处理遗留问题

旅游者结束旅游行程后，通常会留下一些遗留问题，需要行程服务人员跟进解决，例如，要求代购物品、转递物品、投诉处理、保险索赔等。面对遗留问题，行程服务人员首先要秉持认真对待的态度，不能因为旅游活动已经结束就消极怠慢。其次，对于旅游者委托代办的事宜，一定要按照规定的流程或者请示领导后处理。例如，对于转递物品事宜，服务人员一定要先确认是什么物品，对于易腐坏变质、有安全隐患的物品应该委婉拒绝，最好要求旅游者写下委托书，对相关情况进行说明。另外，对还未完全解决的投诉、保险索赔等事宜，行程服务人员一定要及时跟进，尽快帮助旅游者解决。

2. 归档总结

行程服务人员要及时提交服务总结和旅游者填写的旅游服务质量意见反馈表。在总结中，要写清楚主要开展的服务工作，旅游者对各方面接待服务的反映和个人感受，尤其是旅游者的意见要尽量引用原话。如果在旅游过程中发生了重大事故或者因服务质量问题引起的投诉等，行程服务人员要单独整理成文字材料并提交证据给相关企业或部门，必要时还要进行专题汇报。针对旅游者对旅游产品设计反馈的情况，要及时反馈给相关部门，对产品进行分析和优化。针对旅游者对旅游服务供应商反馈的情况，要及时通知相关企业，并考虑是否要调整合作单位。

行程服务人员还应该针对自己在行程服务中的得失进行分析，以便于提高业务水平。在服务过程中，对处理得妥当或者成功的问题，要提炼成经验；对处理不当的问题，要吸取教训，及时改进。

对相关资料要妥善保存，保存期至少两年，便于日后查询。

3. 报账登账

行程服务人员要在规定的时间内，按照制度报账登账，填写清楚有关接待和财务结算表格，并连同保留的单据、活动日程表等按照规定交给相关人员，到财务部门结清账目。

4. 客户回访

一般情况下，旅游者对康养休闲旅游经营者提供的产品和服务有三种评价或者体验：满意、不满意和疑虑。每一种评价和体验都会伴随特定的购买后行动，如果满意则产生重复购买行为、产生良好的口碑效应；如果不满意则产生投诉或批评行为；如果疑虑则会降低重复购买率，这就需要旅游经营者一定要重视客户回访。客户回访是一种延伸服务，如果能提供优质客户回访服务，无

拓展阅读 5-3

疑会为企业带来回头客。行程服务人员要选择恰当的时机和恰当的方式与旅游者再次取得联系。通过加强与旅游者的联系、沟通，行程服务人员在了解旅游者对旅游经历的体验的同时，要了解旅游者对旅游经历满意、不满意或疑虑的原因，尽量消除客人的疑虑，努力提高客人的满意度，并且建立旅游者的个人档案，记载其主要需求，加强沟通，以提高重复购买率。

康养休闲旅游行程服务规范是保证服务质量的基础，是康养休闲旅游经营者加强规范管理的重要手段，但任何一项规范并非一成不变。服务规范要在执行的过程中不断修订、完善。例如，在执行服务规范的过程中对不符合当下旅游者需求的、不合乎当下实际工作的流程与标准，就需要进行核实、论证并修订，以保证相关服务规范的可操作性和适用性。修订服务流程或标准的方式有很多，最直接的方式就是多方征集工作人员的意见，包括各层管

拓展阅读 5-4

理者和服务人员，关注服务人员的抱怨和频繁出现问题的地方。另外，也可以借鉴许多国际跨国公司开展的名为"影子顾客"的项目，即企业聘请专业服务质量评估人员充当顾客，在服务人员不知情的情况下以顾客的身份、立场和态度来体验服务，从中发现企业经营中存在的问题，帮助管理者查找工作中的不足，并及时提出相关整改措施。

本章小结

本章主要介绍了康养休闲旅游行程服务的概念，分析了康养休闲旅游行程服务的特点，阐述了康养休闲旅游行程服务的重要性，对康养休闲旅游行程服务的程序与规范进行了具体分析。康养休闲旅游行程服务是旅游者实现康养、休闲目的的重要环节。康养休闲旅游行程服务具有"养生性与休闲性，主题明确""知识性与文化性，文旅融合""体验性与互动性，深度参与""舒适性与享受性，以人为本""个性化与精细化，细节关怀""信息化与智能化，智慧旅游"等特点。在康养休闲旅游行程服务中，行程服务人员

要遵循以客为尊、节奏舒缓、灵活性、准确性、规范化服务与个性化服务相结合的原则。康养休闲旅游行程服务的程序主要包括行前、行中、行后三大环节。行程服务人员在每一个环节中均要按照规范与标准来提供服务。

通过学习，使学习者了解康养休闲旅游行程服务的含义和重要性、康养休闲旅游行程服务的基本原则与特点，掌握康养休闲旅游行程服务的基本工作程序、服务规范，让学习者具备康养休闲旅游行程服务岗位所需要的基础知识和基本能力。

思考与练习

一、填空题

1. 康养休闲旅游是指以康养、（　　）为主要目的的一切旅游活动的总和。

2. 咨询可以分为（　　）、（　　）、（　　）三种类型。

3. 在处理突发事件时，要遵循（　　）、（　　）的原则。

4. 康养休闲旅游者感知旅游产品质量的重要渠道是（　　）。

参考答案

5. 采用（　　）的方式有助于获取旅游产品与服务销售的成功。

6. 预订采购的要求是（　　）、质量稳定、争取利润最大化。

7. 知识准备、心理准备、形象准备是建立在（　　）、了解旅游者特点的基础之上。

二、单项选择题

1. 我国正式提出"智慧旅游"是（　　）年。
   A. 2010　　　　B. 2013　　　　C. 2014　　　　D. 2016

2. 在出发前（　　）小时，行程服务人员要再次与旅游者确认接待计划。
   A. 24　　　　　B. 48　　　　　C. 60　　　　　D. 72

3. 行程服务人员对相关资料要妥善保存，保存期至少（　　），便于日后查询。
   A. 3个月　　　B. 6个月　　　C. 一年　　　　D. 两年

4. 行程服务人员一般应提前（　　）分钟到达接站地点，并持接站牌在出口醒目的位置迎候旅游者。
   A. 10　　　　　B. 20　　　　　C. 30　　　　　D. 60

5. 康养休闲旅游的行程服务在行前的线路设计、行中的活动安排等环节要充分体现了养生性、休闲性，这是行程服务（　　）的体现。
A. 主题明确　　　B. 文旅融合　　　C. 细节关怀　　　D. 以人为本

三、简答题
1. 简述康养休闲旅游行程服务的特点。
2. 简述康养休闲旅游行程服务的原则。
3. 简述康养休闲旅游行程服务的程序。

四、论述题
请简要阐述康养休闲旅游行程服务的重要性。

第六章

康养休闲旅游餐饮服务

本章重点

本章包含康养休闲旅游餐饮服务的概念与特点、内容和规范等,重点讲解康养休闲旅游餐饮服务的基本含义及相互关系,对康养休闲旅游餐饮产品和服务方式进行了详细介绍。

学习目标

通过本章内容的学习，学习者能够了解相关概念、意义及适用范围，了解康养休闲旅游餐饮服务的特点和重要性，了解康养休闲旅游餐饮服务的内容并掌握康养休闲旅游餐饮服务规范。

本章思维导图

```
                                              ┌── 康养休闲旅游餐饮服务的定义
                  ┌── 康养休闲旅游餐饮服务的概念与特点 ──┼── 康养休闲旅游餐饮服务的特点
                  │                            └── 康养休闲旅游餐饮服务的重要性
康养休闲旅游餐饮服务 ──┤
                  │                            ┌── 康养休闲旅游餐饮服务的主要内容
                  └── 康养休闲旅游餐饮服务的内容与规范 ──┤
                                              └── 康养休闲旅游餐饮服务规范
```

第一节　康养休闲旅游餐饮服务的概念与特点

食、住、行、游、购、娱是旅游活动的六大要素,"食"在康养休闲旅游过程中的地位不容小觑,而康养休闲旅游餐饮服务依托"食"这一产品和行为,在康养休闲旅游活动中发挥着重要的作用。

一、康养休闲旅游餐饮服务的定义

（一）康养休闲旅游餐饮服务的概念

"服务"是为了集体（他人）的利益或某种事业而工作,以提供劳动的方式满足他人某种需要的行为。

餐饮服务是餐饮企业人员为顾客提供餐饮产品,并在顾客享用餐饮产品和使用餐饮设施时提供的辅助性支持、接触与交流等活动的总和。这种餐饮企业员工面对顾客的行为体现,是餐饮企业为顾客提供的一种无形的优质产品。

康养休闲旅游餐饮服务,是指客人在康养休闲旅游行程中,以健怡身心为目的,在餐厅就餐时间段内,由餐饮企业工作人员利用餐饮服务设施向客人提供符合康养休闲要求的菜肴饮品及方便就餐的一切服务形式的总和。

（二）康养休闲旅游餐饮服务的内容

康养休闲旅游餐饮服务按工作区域划分,可分为楼面服务和后台服务。楼面服务是直接对客服务,指餐厅、酒吧等营业场所面对面直接为客人提供服务的一系列活动；后台服务则是指库房、后厨等客人视线无法触及的工作区域为餐饮产品的生产、包装销售、楼面服务等所做的一系列准备及善后工作。康养休闲旅游餐饮楼面服务与后台服务互为辅助,缺一不可。后台服务是楼面服务的基础和保障,楼面服务是后台服务的执行与完善。

康养休闲旅游餐饮服务以帮助顾客得到安全感、支配感、信赖感、便利感和满足感等需求为基本内容。

（1）设备设施辅助,如桌椅、餐具、服务器具等。

（2）实现餐饮服务的有形产品,如菜肴、酒水等。

（3）显性的服务,即顾客享受到的既得利益。

（4）隐性的服务,即顾客娱悦身心的心理体验和心理满足感。

二、康养休闲旅游餐饮服务的特点

（一）餐饮服务的特点

1. 无形性

无形性是服务产品的共同属性。餐饮服务不同于实体有形产品能被看到、感觉到、品尝到或触摸到，从色泽、大小、形状等就能判断质量优劣，只能通过餐饮消费客人购买、消费、享受服务之后所得到的亲身感受来评价其好坏，具有"看不见、摸不着、非物化、非量化"的无形性特征。

服务的无形性在于顾客满意度主要源于个人判断，与他们自身的经验、受教育程度、价值观等相关，因此更加主观。餐饮服务的无形性质与有形实体相反，是服务的核心和本质，具有功能和情感两个主要元素。

（1）功能要素。不同顾客消费餐饮产品，享受餐饮服务的诉求是不同的，这就要求餐饮服务具有功能性的差异。餐饮服务的功能要素差异主要通过餐饮产品、设施设备的不同配置或组合来体现。

（2）情感要素。情感要素是指餐饮服务企业及员工在餐饮服务过程中的情感投入，使客人获得情感上的满足，达到娱悦身心的目的。

2. 同步性

餐饮产品的生产和服务是根据顾客的即时需要而定时进行的，即"生产、消费、销售"同步进行，且在同一时间段完成。餐饮企业的生产过程就是客人的消费过程，通常是边服务边消费，服务结束，消费亦同时结束，这就要求餐饮企业既要注重服务过程，还要重视就餐环境和餐饮产品质量。

3. 一次性

餐饮服务的一次性是指服务只能当次使用，当场享受。一次就餐对应一次服务，就餐结束，餐饮服务自然终止，不能储存和重复使用。客人的感受和餐饮服务同样是一次性的，不能事后弥补，这就要求餐饮企业应接待好每一位客人，提高每一位就餐客人的满意度。

4. 差异性

餐饮服务通过员工协同劳作完成，服务质量的好坏取决员工的表现。主要表现在两个方面：

（1）不同员工的服务差异。不同员工的生长环境和受教育程度不一样，个人文化修养、内涵和素质都不尽相同，因此他们为客人提供的服务水准存在一定差异，这就要求餐饮企业应制定服务标准，规范服务行为。

（2）相同员工的服务差异。相同员工受外界影响，在不同时间、场合的心情也是不同的，其服务态度、服务效果等也会有一定的差异，这就要求餐饮企业加强服务过程管理，完善管理机制。

（二）康养旅游餐饮服务的特点

康养旅游是以康养为目的的一切旅游活动的总和。康养旅游餐饮产品是餐饮产品的延伸和细化。针对特定环境和客群，餐饮产品的品类带有极强的康养特色。餐饮从业人员在对产品的服务过程中，除了具有餐饮服务特征，还有着自身的服务特点。

1. 专业性

康养旅游餐饮产品的生产和开发，将康养环境和康养文化相结合，注重"天人合一"理念，讲求身心与环境和谐，提倡生态环保，对精神、文化、自然环境和服务素养要求较高，因此康养旅游餐饮服务具有专业性。

康养旅游餐饮服务的专业性和餐饮产品的核心内容相关，因此在服务过程中应该注意以下几点：

（1）思路清晰，服务热情。康养旅游餐饮服务质量的好坏，取决于餐饮企业给顾客带来的感受，是否让顾客身心愉悦。加强服务意识，优化服务细节，升华服务理念，帮助客人了解产品特性，是实现康养旅游餐饮服务专业性的关键。

（2）经验丰富，积累深厚。专业性评判的重要标准是能否迅速顺利解决顾客在享受康养旅游餐饮产品过程中的问题。加强康养旅游餐饮产品与康养旅游行业知识学习，积累经验，形成知识服务体系，是保持专业性的重要环节。

2. 针对性

不同年龄段人群对康养旅游产品的需求是不同的（见表6-1），对康养旅游的理解及对康养旅游餐饮产品需求的变化决定了康养旅游餐饮服务的针对性。

表6-1 不同年龄段人群对康养旅游产品的需求

年龄段	康养旅游产品需求
00后	健身休闲
90后	（1）身体锻炼 （2）健康检查 （3）放松身心
80后	（1）身体锻炼 （2）健康检查 （3）慢病管理 （4）养生休闲

续表

年龄段	康养旅游产品需求
70后	（1）身体锻炼，健康监测 （2）慢病管理，疾病防控 （3）养生休闲，康养旅居
60后	（1）身心健康，指标检测 （2）慢病管理，疾病防控 （3）应急机制，专业照护 （4）医疗介入，养身休闲

3. 延续性

康养旅游餐饮产品根据不同年龄段、不同身体状态的人群发挥不同的功效。康养旅游餐饮产品对人体的功效不是一蹴而就的，是一个漫长的延续调养过程，因此，康养旅游餐饮服务具有延续性。

（三）休闲旅游餐饮服务的特点

休闲旅游是以休闲为主要目的的一切旅游活动的总和。休闲旅游餐饮产品受我国地理资源和气候资源的影响，表现形式广泛，在产品的服务过程中，呈现出明显的产品特性。

1. 多样性

休闲旅游依托于我国博大的地理资源，形式多样，旅游者在参与休闲旅游过程中的餐饮活动方式更为丰富，因此，休闲旅游餐饮服务的行为具有多样性，如营地餐饮服务、帐篷餐饮服务等。

休闲旅游餐饮服务的多样性还表现在餐饮产品的多样性。这种多样性既可以多餐别（中餐、西餐、日餐、东南亚餐等），也可以跨菜系；可以以一类食品为主线，兼有其他种类，也可以品类丰富，互为补充。在针对多样产品的服务过程中，要做到互相映衬，相得益彰。

2. 季节性

我国的气候复杂多样，东部自北向南依次是温带季风气候、亚热带季风气候、热带季风气候，广大西北内陆属于温带大陆性气候，青藏高原属于高山高原气候。我国季风区面积广大，受海陆因素影响，季风气候显著。休闲旅游餐饮产品根据气候资源的变化，呈现出四季分明的特色，因此休闲旅游餐饮服务具有季节性。

3. 时间的随意性

时间的随意性是休闲餐饮给人的第三个感觉。人们通常以早、午、晚三餐作为生活习惯，休闲餐饮改变了这一传统模式，由目前的三餐变为六餐，即：由早、午、晚变为早茶、早午茶、午餐、下午茶、晚餐、夜宵。这种餐饮形式的出现使得休闲餐饮服务的过程需要满足了休闲就餐的随意性。

4. 灵活性

灵活性是指休闲餐饮服务使客人没有拘束感。餐厅的装饰、布局和餐饮从业人员的服饰、服务方式，都让休闲的意境进一步深入人心。目前除了很多餐厅使用自助式服务以外，还可以有谈心式服务，这种服务从客人需求出发，以"令客人满意"为宗旨，缩小与客人的距离，消除拘束感，使客人宾至如归。

5. 区域性

如同千人千面、心情各异一样，一个民族的文化也有自己的个性。各个民族和地区的饮食文化彼此间也有许多差异。中华民族的历史文化悠久，有鲜明和典型的"饮食色彩"。

三、康养休闲旅游餐饮服务的重要性

优质的康养休闲旅游餐饮服务离不开餐饮行业从业者在服务态度、服务技能和服务效率上的多方面提升。康养休闲旅游餐饮产品是餐饮活动的基础，餐饮服务的过程是餐饮活动的展现形式，因此，提供优质、专业、个性的餐饮服务，对康养休闲旅游餐饮行业的发展起着至关重要的作用。

（一）提升用餐体验，增强顾客黏性

在社会物质精神文明取得巨大发展进步的时代，顾客对餐饮产品的享受已经不仅仅是对产品本身的追求，更多的是在用餐过程中"如沐春风"，得到尊贵的体验感。因此，优质的餐饮服务，不仅能满足顾客"宾至如归"的体验感，更能提升顾客忠诚度，增强顾客黏性。

（二）扩大同业竞争优势，提升经济效益

随着市场环境的扩展，餐饮行业信息化评价体系的健全，康养旅游餐饮业的行业竞争已经进入白热化程度。"口碑就是效益"，提供优质的餐饮服务，不仅能使餐饮企业从同行业脱颖而出，吸引更多顾客到店体验，更能在消费频次和消费金额上获得优势，进而提升康养休闲旅游餐饮企业的经济效益。

（三）打造服务品牌，提升产品附加值

"顾客就是上帝，服务就是招牌"。在现行标准制度下，餐饮品牌日益同质化，所以，打造具有个性化的康养休闲旅游餐饮品牌对餐饮企业的持久发展尤其重要。提供优质的餐饮服务，是服务品牌建立的基石，有助于增强同质化产品的外部吸引力，提升产品附加价值。

第二节　康养休闲旅游餐饮服务的内容与规范

随着社会经济的快速发展，国民生活品质和品位的提升，康养休闲已经成为人们的重要精神文化诉求。康养休闲消费与产业蓬勃发展，直接促进了餐饮活动的功能拓展。随着多元化的物质需求与文化需求带来的餐饮消费热潮，康养休闲旅游餐饮已经成了主流的生活行为方式，它以康养休闲生活理念为载体，表现出追求养生、闲适的社会价值观。

康养休闲旅游餐饮是为了适应康养休闲消费需求，以满足消费者心理感受为出发点，将餐饮、娱乐、休闲、表演、养生、健身等各种形式融为一体的餐饮模式，也是康养休闲消费在传统餐饮业中的体现。

一、康养休闲旅游餐饮服务的主要内容

"民以食为天"。饮食是供给人体营养物质的源泉，是保证生命生长、发育，完成各种生理功能必不可少的条件。在康养休闲的体系中，人类对饮食的追求，早已超越果腹的生理需求层面，而上升为文化象征、审美情趣、生命品质、价值信仰的展现，人们通过美食的方式，可以表达心理愿望和信仰情感。在康养休闲餐饮体系中，则是通过饮食促进身体健康和心情的愉悦。

（一）康养旅游餐饮服务内容

拓展阅读 6-1

餐饮是旅游过程中的重要组成部分。康养旅游餐饮，是人们在康养旅游活动过程中，通过各种有益于身心健康的饮食调养方式，达到科学的增进机体健康、抗衰延寿的目的。

1. 康养膳食

人体所需要的能量和各种营养素，必须通过一日三餐的食物得到供应和补充。研究滋补美食、辨证用餐、特殊膳食搭配、健康食材选择、科学烹饪，正是从康养膳食的角度，告诉人们，如何科学地吃、健康地吃，才能维护机体健康，使生命更具活力。

（1）养生药膳

药膳是指在中医理论指导下，根据用餐者身体、体质、病症的不同需求，通过辨证饮食，将食物与具备一定药理和功效的中药合理配比、调组配方（见图 6-1），运用适当的烹调方法和加工技术，调制成佳肴美食（见图 6-2），以补养器官，促进病后康复，防老抗衰，延年益寿。药膳用餐服务应提供不

同于传统餐饮的用餐环境、膳食产品和服务过程。通过餐厅环境氛围的营造、膳食文化、膳食指导等,向用餐者传播医食知识,在服务过程中融入健康测评、辨证配膳等个性化、特色化的服务内容,使食客在身体、心理、情感等方面得到享受与满足。

图 6-1 林下参

图 6-2 添加了林下参的养生药膳

(2)养生茶膳

茶膳是指用茶调配其他食材,调制成茶菜肴、茶粥、茶饭等茶类食品,通过茶入饮食的方式,发挥茶叶保健功能的目的。茶食品种多样,有茶膳、茶点等。茶中含丰富的营养物质,可增加菜肴的营养价值和药用功效。茶膳在现代餐饮中,除家喻户晓的茶叶蛋、香茶鸭等民间风味餐食外,还有杭州名菜龙井虾仁(见图 6-3)、龙井鲫鱼汤、绿茶酥(见图 6-4)等餐食,更是餐饮文化中一枝瑰丽的新秀。以茶入膳越来越多地被崇尚健康、崇尚自然的人们接受。

图 6-3 龙井虾仁

图 6-4 绿茶酥

（3）特殊人群膳食

①幼儿膳食。幼儿处于生长发育阶段，新陈代谢旺盛，对各种营养素的需求有一定特殊性。幼儿膳食特点应含幼儿生长所必需的各种维生素、动物性蛋白质，多选用肝、肾、瘦肉、豆制品、蛋、乳、鱼和新鲜绿叶蔬菜等食材。幼儿膳食一般宜用蒸、炖、滑、炒等烹调方法，少用煎、炸、烤等烹调方法，菜式丰富可提高幼儿食欲。

②老年人膳食。老年人膳食同成年人一样，膳食中应保持蛋白质的供给量，应选用优质蛋白。老年人膳食的特点是减少脂肪、植物油，防止高血压病、心脑血管病等其他慢性病。蛋白质的来源应多选用优质蛋白，如鱼、鸡、

虾、瘦肉、牛奶、鸡蛋以及质优易消化的豆制品。膳食中可多配汤菜、炖品等，少配过于油腻、干硬、生冷的食物。

③高血压和冠心病人群膳食。高血压、冠心病是与饮食有密切关系的两种心血管疾病。高血压和冠心病人群的膳食特点应注意低脂肪、低胆固醇和低糖，以控制和降低血脂浓度。应少用动物性脂肪，改用植物油。尽量避免选用动物的脑、肝、肾等含胆固醇高的食材，多选用优质的植物性蛋白质（大豆等）和鱼肉、精瘦肉等，多配新鲜蔬菜、瓜果。烹调注意少用油炸、油煎、烧等烹调方式。

④糖尿病人群膳食。糖尿病是胰岛素绝对或相对分泌不足和（或）胰岛素利用障碍引起的代谢类疾病，与遗传、环境因素（如膳食）有密切关系。糖尿病人群膳食的特点是，减少糖类食物（主食）的摄入量，增加蛋白质和脂肪（植物油）的摄入量，以减轻胰脏的负担，达到降低血糖的目的。注意搭配低能食材，减少含糖分和淀粉多的瓜果蔬菜，如马铃薯、莲藕、芋头、香蕉等食材。适当多配一些柔嫩的、含粗纤维多而含糖分、淀粉少的新鲜蔬菜，以增加饱腹感，少食多餐。

⑤消化性溃疡病人群膳食。消化性溃疡病一般称为胃病，是胃溃疡和十二指肠溃疡的总称。它的发生、发展和症状轻重，与饮食有着特别密切的关系，合理的膳食对消化性溃疡病患者具有重要意义。消化性溃疡病人群膳食的特点是：每餐适量，少食多餐，选用营养丰富、含纤维素少、易于咀嚼的食材；少用油炸、油煎等烹饪方法，以免食物在胃部停留时间延长，加重负担；忌生、冷、硬和过热的食物以及辣椒、咖喱、咖啡、浓茶等刺激性饮食。

（4）康养食材选择

食材是供应烹饪所使用的原材料。现代餐饮烹饪原材料种类繁多，不同地域、不同风格的菜品，所选用的食材也千差万别，其营养、卫生要求差别也很大。食材从营养成分和功能的不同，可分为谷类、豆类、蔬菜水果类、畜禽肉类、蛋类、乳类、水产品类、佐助食材等。餐饮服务工作人员必须熟悉掌握各类食材的种类、性质、特点及营养价值和卫生知识，才能更好地做好服务工作，为消费者提供满意的服务。

①谷类、豆类及其制品，含蛋白质、无机盐，维生素丰富，除了作为主食以外，也可以用来制菜，如豆类可以制作出各种豆腐和粥。

②蔬菜水果类食材（见图6-5），含大量的水分和丰富的无机盐及维生素、蛋白质，脂肪含量低，还供给人类较多的膳食纤维和果胶。

图 6-5 蔬菜水果、佐助食材

③畜禽肉类，如猪肉、牛肉、羊肉、鸡、鸭、鹅、鸽的肌肉、内脏其制品，含丰富的蛋白质、脂肪、无机盐，其营养成分的种类和数量因部位、产地和季节而不同。

④蛋类，质地柔软细腻，味道清淡鲜美，营养价值高。常见的蛋类有鸡蛋、鸭蛋、鹅蛋、鹌鹑蛋等。鸡蛋可食用的部分含有 13%~15% 的优质蛋白，是已知天然食物中最优良的蛋白质。

⑤乳类是含营养素比较齐全，又易于消化吸收的食材，主要包括牛乳、羊乳等。其中牛乳最为普遍，可用于制作糕点，具有独特奶香味，蛋白质含量高，乳糖含量低。

⑥水产类，主要有鱼类、甲壳类，如虾、蟹等；贝类，如牡蛎、河蚌等。水产类食材含丰富蛋白质、脂肪、维生素、无机盐。如鱼肉中含一种脂肪酸，具有抑制血小板聚集和扩张血管的作用，可防止或减轻冠状动脉的粥样硬化。

图 6-6 水产类食材

⑦佐助食材，是指烹饪过程中用于辅助烹调，提高菜肴滋味所用的食材。佐助食材参与烹调制作，对菜质量起到关键作用，主要包括油脂、淀粉、添加剂、水等。其中食用油脂，是高热能的营养食品，可供给人体必需的脂肪酸。淀粉类佐助食材，可以消化分解为葡萄糖而被人体吸收。

（5）康养烹饪制作。

烹饪是一项专门技术，也是一门科学，合理烹饪是实现合理营养的基本要求之一。从科学方面讲，就是通过烹调工艺使烹调原材料中的各种成分，如蛋白质、脂肪、糖类等，转化为人体感官和营养吸收的最佳搭配，成为增进食欲，色、香、味俱佳，符合人们健康要求的膳食成品。

食物经过烹饪组织结构发生变化，如动物蛋白质凝固，部分蛋白质分解为多肽和氨基酸，增加了食物的香味；植物性食物经高温作用，可使细胞类果胶软化，其坚韧的细胞壁被破坏，有利于人体的消化吸收；水溶性植物的浸出、芳香物质的发挥，会使食物散发出诱人的香味。但是烹调方法、烹调时间和用具不同，可使各种营养素不同程度地保存。应用多种烹饪工艺和烹饪技巧，如蒸、煮、炒、炸、炖、溜、焖、烤、熏、烙、焗等方法制作食物，这些烹饪技术与食物中营养素的保存有着密切关系。如煮，食物在煮的时候，使一部分蛋白质、无机盐及其他物质浸入汤中；蒸，蒸制的食物浸出物及味觉物质丢失较少；炒，急炒不易破坏食物中的维生素；烫泡，对肉食和蔬菜中营养素破坏甚少。康养餐饮服务人员应熟悉了解烹饪制作方法对食物营养素的作用。

拓展阅读 6-2

2. 康养饮品

饮品亦称饮料，是指以水为基本原料，采用不同的制造和配制方法生产出来，供人们可直接饮用的液体食品。饮品的种类广泛，例如水、茶、果汁、牛奶、酒、汽水等，都是属于饮品的范畴。从营养价值来看，其中茶饮、果汁饮品、酒饮品对人体都有不同程度的保健功效和养身功效，是健康养生饮品。

（1）茶饮

茶是世界上应用最广泛的饮品之一。茶不仅是生理意义上饮品，更是精神意义上的"绿色食品"。茶一般分为绿茶、黄茶、白茶、乌龙茶、红茶、黑茶六大类。茶叶中因含有茶单宁、茶多酚、茶碱、丰富的维生素和矿物质等多种营养物质，对人体具有很好的保健作用。例如，绿茶具有抗氧化、抗疲劳作用（见图 6-7）；红茶具有暖胃祛寒的作用；乌龙茶有一定的祛脂减肥功效。因此，用茶叶泡制的茶汤是较好的一种饮品，除具有解渴、利尿及防暑降温功效外，茶饮还有预防冠心病，减肥健美等作用。

图 6-7 绿茶茶饮

除六大茶类以外,还有各民族特殊制茶和现代调制茶饮。民族茶品因地制宜,具有特殊的保健功效:如藏族酥油茶,将茶中调入食用酥油;蒙古族奶茶,将茶末慢煮后,再将鲜奶和盐兑入,有时还要加入奶皮、黄油、炒米等,都是含多种营养成分的滋补饮料。

现代调制茶饮,包括各类花草茶、果茶、酒茶等,种类繁多,保健功效也各不相同。花草茶有玫瑰花茶、金银花茶、洛神花茶、蜡梅花茶、茉莉花茶等。玫瑰花茶活血调经、解郁安神(见图6-8);金银花茶清热解毒、消肿通络,保健功效也各不相同。现代调制茶饮,深受年轻人喜爱,将各类果、蔬、花草,通过一定配比和制作方式,可调制成果茶、花草茶,如柠檬红茶、茉莉绿茶等。

图 6-8 玫瑰花茶

(2)果汁饮品

果汁饮品是以水果为原料,经过物理方法取其汁水,如压榨、萃取、离心等得到汁液的饮品。果汁(浆)及果汁饮料(品),可以细分为果汁、果浆、浓缩果浆、果肉饮料、果汁饮料、果粒果汁饮料、水果饮料浓浆、水果饮料8种类型,其中营养价值最好的是鲜榨果汁。

各种不同水果的果汁,含不同的维生素、糖分、纤维素等,是一种对健康有益的饮料,但缺乏水果完整的纤维素,糖分较高,选取饮用时,应因人而异。各种常见的果汁有苹果汁、葡萄柚汁、奇异果汁、杧果汁、凤梨汁、西瓜汁、葡萄汁、蔓越莓汁、柳橙汁、椰子汁、柠檬汁、哈密瓜汁、草莓汁、木瓜汁等。

拓展阅读6-3

(3)保健酒类

酒是一种赋有特殊功能的饮品。人们对饮酒与保健养生的关系早有发现,《诗经》中就有记载:"为此春酒,以介眉寿。"意为用酒帮助长寿,把酒和长寿联系到了一起。经研究表明,白酒、红酒、黄酒、药酒都具有医疗保健功能。

①中国白酒采用固态蒸馏精心酿造而成,是世界上独一无二的蒸馏酒,是中国非物质文化遗产。"酒为百药之长",这是祖先对白酒药用功效的高度评价。饮用白酒具有"通血脉""除风下气""开胃下食""散湿气""温肠胃,御风寒""行药势,杀百邪恶毒气""止腰膝疼痛"等功效。在西方,西医会劝告感冒的人,适量饮些白兰地酒。白酒含大量的热量,能够使人体获得热能,起到驱寒作用,还可补充营养,促进消化,保护心血管。

②红酒是具有保健功能的含酒精饮料之一,是天然原料酿制而成,蕴藏多种氨基酸、矿物质和维生素,都是人体必须补充和吸收的营养素(见图6-9)。红酒具有降低血脂、抑制坏的胆固醇、软化血管、增强心血管功能和心脏活动的功能。女士适量品饮红酒,可养颜美容,起到抗衰老的效果;男士适量品饮红酒,则有活血化瘀、祛除疲劳、放松身心的功效。

③黄酒是世界三大最古老的酒品之一,是我国江浙一带人们餐桌上的一道传统饮品,具有通血脉、润皮肤、养脾气、扶肝、除风下气等药用功效。因为黄酒酒精度适中,是理想的药引,所以人们用黄酒作酒基制成养生和医用治病的药酒。黄酒的营养价值在酒类中最高,维生素B_1、维生素B_2、烟酸、维生素E都很丰富,长期饮用有利于美容、抗衰老、抗癌,保护心血管和心肌健康。烫热喝的黄酒,能驱寒祛湿,对腰背酸痛、手足麻木和风湿性关节炎患者有一定镇静镇痛的辅助疗效。凉喝黄酒,可消食化积,对消化不良、

厌食、心跳过速、烦躁等病症有一定的辅助疗效，是较好的养生补品。

图 6-9　红酒

④药酒是酒与中药相配伍而制的酒，在中医方剂学中，又称为酒剂。古代多用药酒预防瘟疫，是我国医药发展史上的重要创造。酒与药同用，药借酒势，酒助药力，其效尤著。由于每种药酒搭配不同药材，因此，各种药酒的功效也不尽相同（见图 6-10）。例如：药性药酒，主要是以防治疾病为主，在配方上有严格要求。补性药酒，主要功效是对人体起滋补增益的作用，增强人体健康，使人精力充沛。

图 6-10　药酒

（二）休闲旅游餐饮服务内容

"街头熙熙，皆为食来；街尾攘攘，尽因食往"，是休闲旅游者追逐美食美饮的真实写照。在休闲旅游过程中，美食是必不可少的一部分。各种餐饮活动总是能让人直观地感受一片土地的温度，感受积极向上的生活方式和态度，感受一份切实的人文情怀。

1. 休闲餐食

"食是民之根本"，世界上任何国家都有传统的饮食文明与其他文明共同在历史中轮回。每个地区都有各不相同的饮食习惯和味觉倾向，并各自将这些精妙的技艺发展成一种习俗，一种文化。

世界上民族众多，不同民族有不同的特点，一个民族的特质，往往形成了一种独特的饮食文化。中国人热情好客，大家围在一起吃一顿"大锅饭"似乎更能增强彼此的情感。席间，主人一再为客人搛菜，好客之情溢于言表。而西方民族却大不相同，他们把自己喜欢吃的食物放在小盘里，并不习惯给对方搛菜。规范、周到的服务才是他们显示好客的方式。

美食、美饮为休闲旅游的过程增添了浓墨重彩的一笔，无数休闲旅游者在旅途中了解各地饮食文化，享受饕餮盛宴，流连忘返。

（1）中华美食

中国美食在五千年历史长河的浸润下，源远流长，形成了博大精深的中国文化。中国地大物博，幅员辽阔，不同的区域，由于气候、地理条件、食材及饮食风俗的不同，经过漫长历史演变而形成了一整套自成体系的烹饪技艺和风味，其中有被全国各地公认的"八大派系"地方菜肴。

中国美食文化情调优雅，讲究氛围的艺术化，有人把"八大菜系"用拟人化的手法描绘为：川菜、湘菜就像"内涵丰富充实、才艺满身的江湖术士"；粤菜、闽菜宛若"风流儒雅的公子"；鲁菜如同"讲究礼义廉耻的士人"；苏菜、浙菜和徽菜好比"清秀素丽的江南美女"。

①川菜。川菜是中国最有特色的菜系，也是民间最大菜系。川菜味型多样，素来享有"一菜一格，百菜百味"的声誉。川菜注重色、香、味、形，历来有"七滋""八味"之说。

川菜取材广泛、调味多样，由筵席菜、大众便餐菜、家常菜、三蒸九扣菜、风味小吃 5 大类组成了完整的风味体系，在国际上享有"食在中国，味在四川"的美誉，其中最负盛名的菜肴有鱼香肉丝、夫妻肺片（见图 6-11）、宫保鸡丁（见图 6-12）、麻婆豆腐、回锅肉、东坡肘子。

拓展阅读 6-4

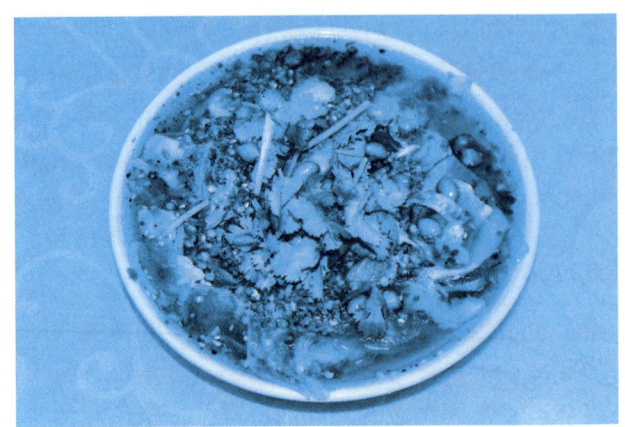

图 6-11　夫妻肺片

图 6-12　宫保鸡丁

拓展阅读 6-5

②粤菜。粤菜即广东菜，在世界上与法国大餐齐名，有"五滋""六味"之说。粤菜选材丰富，口味清淡，时令性强，符合现代营养学要求，是一种科学的饮食文化。

③鲁菜。鲁菜起源于山东，八大菜系之首，是中国影响最大的宫廷菜系（见图 6-13），由齐鲁、胶东、孔府、药膳四种风味组成。鲁菜以咸鲜口味为主，有技法丰富、难度最大、功力最强的特征。

④苏菜。江苏菜系一般称为苏菜（见图 6-14），由南京、徐海、淮扬和苏南四种风味菜组成，是宫廷第二大菜系。苏菜口味偏甜，以选料讲究，刀工精细，造型讲究为特色。我国国宴以淮扬菜系为主。

图 6-13 鲁菜糖醋鲤鱼

图 6-14 苏菜蟹粉狮子头

⑤闽菜。闽菜以福州菜为代表（见图 6-15），有"福州菜飘香四海，食文化千古流传"之称。

⑥浙菜。浙菜是以杭州、宁波、绍兴和温州四种风味为代表的地方菜系。浙菜烹调技法丰富，菜品形态讲究，口味清淡，注重保持原料的本色和真味。

⑦徽菜。徽菜是古徽州的地方特色菜，明清时期一度居于八大菜系之首。徽菜善于保持原料的本味、真味，口感以咸、鲜、香为主。

⑧湘菜。湘菜又叫湖南菜，特别讲究调味，口味以酸辣为特点，以辣为主，酸寓其中。

图 6-15 闽菜佛跳墙

（2）西方美食。世界上民族众多，不同的民族形成了不同的国家。国家的历史有长有短，疆域有大有小，实力有强有弱，人口有多有少，民族的构成、宗教信仰、政权性质和经济结构也存在差异，而这种独有的特色，往往形成一个民族或者一个国家的性质，从而形成各不相同的美食文化。

西方美食，也称为西餐，是我国人民和其他部分东方国家和地区的人民对西方国家菜点的统称。西餐大致可分为法式、英式、意式、美式、俄式等多种不同风格的菜肴（见表6-2）。

表 6-2 西方美食类别及特点

种类	别称	特点	特色菜
法式菜肴	西菜之首	（1）选料广泛，加工精细 （2）烹调考究，品种繁多 （3）讲究吃半熟或生食	马赛鱼羹、鹅肝（见图6-16）、巴黎龙虾
英式菜肴	家庭美肴	（1）烹调讲究鲜嫩，口味清淡 （2）菜量要求少而精	鸡丁沙拉、烤大虾、薯烩羊肉
意式菜肴	西菜始祖	原汁原味，以味浓著称	奶酪焗通心粉、比萨饼
美式菜肴	快餐之首	口感清淡，咸中带甜	烤火鸡（见图6-17）、美式牛扒、苹果沙拉
俄式菜肴	经典西菜	（1）口味较重，喜欢用油 （2）制作方法较为简单	什锦冷盘、鱼子酱、酸黄瓜

图 6-16　法式鹅肝

图 6-17　美式菜烤火鸡

2. 休闲饮品

旅游者在休闲旅游过程中，除了在各式餐厅享用丰富的美食"以饱口腹之欲"外，还常常流连于茶馆、酒吧、咖啡厅等，体验各式饮品，感受当地文化风情，得到身体和精神的双重释放。

（1）茶饮。开门七件事，"柴米油盐酱醋茶"。茶饮作为其中之一，在中国非常普遍（见图 6-18）。中华茶文化在浩瀚的历史里，在物质文化层面和精神文明层面不断传承发扬。唐代茶圣陆羽在《茶经》中的表述，吹响了中华茶文化的号角。茶的精神渗透了宫廷和社会，深入到中国的诗词、绘画、书法、宗教、医学。几千年来，中国不但积累了大量关于茶叶种植、生产的物质文化,还积累了丰富的有关茶的精神文化。

图 6-18　成都的盖碗茶

随着现代社会生活工作压力的增加,品茶不仅能鉴别茶的优劣,品评茶味,消疲解乏,也带有神思遐想和领略饮茶情趣的意境,使精神世界得到升华,是一种较为优雅和闲适的艺术享受。

(2)咖啡。咖啡作为世界三大饮料之一,与可可、茶同为流行于世界的主要饮品,具有提神醒脑、解除疲乏的功能。

咖啡馆的盛行在于,它贩卖的不仅仅是咖啡,更是一种品质、一种文化和思想(见图6-19)。咖啡作为休闲饮品,受到越来越多的人喜爱,逐渐成了"时尚""现代生活"的代名词。

图 6-19　咖啡作为休闲饮品,受到越来越多的人喜爱

（3）美酒。"兰陵美酒郁金香，玉碗盛来琥珀光。但使主人能醉客，不知何处是他乡。"唐代诗人李白在《客中行/客中作》中描述到，美酒盛在晶莹润泽的玉碗里，看上去犹如琥珀般光艳，心情舒畅，所有烦恼都能忘掉。"千里莺啼绿映红，水村山郭酒旗风"，唐代诗人杜牧在《江南春》中表示：再美的风景都及不上——酒旗飘飘，春风十里不如你，好酒一壶暖人心。自古以来，美酒就是人们放松自我，娱悦身心的寄托。

拓展阅读6-6

随着社会发展以及文化开放，酒吧越来越多地出现在城市的角落，成为青年人的天下，也成为减缓压力、舒畅身心的一隅天地（见图6-20）。

图6-20　调酒师在酒吧调制鸡尾酒

二、康养休闲旅游餐饮服务规范

（一）康养旅游餐饮服务规范

人们对传统饮食的需求，已由单一追求吃饱、吃好，转变为追求健康膳食、健康饮品、健康食材及健康烹饪等以康体养生为目的的餐饮产品，对健康餐饮有多元化需求，随之相对应的新型餐饮服务模式和业态也应运而生。在消费水平不断提高的今天，服务从业人员只有掌握营养配餐、食材选配、合理烹饪、特殊人群膳食的一系列服务规范，才能向食客提供满足以健康需求为目的的高品质新型服务。

1. 营养配餐服务

《黄帝内经》提出"五谷为养，五畜为益，五果为助，五菜为充"，"谷肉果菜，食养尽之，无使之过，保其正色"，体现了饮食既要求营养全面，又要求营养平衡的观点。营养配餐服务，就是以营养学、烹调学、食品卫生安全等学科知识为理论依据，融食品工艺学、食品微生物学、食品美学等相关科学体系为一体的新型餐饮服务。

营养配餐员根据用餐人员的不同特点和要求，运用营养学的基本知识配制适合不同人群合理营养要求的餐饮产品。通过科学营养配餐服务，将各类人群的膳食营养素参考摄入量，具体落实到用餐者的每日餐饮中。在不同地域的康养旅游活动中，根据用餐群体对营养素的需要，结合当地食物的品种、生产季节等合理选择原料，达到平衡膳食的目的。如冬季人们喜爱选择到云南昆明、丽江、大理等气候温暖的地区居住疗养。云南盛产山珍、水鲜，在饮食搭配上则可根据当地特色食材及应季果蔬等，利用滇菜烹饪手法，为游客提供既具有当地特色，又富含营养价值的营养膳食。

（1）营养配餐基本要求

①供给充足。食物充分提供满足人们机体代谢和生理功能所需要消耗的能量和营养素，营养配餐的营养物质在种类、数量、质量、比例上，都要适合人们不同生理状态的实际需要。

②无毒害。食物符合食品安全标准，对人体无毒害。食物中的有害因素会导致食物中毒，如有毒动植物、各种微生物病原体及有毒化学物质。食物中如果有农药、兽药残留等污染物质，会使人体引起"三致"（致癌、致畸、致突变）。

③合理选配和烹调。合理烹饪是实现合理膳食的基本要求。在烹饪过程中，需要采取正确的烹制方法，经过烹调加工，使动植物等食材发生物理、化学变化，成为符合人们口味、有利于消化并符合卫生要求的膳食佳肴。正确的烹制方法还能避免食物营养成分的流失，同时对食物原料进行精心选配也是非常重要的。

④膳食多样化。膳食品类丰富、多样化，具备色、香、味、形，可以使食客增进食欲，促进消化液分泌，有利于人体对食物营养成分的吸收。

⑤建立合理膳食制度，保证良好的进食环境。建立合理的膳食制度，营造良好的就餐环境，使进食者具有愉快的进餐情绪，是使食欲旺盛的必备条件，也是人体充分吸收营养的重要条件。

（2）营养配餐基本原则

①因人配餐。配膳时应考虑宾客的国籍、民族、宗教、职业、年龄、性别、体质、忌讳等因素，根据不同的宾客的特点、类型、禁忌等，搭配因人而异的营养膳食。

②因时配餐。不同季节有不同的鲜活原料；不同时令，同样食材的营养

价值也不同，因此，应根据四季节气规律，选择适宜时令的食材。

③根据价格配餐。不同的经济收入、不同职业的人群，其消费水平不同，因此，在膳食配制过程中，应考虑价格因素，既保证菜品品质，又具有消费选择多样化的膳食搭配。

④根据主题配餐。根据节日、节庆、文化、宴请主题、宴请目的不同，营造与主题相呼应的用餐环境、氛围，设计、配制与主题相结合的菜单、菜品。

⑤根据生理特点等配餐。根据用餐对象生理特点、劳动强度、膳食习惯等设计膳食。

⑥根据季节与人体的变化合理调配膳食，做到四季膳食平衡。

生理特点包括体重、身高、腰围、年龄、性别，病理情况等；劳动强度分为轻度、中度、重度三级；膳食习惯需考虑用餐者口味、餐次、饮食结构。要根据烹饪原料多样化和互补性的原则，主食和副食合理搭配，保证膳食营养的平衡和各类营养物质的合理配置。

应根据季节与人体的变化合理调配膳食，做到四季膳食平衡。

营养配餐程序和规范及标准如表6-3所示。

表6-3 营养配餐程序和规范及标准

程序		规范及标准
营养配餐准备	调查	（1）了解就餐对象的基本情况，了解不同地域的饮食习俗，了解各民族的饮食习俗 （2）了解烹饪原料的时价及库存
	核算成本	（1）核算原材料、烹制等制作成本 （2）提前制定普通套餐菜单、特定套餐菜单、团体套餐等菜单，做好配餐定价准备
	卫生督导	（1）制定卫生监督检查制度，监督个人和环境卫生 （2）制定消毒制度，监督就餐用具的消毒工作
	烹饪原料质量检验	对烹饪原料的性质、来源、质量进行质量检验
制定营养食谱	确定能量和主要营养素	（1）进行营养成分计算，计算每餐能量和营养素供给量 （2）设计营养食谱，确定每人每日能量和营养素供应量
	确定主食的品种和数量	（1）设计和确定主食品种 （2）设计和确定主食数量
	确定副食的品种和数量	（1）设计和确定副食品种 （2）设计和确定副食数量
	调整与确定食谱	（1）根据营养价值和色、香、味、形的要求，调整和确定一餐、一日或一周的食谱 （2）根据平衡膳食理论调整确定食谱 （3）利用计算机营养食谱软件设计食谱 （4）为特殊群体客人设计营养食谱、营养餐

续表

程序		规范及标准	
营养餐的制作	参与、检查营养餐烹饪方案的实施	（1）核实、检查烹饪原料 （2）运用合理的烹饪方法进行烹饪 （3）定性、定量、标准化地进行烹饪	
总结与推广	收集意见并加以分析	根据客人用餐情况，收集用餐者意见，并分类总结、分析，提出改进方案	
	保存食谱	把食谱分类建档、保存	
	完成调查小结	应用调查表，并对调查结果进行统计分析和处理	
	介绍推广	（1）在服务过程中，介绍有关菜点的营养价值 （2）能够向用餐客人介绍有关营养学知识	

2. 选配食材的原则和方法

合理选配食材是指对食物原材料，在形态、结构、性质、营养价值等方面进行选料搭配，使菜肴除了具有色、香、味、形以外，还要满足人体所需的营养以及卫生要求。它是健康饮食的一道重要程序，也是实现合理营养的重要环节。

（1）合理选配食材的原则

①掌握食材的结构特点、营养价值和用途。不同的食材在菜肴中的地位与作用各不相同。在选配食材时，必须考虑不同原料的相互协调，合理搭配。

②掌握食材间的协同作用。不同食材的营养价值不同，在选配食材时，应考虑发挥异性蛋白质的互补作用，即两种或两种以上的食物蛋白混合食用，相互补充，以提高蛋白质营养价值。如，豆腐类菜肴可配以肉类，可弥补豆腐中蛋氨酸的不足。

③酸碱食物相搭配，维持菜肴酸碱平衡。食材分酸性和碱性，谷物类、肉类、鱼类和奶类等食材，以酸性元素为主，而大多数蔬菜、水果，在人体消化后以碱性元素为主。因此，在进行食材选配时，应注意酸性食材和碱性食材的适当搭配。

④注意食材选配的化学变化。食材在搭配烹制过程中会发生一定的化学变化，有些化学变化对人体会产生有害物质，或使菜肴失去生理效应。如，含钙丰富的食材，不能和含草酸多的蔬菜相配，防止产生草酸盐沉淀。

（2）合理选配食材的方法

①食材数量的配合。将构成菜肴的各种食材按适当比例进行搭配，其配合形式多种多样，不同的菜肴，其食材数量的搭配要求各不相同。原料单一的菜肴，应定额定量，还要注重选料。有主配食材的菜肴，应突出主料；由

多种食材构成的菜肴，则无主配之分，各种食材的用量比例应当大致相等，以相互衬托。

②食材质的配合。食材的质地有软、脆、韧、嫩之分，配菜时要根据成菜口感的需求，选搭主配食材。配合的方法有两种：第一种是主配食材质地相同，如软配软、脆配脆；第二种是主配食材的质地不同，如软配脆、嫩配脆等。

③食材色泽的配合。食材色泽的搭配，能使菜肴美观大方，给人以美的享受，从而促进食欲。在食材配合过程中，要适应或突出主材。菜肴色泽的配合方法有相近色配和异色配两种：相近色配，主配食材的色泽相同或接近，成菜色泽素雅，给人以清爽感；异色配是指构成菜肴的各种食材色泽各异，成菜颜色对比鲜明。

④食材香和味的配合。食材的香气和滋味通常通过加热和调味后才能表现出来，在配菜时也要注重发挥或弥补食材本身的香气和滋味。配合的方法：一是以主食材的香气和滋味为主，以辅助食材来配合和突出主要食材；二是以辅助食材的香气和滋味来补充主食材的不足，如豆制品，涨发后的干货食材，这些食材本身的滋味和香气淡薄，需要香味浓厚的辅助食材来弥补；三是以清淡味的辅助食材与主食材配合，以减少主食材的浓味和油腻，使成菜口感和滋味适中。

⑤食材形态的配合。食材形态的配合直接影响菜肴的外观形态。形态配合的原则是相似相配，即块配块、条配条、丝配丝、丁配丁。为突出主食材，一般辅助食材的规格选配应比主食材略小；对于某些主食材为大块或整形的菜肴，配料的形态、大小可根据具体情况而定。

⑥食材营养成分的配合。菜肴的营养价值是衡量菜肴质量高低的关键因素。为使人们能从菜肴中得到充足的营养，食材搭配时必须考虑食材营养成分的配合。

3. 合理烹饪的基本要求

合理烹饪贯穿菜肴制作的整个过程，涉及选材、原料初加工、细加工、配菜组合、临灶烹调，每一个环节，都会对菜品品质产生一定影响，因此，了解合理烹饪的要求和方法，对做好餐饮服务具有重要意义。

（1）熟悉原料生产季节。选择适合食用的最佳时期的品种。原料的出产时期不同，品质风味也会差异较大。

（2）熟悉原材料产地，选择优质原料。我国地域辽阔，各个地方因气候、土壤不同，其养殖、种植技术也各有所长，即使同一品种，差别也很大。例如，制作回锅肉，必须选用四川郫县豆瓣酱，才能烹制出独特口感和风味。

（3）熟悉原料特有品质，能够分辨原料的优劣。原料固有的品质包括营养价值、口味、质感等。只有掌握了原料的这些特性、特点，对原料进行有效判断，才能合理因菜选料。

（4）熟悉原料不同部位的用途，达到物尽其用的要求。原料的部位不同，质地特点、对菜肴的适用性差异也较大。如牛肉有筋、肉之分，用法也截然不同。

（5）熟悉原料的营养价值及卫生要求。不同的原料，营养成分差异也大，其卫生处理要求也各不相同，在选择时，要根据其营养和卫生进行合理搭配。

（6）对原料进行品质检验。运用一定的检验方法，如用眼、耳、舌、手等，进行感官检验，也可用仪器等设备和化学药剂鉴别原料品质，进行理化检验，保证原材料的新鲜、卫生。

（二）休闲旅游餐饮服务规范

古人云："没有规矩，不成方圆。"在休闲旅游过程中，游客在享受舒心的餐饮产品时，也对服务方式及服务规范提出了更高的要求。针对休闲旅游餐饮产品的不同内容、不同形式、不同区域特征，餐饮服务方式及规范也各不相同，分别为中餐服务方式和西餐服务方式。

1. 中餐服务方式

中餐在长期的发展过程中，兼收并蓄，逐步形成了自己的服务方式，这种服务方式同中餐菜品的各式特点相适应。常用的中餐服务方式有共餐式、转盘式和分餐式三种。

（1）共餐式服务。传统的共餐式服务是指就餐者用自己的筷子到菜盘中夹取菜肴。经过社会文明发展，共餐式服务作出了较大改进：以就餐时客人用附加的公筷、公匙、公勺盛取喜爱的菜肴的方式进行。

共餐式服务比较适合用于 2~6 人左右的中餐零点服务，其服务程序和规范如表6-4所示。

表6-4 共餐式服务服务规范

服务程序	服务规范
台面布置服务	（1）在台面上摆放 1~2 副公筷、公匙 （2）服务员从适当位置上菜，报菜名，介绍菜肴特色
就餐服务	（1）注意台面不同菜肴的搭配摆放，尤其是荤素和颜色的搭配 （2）菜肴上台时，注意搭配公用餐具，方便客人取菜，避免使用同一餐具 （3）台面上的菜肴放不下时，应征求客人意见，对台面进行整理，撤、并剩菜不多的盘子，切勿将菜盘叠加起来 （4）如遇有外宾用餐，应主动提供叉、匙等西餐餐具 （5）整鸡、整鸭、整鱼等菜肴，应协助客人分切成易于筷子夹取的形状 （6）所有菜肴上桌后应告知客人，并祝客人用餐愉快

（2）转盘式服务。转盘式用餐服务是指在大的圆桌面上，安放直径90厘米左右的转盘，将菜肴放置在转盘上，供就餐者夹取。

转盘式服务在中餐服务中是一种普遍使用的餐桌服务方式，适合用于大圆台的多人就餐服务，既可用于旅游团队、会议等团体用餐，也适用于中餐的宴会服务，其服务方式和规范如表6-5所示。

表6-5 转盘式服务服务规范

服务方式	服务规范	
台面布置服务	（1）在台上按台布铺设要求铺好台布 （2）将转盘底座转轴摆放于桌面正中 （3）将干净的转盘放到转轴上，检验其是否转动自如 （4）根据便餐或宴会要求摆台	
便餐服务	（1）在台面上摆放2~4副公筷、公匙 （2）服务员从适当位置上菜，报菜名、介绍菜肴特色 （3）客人用公用餐具为自己取菜 （4）服务员协助客人分派整鱼、整鸡、整鸭等大菜 （5）在多骨、多刺和口味截然不同的菜肴之间为客人更换骨碟。更换时注意：先撤后上，先女后男，先长后幼，先宾后主	
宴会服务	服务员站在适当的位置为客人上菜、分菜	
	一位服务员单独服务	（1）收撤脏盘 （2）介绍新上菜肴 （3）干净骨盘沿转盘边放好 （4）用公用餐具分派菜肴 （5）请客人享用新上菜肴
	两位服务员协作服务	（1）收撤脏盘 （2）换上干净骨盘 （3）介绍菜肴 （4）两人配合分菜，一人分菜，一人递盘，注意分清主次先后 （5）请客人享用

（3）分餐式服务。分餐式服务是吸收了西餐服务方式的优点与中餐服务相结合的一种服务方式，人们又将这种服务方式称为"中餐西吃"的方法，适用于官方较正式的高档宴会服务。分餐式服务又可分为"边桌服务"和"派菜服务"两种（见表6-6）。

表6-6　分餐式服务服务规范

服务方式	服务规范	注意事项
边桌服务	（1）将菜肴用托盘送至餐桌上，报菜名，介绍菜肴特色 （2）将菜肴放回服务边桌，准备分菜 （3）两名服务员配合，一名分菜，另一名撤掉前道菜肴用过的脏盘，将新分好的菜碟置于客人的面前 （4）将菜盘中剩余的部分菜肴整理好，放回餐桌，以便客人添加	（1）尽量缩短菜品分派过程，避免客人久候 （2）操作稳健，无声响 （3）分派均匀
派菜服务	（1）服务员给客人换上干净骨碟 （2）服务员将菜肴送上餐桌，报菜名，向客人介绍菜肴特色 （3）将菜肴置于铺有干净垫巾的圆托盘上，左手托盘，右手拿叉匙分菜	
	分派次序　　（1）主宾 　　　　　　（2）主人 　　　　　　（3）顺时针方向分派	在客人左侧进行，避免托盘与叉匙交错
	将菜盘中剩余的部分菜肴整理好，放回餐桌，以便客人添加	整理好多余菜肴，避免残羹剩菜之感

2. 西餐服务方式

在休闲旅游过程中，传统的中式餐饮和服务已不能完全满足旅游者对美食的苛求，西餐和西餐服务经过多年的发展，各国和各地区都形成了自己的特色。西餐的服务常采用的方法有法式服务、俄式服务、美式服务、英式服务、综合式服务和自助式服务等。

（1）法式服务。传统的法式服务在西餐服务中是最豪华、最细致和最周密的服务。通常，法式服务用于法国餐厅，即，扒房。法国餐厅装饰豪华和高雅，以欧洲宫殿式为特色，餐具常采用高质量的瓷器和银器，酒具常采用水晶杯。通常采用手推车或旁桌现场为顾客加热和调味菜肴及切割菜肴等服务，因此，也叫"车式服务"。法式服务注重服务程序和礼节礼貌，注重服务表演，注重吸引客人的注意力，服务周到，每位顾客都能得到充分的照顾（见表6-7）。但是，法式服务节奏缓慢，需要较多的人力，餐厅的利用率和餐位周转率都比较低。

表6-7　法式服务服务规范

服务程序	服务规范
服务方法	传统的二人合作式服务
就餐服务	（1）用服务车推出菜肴，服务员在客人的面前进行切割装盘和客前烹制表演 （2）服务助手从客人的右侧送上每一道菜 （3）面包、黄油和配菜从客人左侧送上 （4）从客人右侧斟酒或上饮料 （5）从客人右侧撤盘

(2)英式服务。英式服务是一种非正式的用于餐厅单间里,由主人在服务员的协助下完成的特殊餐饮服务方式。英式服务又称家庭服务、主人服务等,通常是服务员将烹制好的菜肴由厨房送到餐桌,由男主人亲自切肉装盘,并配上蔬菜,服务员将装盘的菜肴依次端送给每一位客人。调味品、沙拉和配菜摆放在餐桌上,由客人自取或相互传递(见表6-8)。英式服务家庭氛围浓厚,用餐节奏缓慢,体现出浓厚的英伦绅士风度。

表 6-8 英式服务服务规范

服务方式	服务规范
服务方法	客人自己动手,服务员协助
就餐服务	(1)由男主人切肉装盘,并配上蔬菜 (2)服务员分别为客人上菜 (3)调味品、沙司等配料摆放在餐桌上,由客人自行取用或相互传递 (4)所有饮料都由男主人调制和服务 (5)所有甜点由女主人分配,服务员装饰、递送 (6)服务从右边开始,清理盘碗从左边进行

(3)美式服务。美式服务,又称"盘式服务",是最简单和快捷的西餐服务方式。在美式服务中,一名服务员需要负责数张餐台,并完成客人整个就餐过程的接待服务工作(见表6-9)。美式服务简单快捷,空间利用率及餐位周转率较高,餐具和人工成本都相对较低,是西餐零点和西餐宴会理想的服务方式,被广泛用于咖啡厅和西餐宴会厅。

表 6-9 美式服务服务规范

服务方式	服务规范
服务方法	一名服务员完成多人次服务
就餐服务	(1)菜肴各客制,在厨房备好 (2)传统美式服务:服务员在客人左侧,用左手上菜;在客人右侧,用右手撤换餐具及斟倒酒水 (3)新美式服务:服务员在客人右侧,用右手服务,按顺时针方向进行

(4)俄式服务。俄式服务简单快速,服务效率和餐厅空间利用率较高,是最受欢迎的西餐服务形式之一。俄式服务在所有高级餐厅中最为流行,也被称为"国际式服务",主要用于西餐宴会,尤其是大型宴会(见表6-10)。俄式服务风格优雅,每一位顾客都能得到尊重、周到的服务,就餐文化气氛浓厚。

表 6-10　俄式服务服务规范

服务方式	服务规范
服务方法	一名服务员服务客人
就餐服务	（1）全部菜肴在厨房准备并预先分切好，盛入大银盘中 （2）由一名男服务员进行上菜服务 （3）服务员在客人右侧，用右手按顺时针方向摆放空餐盘 （4）服务员派送菜肴、斟倒酒水，用右手从客人左边按逆时针方向进行

（5）综合式服务。综合式服务没有统一的固定服务程式，是一种融合了法式服务、俄式服务和美式服务的综合服务方式，也被称为"大陆式服务"。综合式服务根据不同菜肴特点来选择服务方式，被许多西餐宴会采用。通常用美式服务上开胃品和沙拉；用法式或俄式服务上汤品、主菜和甜点。不同的餐厅或餐次选用的服务方式组合不尽相同，这与餐厅的特点、菜品种类、客人的消费水平、餐厅的销售模式等相关。

（6）自助式服务。自助式服务是在餐厅事先把备好的菜肴置于餐台上，顾客进入餐厅后支付餐食费用，自己动手选择符合自己口味的菜点，然后拿到餐桌上用餐，也称为"自助餐服务"。餐厅服务员的工作主要从事餐前布置、餐中餐用具撤换、餐台菜肴补充等工作。

本章小结

本章主要介绍了餐饮服务、康养休闲旅游餐饮服务的概念，介绍了餐饮服务、康养旅游餐饮服务和休闲旅游餐饮服务的特点，阐述了提供优质康养休闲旅游餐饮服务的重要性；详细描述了康养旅游餐饮服务在养生膳食、保健饮品及特殊人群膳食上的呈现形式及食材、烹调方法及营养配餐的搭配方法；阐释了休闲旅游餐饮服务中休闲餐食和休闲饮品的分类，并在产品内容的基础上提出了服务性支撑，为进一步进行专业知识学习奠定理论基础。

思考与练习

一、填空题

1.康养休闲旅游餐饮服务，是指客人在康养休闲旅游行程中，以（　　）为目的，在餐厅就餐时间段内，由餐饮企业工作人员利用餐饮服务设施向客人提供（　　）的一切服务形式的总和。

2. 康养旅游是以康养为目的的一切旅游活动的总和。康养旅游餐饮产品是餐饮产品的延伸和细分，除了具有餐饮服务特征的基础上，还具有（　　）、针对性和（　　）的服务特点。

3. 在休闲旅游过程中，传统的中式餐饮和服务已不能完全满足旅游者对美食的苛求，西餐和西餐服务经过多年的发展形成了自己的特色。西餐的服务常采用的方法有（　　）、俄式服务、（　　）、英式服务、综合式服务和自助式服务等。

参考答案

4. 营养配餐的基本要求，包括（　　）、（　　）、（　　）、（　　）、建立合理膳食制度，保证良好的进食环境。

二、单项选择题

1. 中餐在长期的发展过程中，兼收并蓄，逐步形成了自己的服务方式，分别为共餐式、转盘式和（　　）三种服务方式。

　　A. 围合式　　　　　　　　B. 分餐式
　　C. 带领式　　　　　　　　D. 长桌式

2. 休闲旅游是以休闲为主要目的的一切旅游活动的总和。休闲旅游餐饮产品表现形式广泛，在产品的服务过程中，呈现多样性、（　　）、时间的随意性、灵活性和区域性明显的产品特性。

　　A. 差异性　　　　　　　　B. 季节性
　　C. 针对性　　　　　　　　D. 灵活性

3. 饮品的种类广泛，从营养价值来看，（　　）、果汁饮品、酒饮对人体都有不同程度的保健功效和养身功效，是健康养生饮品。

　　A. 茶饮料　　　　　　　　B. 果汁饮品
　　C. 汽水饮品　　　　　　　D. 酒饮

4. 合理选配食材是指对食物原材料，在形态、结构、性质、营养价值等方面进行选料搭配。使菜肴除了具有色、香、味、形以外，还要满足人体所需的营养以及（　　）要求。

　　A. 感官　　　　　　　　　B. 营养
　　C. 食欲　　　　　　　　　D. 卫生

5. 针对老年人的膳食服务，应考虑尽量细、软，避免增加吞咽和消化负担，增加（　　）、奶制品，在菜品制作上应以清淡口味为主，忌口味太重，避免"三高"。

　　A. 膳食纤维　　　　　　　B. 豆制品
　　C. 奶制品　　　　　　　　D. 肉制品

三、简答题
1. 简述提供优质康养休闲旅游餐饮服务的重要性。
2. 简述食材选配的原则和方法。
3. 简述休闲旅游餐饮服务的服务方式。

四、论述题
举例分析特殊人群的膳食需求的内容及服务方式。

第七章

康养休闲旅游住宿服务

本章重点

康养休闲旅游住宿服务分为概念与特点和内容与规范两大部分,重点讲解康养休闲旅游住宿服务的定义,康养休闲旅游住宿服务的特点以及康养休闲旅游住宿服务的主要内容和服务流程及规范。

学习目标

通过学习本章内容，学习者能够了解康养休闲旅游住宿服务的定义、性质和流程规范，掌握康养休闲旅游住宿服务的整体服务流程，具备康养休闲旅游住宿服务的基础知识和基本能力。

本章思维导图

```
                                                      ┌── 康养休闲旅游住宿服务的定义
                     ┌── 康养休闲旅游住宿服务的概念与特点 ──┤── 康养旅游住宿服务的特点
                     │                                ├── 休闲旅游住宿服务的特点
康养休闲旅游住宿服务 ──┤                                └── 康养休闲旅游住宿服务的重要性
                     │                                ┌── 康养休闲旅游住宿服务的主要内容
                     └── 康养休闲旅游住宿服务的内容与规范 ─┤
                                                      └── 康养休闲旅游住宿服务的流程及规范
```

第一节　康养休闲旅游住宿服务的概念与特点

康养休闲旅游住宿是康养休闲旅游业的主要构成要素，它的发展水平直接影响着康养休闲旅游业的发展水平。康养休闲住宿服务已突破传统住宿服务以客房为核心的经营模式，客房只是构成康养服务体系的依托和基础，在此基础上发展的康养休闲服务设施及服务项目逐渐成为康养休闲旅游者的核心诉求。

一、康养休闲旅游住宿服务的定义

康养休闲旅游住宿是指以传统住宿业的空间、设备设施为依托，以康养休闲服务设施及项目为特色，以构建健康养生生活方式，维持和提升顾客身心健康为目的，为康养休闲旅游者提供健康、舒适、高品质、个性化的住宿服务体验过程。

康养旅游住宿服务的核心是维持和提升顾客的身心健康，根据住宿流程，按照检测—评估—干预—跟踪健康管理体系，对康养旅游者提供针对性康养服务，入住前对旅游者进行身体健康测评；入住中为旅游者提供康养客房设备设施介绍，提供身体测评报告分析及专业养生建议，提供各类康养套餐及服务项目，实行动态监测干预；离店时进行健康咨询，跟踪反馈。在旅游者入住的全过程中满足旅游者的身体、心理和情感需求，将健康养生的理念融入顾客住宿体验的全流程中（见图7-1）。

休闲旅游住宿服务是为旅客提供休闲娱乐、修身养性的旅游住宿体验，放松身心是旅游者的主要目的，旅游者既可以在"无所事事"的状态中享受酒店营造的休闲度假氛围，也可以参与休闲娱乐项目。休闲旅游住宿服务不仅要注重休闲产品和服务组合，还要营造度假地的文化氛围。

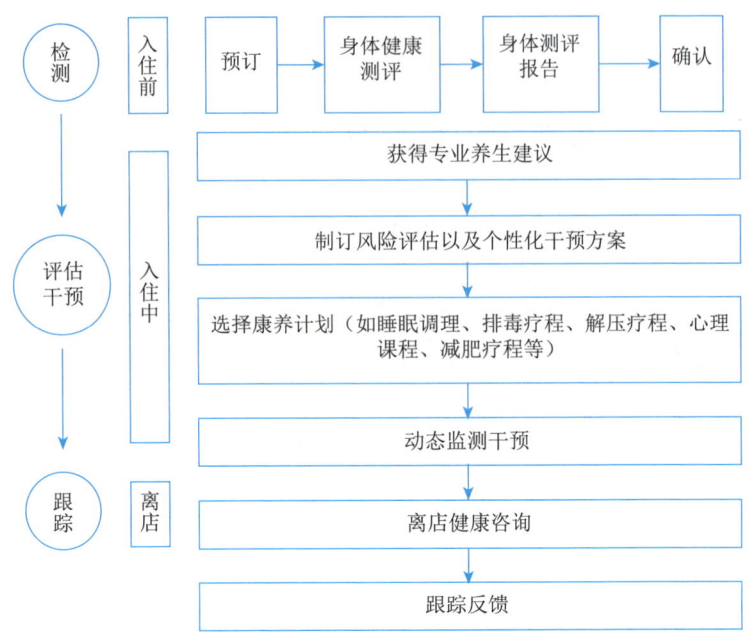

图 7-1 康养旅游住宿服务流程图

二、康养旅游住宿服务的特点

（一）功能性

　　康养旅游住宿服务需考虑旅游者的多元入住体验需求，以高品质住宿体验为基本出发点，兼顾康养旅游者以健康养生为核心的个性化需求，将健康养生理念贯彻顾客入住体验的全过程。康养客房设计凸显康养功能，私密性需求高于传统酒店，空间布局兼顾居住性与功能性，除了传统的起居空间、洗漱空间和用餐空间外，康养客房还需增加休闲空间、养生功能空间，以满足旅游者多样化的中长期康养住宿需求。此外，考虑到康养旅游者的年龄构成，需格外关注客房无障碍设备设施及通道的设置。

　　康养旅游住宿服务具有很强的功能性，这个功能性是围绕着健康养生展开的，无论是有别于传统酒店的养生保健设备设施，还是针对旅客身体差异制定的康养服务项目，都在传递一种健康的生活方式，满足旅游者保持健康或提升健康的目的。

　　随着人们对健康生活方式的追求，很多酒店创新性地将健身功能融入了客房，如希尔顿酒店集团推出"Five Feet to Fitness"健身主题客房，客房内配备了自行车、瑜伽垫、阻力带、健身球等健身器材,使顾客足不出户就能进行自行车骑行训练、有氧训练、力量训练、冥想、瑜伽、拉伸和恢复训练等。

(二)依托性

康养旅游住宿服务的发展依托自然环境与人文环境的有机融合,兼顾环境健康、身体健康和心理健康对于康养旅游者的综合影响。客房的设计和布局最大程度上反映与自然的联结,重视对环境资源的可持续开发,在自然资源中挖掘康养资源,为康养旅游者提供高质量的住宿环境;结合现代的医疗手段和健康管理理念,为康养旅游者提供身体上、思想上、情绪上、心灵上全方位的健康养生体验。在康养旅游住宿服务项目的发展与创新上,康养酒店将当地传统疗愈文化与现代医学结合。例如巴厘岛的科莫香巴拉度假村,位于巴厘岛心脏地带的文化中心乌布以北边陲(见图7-2),嵌入丛林之中,四周全是村庄和稻田,客房风格与景观设计与周边自然环境融为一体。该度假村提供排毒、压力管理、体重管理或皮肤焕活等养生套餐。专业瑜伽和普拉提教练、生命导师和能量治疗师等专业顾问为客人提供量身定制的身心康体计划。

图7-2 科莫香巴拉度假村

(三)宜养性

康养旅游住宿服务的宜养性可以反映在为康养旅游者创造优质的睡眠上,高质量的睡眠是康养休闲体验的基础和关键。优质的睡眠不仅要求康养住宿提供良好的环境质量,如高含量的负氧离子、适宜的湿度、温度等,也体现了高品质和个性化的康养客房设施用品。康养酒店从内外部环境上保障旅游者的睡眠质量,减少影响顾客睡眠的因素。康养酒店除了在选址上依托优质的自然资源(见图7-3),还要在建造过程中遵循环境友好原则,在建造过程中将对环境的影响控制到最低,在运行过程中为客人提供健康、舒适、无害的空间。此外,康养酒店需配备空气净化系统、温度调节系统、湿度调节系统、降噪系统、房间智能控制系统等,为旅客打造适宜睡眠的环境,提供高品质的个性化服务,如晚安饮品、香氛、精油、浴盐、书籍、音乐、睡眠按摩、瑜伽指导等有助于旅客睡眠的服务和产品。

图7-3 巴厘岛乌布嘉佩乐帐篷野奢酒店

(四)文化性

康养休闲旅游住宿服务的发展依托自然资源,更离不开人文资源的浸润。根据旅游者不同的康养目的,要求住宿空间能满足其各种各样的康养旅游住宿服务需求;同时深挖康养旅游住宿的文化内涵,根据不同的康养主题文化设计各式各样的客房产品及服务,将客房文化主题通过客房建筑、布局、装饰、设备设施、住宿产品与服务等呈现,将康养文化和健康养生的理念贯彻在住宿服务的全流程中。常见的康养主题客房有以养心为主的禅修类客房,以养生为主的中医理疗保健类客房,以美容康体为主的水疗类客房等。

(五)个性化

相比传统旅游住宿服务,康养旅游住宿服务更注重住宿产品和服务项目的个性化,这是由康养酒店的本质决定的,即为客人提供健康保健的服务。基于客人的个体差异和健康养生追求,在设计住宿产品和提供服务时,不仅要凸显养生设备设施的功能性,还要有针对性地设计产品,提供个性化服务。服务人员应具备传统酒店客房的服务技能,更要了解人体健康和康养保健的基本知识,具备引导和帮助客人完成康养客房体验和康养设备设施使用的能力;熟悉康养产品和服务的内容,能够为客人提供有针对性的建议,为客人提供专属管家服务,在高效、规范的服务基础上做到让客人满意加惊喜。

三、休闲旅游住宿服务的特点

(一)享乐性

追求舒适、快乐是休闲旅游的基本出发点和目标。休闲旅游者对休闲旅游住宿服务的舒适性、享受性要求很高,酒店除了要能满足休憩与睡眠的需求外,还需要满足身心放松、生活享受的需求。疫情改变了众多人的生活方式和度假方式,安全、品质、舒适、健康成为休闲旅游者的追求。

此外,酒店服务与管理、旅游地居民态度、旅游目的地安全程度等"软性"因素都会影响旅游者对于舒适性、安全性等方面的评价。随着休闲旅游的发展,客人的享乐需求不局限于感官上的体验,越来越重视精神上的放松体验。客人的享乐需求是休闲旅游的特点,也是驱动休闲旅游不断发展的动力。

(二)长期性

休闲旅游者以旅游观光、休闲娱乐、养生保健等为目的,因而他们与传统的观光客相比更注重身心的调整休养。休闲旅游者倾向于在旅游目的地停留更多的时间,在慢节奏的旅游活动中放松休闲、怡情养性,提高旅游体验的质量。为满足客人中长期的住宿需求,很多度假型酒店都会提供适宜长期居住的公寓房,在空间布局和设计上,配有明亮的落地窗、宽敞的客厅、餐厅以及惬意阳台,给客人以家的温馨和舒适感。在设备设施上,配备洗衣机及齐全的厨房设施、餐具,部分客房配有会客区、储物间,满足宾客多样化的居住需求。

(三)智能化

随着数字化技术的迅速发展,人们生活水平的提高和现代科技生活方式的发展,休闲旅游行业正日益广泛地运用互联网、大数据、人工智能等智能化技术,以满足消费者生活方式的变革和消费者需求的变化。住宿智能化以产品"硬件+软件"的方式,将大数据处理、物联网、语音交互、人脸识别等与客房体验及服务场景相融合,帮助顾客在预订、登记、客房分配、入住、客房调控、个性化服务、退房等环节打造智能化体验。住宿智能化系统包括客房智能化控制系统、互动电视系统、客房智能照明系统、客房安防系统、客房智能网络系统、客房门锁智能系统等,通过智能化管理系统为顾客提供便捷、个性化的服务,为酒店经营者提供及时、准确的顾客服务诉求和房间能耗、房态等数据信息,有助于饭店有效管理分析,实现资源高效利用,提升服务质量，增加顾客黏性。

住宿智能化不仅能充分满足顾客个性化需求，兼顾顾客个人隐私和舒适便利，在提升顾客满意度的同时，降低企业在人力资源、能耗、物耗等方面的成本，促进住宿产品模式、服务创新，提高经济效益。

（四）体验化

休闲旅游住宿服务注重客人住宿场景的体验化。越来越多的住宿酒店在客房设备设施、功能、文化主题及服务方面不仅关注客人的基本住宿需求，更注重客人的休闲体验需求，通过智能化的客房控制系统，多样化的住宿类型和主题，丰富的住宿服务产品以及与周边自然环境和人文环境的互动与联结，充分调动客人的多感官体验，为客人创造闲适、愉悦的休闲住宿体验。

四、康养休闲旅游住宿服务的重要性

（一）推动康养休闲旅游产业发展

康养休闲旅游住宿是康养休闲旅游的重要载体，康养休闲旅游住宿的发展水平直接反映了一个地区康养休闲旅游业的总体发展程度。宜居的环境，独具特色的各式客房，配备完善的康养设施，多样化的住宿服务产品，成为康养旅游者选择旅游目的地的重要考虑因素。康养住宿产品打破了传统住宿业整齐划一、呆板、单调的客房设计，将客房设计成具有住宿功能，又兼具康养功能的特色主题客房，在满足基本住宿诉求的基础上，满足客人健康、养生的核心诉求。基于康养休闲住宿，酒店扩展多种康养休闲项目，实现多元化的康养休闲产品组合，不仅能促进酒店盈收增加，同时促进康养休闲旅游业的持续发展。

（二）影响康养休闲旅游整体质量

康养休闲旅游者无论是在住居时间上还是重复频率上，都远远超过其他旅游类型，客人更希望在住宿方面能有宾至如归的温馨感，有家的舒适感与安全感。因此，住宿服务质量是重中之重，住宿服务的质量主要受两方面影响：一是硬件设施设备的质量。这里所指的设施设备，除了满足旅客住宿的基本设施设备，还包括提供康养服务的专业设备，如中医理疗的仪器设备，茶文化体验的茶艺设备，空气净化设备、水疗设备、健身设备等。二是指服务质量，除了高效、快捷的标准化服务，优质的服务能及时捕捉客人的个性化需求，给客人带来满意加惊喜。只有硬件设备上乘，软件服务优秀，才能使康养休闲旅游者满意。

(三)培养更多忠实客户

康养休闲旅游者以维持或提升健康、放松身心为主要目的。住宿服务的品质对于康养休闲旅游者尤为关键,高品质的康养休闲住宿服务会使顾客对酒店产生信赖感,产生较高的满意度,进而影响顾客对酒店的忠诚度。而顾客忠诚度不仅体现为重复消费,往往还会通过网络点评、经验分享、口耳相传等方式扩大酒店的潜在客户和知名度。关键意见消费者的宣传效果优于广告,更利于产品的销售。

第二节　康养休闲旅游住宿服务的内容与规范

近年来,随着国民物质生活水平的不断提高,人们对美好生活的向往和追求日益凸显,康养休闲旅游也受到了越来越多旅游者的青睐。人们对旅游住宿的需求也愈加多样化、个性化,康养休闲住宿不仅满足人们追求健康养生、休闲娱乐的需求,也满足了旅游者多样化的住宿需求。

一、康养休闲旅游住宿服务的主要内容

康养休闲旅游住宿服务的主要内容,可以分为客房基础服务设施和客房康养休闲服务设施,满足旅游者"住+养""住+娱"的需求体验。

客房基础服务设施指满足旅客基本住宿需求的设施设备,我们将其理解为保健因素。保健因素是指让客人感到不满的因素。保健因素得不到满足,旅客会产生不满的情绪。

康养休闲服务设备设施指能够满足康养旅客养生、健康、休闲娱乐的设备设施,我们将其理解为激励因素。激励因素是指让旅客感到满意的因素。客人会因为客房基础设备设施不完善感到不满,但是配套齐全、功能完备的基础设施并不能赢得客人的满意,要使客人满意甚至惊喜,需要挖掘客人的个性化的康养、休闲需求,也就是需要在康养休闲客房的主题元素、康养休闲项目上下功夫,深入了解挖掘客人的潜在需求。

(一)客房基础服务设施

(1)客房应配备舒适的床垫、桌子、衣橱及衣架、茶几、座椅或沙发、床头柜、行李架、电视机等家具家电,布置合理、安全。客房应具备良好的照明、采光、通风和隔音条件。所有照明、电器开关要方便旅客使用。

(2)床上用棉织品(床单、枕芯、枕套、被芯、被套及床衬垫等)及卫

生间针织用品（浴巾、毛巾等）材质较好、柔软舒适。

（3）客房内应有装修良好的卫生间。有抽水马桶、梳妆台（配备面盆、梳妆镜和必要的盥洗用品）、有浴缸或淋浴间，配有浴帘或其他防溅设施。采取有效的防滑措施。针对老年客群的客房，卫浴空间内应采用无高差设计，有无障碍设计，有应急呼叫按钮和应急电话等。

（二）客房康养休闲服务设施

康养休闲设备设施是指能够健康养生、预防疾病、改善体质、休闲娱乐、修身养性的设备设施。客房康养休闲设备设施的设计应基于康养休闲酒店的主题和目标客源的主要需求。本书以禅文化康养主题客房、健康理疗主题客房、中医药文化康养主题客房、运动健身客房、影音客房为例，对客房康养休闲设施进行介绍。

1. 禅文化康养主题客房

（1）客房装饰布置体现禅文化特色，配备康养服务设施和用品，如空气净化设备、助眠床具、多种功能性睡枕和具有禅宗特色的卫生针织用品（如浴袍）等。

（2）配备坐禅垫、抄经台，提供禅学书籍，提供禅修活动。

（3）提供特色的素斋、禅茶、安睡饮品、健康监测等物品和服务。

（4）中医坐诊，以艾灸、推拿、针灸为主要疗养方式。

2. 健康理疗主题客房

（1）客房内应根据需求配备康养服务设施和用品，如空气净化设备、符合人体力学的床垫、多种功能性睡枕及智能可穿戴健康监测设备、按摩仪、睡眠监测仪。

（2）提供瑜伽、舒缓按摩、音乐疗愈等服务帮助客人达到舒缓、助眠的功效。

（3）为客人提供健康检测，根据检测结果推荐有针对性的康养项目。

（4）可为客人提供有特色的养生药膳、欢迎茶点、安睡饮品等，提供专属私人管家服务。

3. 中医药养生主题客房

（1）酒店配备空气净化器、湿度调节器，提供多种养生睡枕，浴室提供药浴材料、中草药香薰等服务。

（2）提供以药膳为特色的送餐服务，提供全方位的健康管家服务。

（3）提供健康监测、检后咨询、中医理疗，提供灸法、拔罐、推拿、药浴、刮痧、膏方、贴敷等治疗调养服务，达到疏通经络、养生调理等健康效果。

4. 运动健身主题客房

（1）酒店配备空气净化器、湿度调节器，提供多种养生枕头。

（2）配备运动器材，如瑜伽球、瑜伽垫、冥想椅、阻力带、哑铃、健身椅、筋膜枪等，配备动感单车、跑步机、引体向上器等健身设备设施，同时提供专业的健身教练指导。

（3）提供定制的健身营养餐、蛋白质和功能饮料。

5. 影音客房

（1）配备高清投影仪及正版高清影视资源，实现大屏幕、高清画质、立体声观影效果。

（2）搭建酒店本地服务器，提供高速网络连接，方便快捷的酒店影音控制系统。

（3）配备智能化客房控制系统，客人可以通过语音、微信、手机 App 来操控房间内的设施，如空调、窗帘、电视机、灯光等。

<<< 案例 7-1 >>>

"禅文化主题"酒店中的"生活禅"

禅驿酒店以禅定位，借酒店为载体，综合了禅文化主题、场景空间打造、场景时效性体验和参与者心理活动，通过禅修以及中国传统"八雅文化"让酒店文化活起来，进而以酒店文化融合禅修活动；提出"生活禅"理念，最终让人在旅游住店的间歇，感悟禅生活的闲适与静谧，倡导回归质朴、心安自在的生活方式。

禅驿酒店的客房设计结合了禅宗意境和中国传统审美意识，房间设施造禅境，从色彩到材质，从空间布局到功能体验，既体现酒店产品的高品质和舒适性，又充分体现禅的"静"与"雅"。此外，酒店文化产品设计融入禅意：从佛珠手串房卡，到房间配置的客人体验的禅服、紫砂茶具；从精心设计的充满禅韵的员工工服，到员工见到客人必行的特殊礼仪"合十礼"；从酒店硬件到软件，到多样化的禅意体验服务，从产品到员工，多维度全方面呈现禅驿之禅，真正做到形神兼备。

禅驿酒店还推出了茶禅、书法禅、抄经、冥想、禅舞、香道、瑜伽、插花、素食体验等项目，引领客人体验回归质朴、安心自在的生活方式。

【案例分析】

康养酒店文化打造无论从空间设计到装饰铺陈，从软件到硬件，从核心产品到服务，旨在向客人传递一种生活方式。如何将康养酒店所倡导的生活方式通过客人能感知的体验传达，打造体验式、沉浸式酒店文化产品是其关键。

（资料来源：美宿志丨禅驿创始人胡树忠：渐学渐悟渐参禅，跳出酒店做酒店，https://m.meadin.com/227812.html？ share=true。）

二、康养休闲旅游住宿服务的流程及规范

（一）康养休闲住宿服务的原则

1. 细节服务

住宿服务需要关注旅客入住全流程中的每一个细节，细节服务最能体现酒店是否将每个服务环节落实到以客为本。细节服务不仅要求服务人员认真履行工作职责和服务流程，还要求服务人员敏锐观察，发现客人的个性化需求和偏好，甚至挖掘客人自身都未意识到的需求，给予客人细致贴心的服务。

2. 个性化服务

康养休闲旅游的客人既有一致性的需求，即对健康养生、休闲娱乐的追求，又因为每个旅客身体状况的差异，对住宿产品和服务的个性化需求明显。因此服务人员不仅要熟悉客房各项设备设施的功能和使用方法，熟悉客房的服务项目，还要了解基本的人体养生保健知识，主动与旅客建立联系，了解旅客的基本健康情况和需求偏好，为客人介绍康养设施设备的功能和使用方法，有针对性地为客人推荐适宜的康养产品和服务。例如，养生酒店一般提供多款功能性枕头，对于睡眠较浅的旅客，可以提供薰衣草的枕头，有利于起到安眠镇定的效果；对于颈椎不适的旅客，可以推荐乳胶功能性枕头，缓解客人颈部的压力。

3. 适度服务

把握服务的尺度，既要高效热情地为客人提供服务，又要掌握适度原则，不主动询问与住宿产品和服务无关的个人隐私。避免形式化的过度关心，善于倾听、学会观察和分析客人的心理和需求。

4. 专业化服务

康养休闲旅游者在酒店的活动涉及住宿、餐饮、康养休闲项目等多种类型，想要给客人提供满意的服务，关键在于服务人员的专业化水平和能力。服务人员需具备专业的服务知识和技能，对于康养旅游者，服务人员要掌握

一定的健康养生知识，具备康养设备设施的操作及讲解示范能力。

（二）康养休闲住宿服务的服务流程及规范

康养休闲旅游住宿服务主要是围绕旅客住宿全流程提供专业、高效和个性化的服务。

对于康养客人，入住前，服务人员要了解客人入住信息，做好客房的清扫、布置和检查，设施设备检查维保等入住准备工作。康养客人抵店办理入住登记后，为客人提供客房介绍和体验服务。为客人提供身体健康检测服务，同时为客人介绍酒店的康养特色项目。根据客人的身体健康检测报告，为客人提供专业的医师咨询，分析各项健康指标，提供针对性的康养项目。入住期间，实时动态监测康养项目开展情况，同时围绕客人的多样化、个性化需求提供服务。了解客人入住体验，做好反馈记录。旅客离店时，进行入住体验离店咨询，检查房间状态、遗留物品，做好布草清洁、房间打扫等服务。

对于休闲客人，入住前，了解客人入住信息，做好客房的清扫、布置和检查，设施设备检查维保等入住准备工作。休闲客人抵店办理入住登记后，为客人介绍酒店休闲娱乐设备设施和服务项目，为客人提供周边游玩娱乐资讯。入住期间，围绕客人的多样化、个性化需求提供服务，进行客人入住体验管理。旅客离店时，询问客人入住体验，及时检查房间状态、遗留物品，做好布草清洁、房间打扫等服务。

1. 接待服务

对于康养客人，协助客人办理入住登记后，了解客人的生活方式和康养服务诉求，为客人提供身体健康检测，为客人介绍酒店的康养项目。

对于休闲客人，协助客人办理入住登记后，为客人介绍酒店休闲娱乐设备设施和服务项目，为客人提供周边游玩娱乐资讯。

2. 引导客人完成康养休闲客房体验

首先为客人介绍康养休闲客房的主题特色，然后按照客房的空间布局，引领客人参观客房，为客人介绍客房设备设施的功能和使用方法，为客人现场演示，并引导客人进行体验。介绍养生客房用品和设备设施时，需要根据客人的身体情况进行讲解和调试。在介绍完成后，询问客人对客房的产品和服务是否有疑问，及时为客人解答疑问。接着，为客人提供具备酒店特色的欢迎礼遇，如养生茶、养生小食等，让客人感觉到宾至如归的同时彰显酒店的特色和服务水准。

3. 提供康养休闲服务项目

对于康养客人，根据康养客人的健康检测报告，为客人提供专业的医师咨询，分析各项健康指标，结合客人的康养诉求，提供针对性的康养项目，如睡眠调理、排毒疗程、解压疗程、心理课程、减肥疗程等。

对于休闲客人，为客人介绍酒店提供的休闲娱乐项目，为客人介绍当地的特色文化及休闲娱乐活动，协助客人制订休闲旅游计划。

4. 客房清洁保养

客房清洁保养工作的基本目标是做好客房卫生清洁，为旅客创造卫生、舒适、安心的居住环境。此外，检查客房的设备设施，及时报损维修故障设备设施，确保客人最佳的住宿体验。对客房的维护保养，可以延长客房设备设施使用寿命。清洁客房可分为服务准备、规范进房、整理卧室、中式铺床、清洁卫生间、添补客用产品、对房间进行检查。

（1）服务准备。服务准备包括按规定申领客用损耗物品，按规范准备及整理房务车，核实房态并确定清洁整理顺序。

（2）规范进房。规范进房要求服务人员先敲门通报，站在距房门1米处，先用食指或中指敲门3下（或按门铃），等候客人反应（约5秒）；若客人无反应。则再敲3下门，等待客人反应。若客人有应声，则服务人员应主动说"整理房间"；若客人无反应，则用房卡打开房门，并观察房内情况，确定房内没人，方可进行房间的清洁整理工作。

（3）整理卧室。按规范流程进行清洁整理，打开窗帘和玻璃窗，清理房间内的垃圾；然后撤床，擦拭客房内所有设施设备；检查设施设备功能是否完好，更换易耗品，进行地面吸尘。

（4）中式铺床。要求一次开单到位。床单正面朝上、中线居中；包边、包角紧致平整，包角样式统一；被套一次打开到位，被芯四角充实平整；床面平整，床单、被套、枕套三条中线合一。

（5）卫生间清扫。要求彻底清洁洗漱面盆、浴缸、坐便器等卫生间设备设施，撤出已使用过的棉织品及易耗品，配备毛巾、浴巾等棉织品和易耗品，并对地面吸尘。

5. 夜床服务

为了给客人提供贴心、方便的入住体验，服务人员在入夜时段，一般为18:00~21:00为客人提供夜床服务。将客床整理到最方便入睡的状态，为客人清理杂物，将灯光调整至夜间模式，为客人提供晚安饮品。

6. 洗衣服务

康养休闲酒店的客人入住时间较其他类型酒店长，因此，洗衣服务是必不可少的住宿服务。客人可以将待洗衣物放入酒店提供的洗衣袋中，也可以告知客房服务员洗衣诉求。服务员应核对洗衣单上的信息与实际情况是否相符，或当面与客人核对衣服数量，清点衣服是否有严重污渍、纽扣有无脱落等情况；与客人沟通洗涤类型，如干洗或湿洗，预计归还时间，然后填写洗衣单。服务员应按标准流程与洗衣房收发员进行交接。洗衣完毕，按程序将衣物送交客人，并及时核算金额，避免漏账。

7. 日常保洁

酒店的日常保洁工作不仅包括客房，还包括饭店的公共区域。客房除了日常清洁，还需要制定卫生计划表，对日常清洁客房时未清洁的设施设备或需要定期清洁的项目进行周期性保洁，比如排气扇、天花板、空调出风口、窗帘等。公共区域范围大、情况多变，专业性较强，技术含量高，需要熟悉不同地面材料、墙面、家具、地毯的保洁保养知识，熟悉清洁剂的配比方法、特殊器具的清洁保养方法，以及康养休闲设备设施的基本维护保养方法。

8. 管家服务

管家服务主要负责对客人提供全过程的个性化服务。针对不同客人的差异化需求做好客史档案的收集与管理。管家服务按服务流程可以分为抵店前、住宿期间和离店前三阶段。

（1）抵店前，检查预订、预留房间，检查客史记录。根据客人喜好对房间进行布置，并与相关部门沟通，及时对客人的喜爱进行相关安排。与客人取得联系，了解客人抵达时间，如有需要，提供接机服务。为客人提供当地天气预报、交通路线、当地浏览攻略等本地信息。在客人抵店前，对房间状态、欢迎礼遇产品进行检查。在客人抵店前15分钟，在大堂等候客人。

（2）住宿期间，协助客人办理入住登记流程，为客人介绍康养休闲酒店的产品和服务项目，介绍康养休闲设施的功能和使用方法，引导客人进行体验。为客人提供欢迎饮品。了解客人的入住偏好，提供24小时周到、细致的个性化服务。追踪客人对住宿体验的满意度，若顾客提出的问题或建议，第一时间对客人表示感谢或进行服务补救。

（3）离店前，根据客人的离店时间和需求，安排叫醒、送机服务；再次了解客人对于住宿体验的满意度，做好客史记录。

本章小结

通过本章学习，学习者掌握了康养休闲旅游住宿服务的概念和特点，即康养休闲旅游住宿以康养旅游者的健康养生、休闲娱乐诉求为核心，依托住宿空间和康养休闲设备设施，以康养休闲服务项目为特色，为康养休闲旅游者提供健康、舒适、高品质、个性化的住宿服务体验。康养旅游住宿服务具备功能性、依托性、宜养性、文化性和个性化。休闲旅游住宿服务具有享乐性、长期性、智能化、体验化的特点。在提供康养休闲旅游住宿服务时，应遵循细节服务、个性化服务和适度服务及专业化服务的原则。掌握康养休闲住宿服务的服务内容和流程，熟悉康养休闲酒店接待、康养休闲客房介绍、康养休闲项目介绍和推荐、客房清扫等一系列流程规范，掌握康养休闲服务的知识和技能，具备个性化服务的能力，能够为客人创造良好的康养休闲住宿产品和服务体验。

思考与练习

一、填空题

1. 康养休闲旅游住宿，是指以传统住宿业的空间、设备设施为依托，以（　　）为特色，以（　　）、（　　）为目的，为康养休闲旅游者提供健康、舒适、高品质、个性化的住宿服务体验过程。

2. 康养休闲住宿服务的原则有（　　）、（　　）、（　　）、（　　）。

参考答案

3.（　　）是康养休闲旅游的重要载体，它的发展水平直接反映了一个地区（　　）的总体发展程度。

4. 管家服务主要负责对客人提供全过程的（　　）。

二、单项选择题

1. 康养休闲旅游住宿服务的发展依托自然资源，更离不开人文资源的浸润，这体现了康养旅游住宿的（　　）特点。
   A. 个性化　　　B. 舒适性　　　C. 文化性　　　D. 宜养性

2. 康养旅游住宿服务的宜养性可以反映在为顾客创造（　　）。
   A. 个性化服务　B. 优质睡眠　　C. 多感官体验　D. 优质生态环境

3. 康养休闲住宿服务的质量主要受两方面影响，一方面是硬件设施设备的质量，另一方面是（　　）。
   A. 性价比　　　B. 服务效率　　C. 服务态度　　D. 服务质量

4. 旅客对旅游目的地舒适性、安全性等方面的评价，不仅受酒店服务与管理水平的影响，还受旅游目的地安全程度以及（　　）的影响。
   A. 旅游地居民态度　　　　　B. 旅游地交通便利性
   C. 旅游地开发程度　　　　　D. 旅游地物价水平

5. 康养客房不仅拥有传统住宿的起居空间、洗漱空间和用餐空间，还需增加休闲空间和养生功能空间，这体现了康养住宿的（　　）特性。

A. 多样化　　　　B. 功能化　　　　C. 宜居性　　　　D. 养生性

三、简答题

1. 康养旅游住宿服务的特点。
2. 休闲旅游住宿服务的特点。
3. 康养休闲旅游住宿服务的重要性。

四、论述题

Pavana 度假酒店是泰国清迈一家疗养酒店，曾被 Asia Spa Magazine 评为亚洲十佳健康旅游目的地之一。它位于群山环抱、清幽秘境的泰北群山中，Pavana 度假酒店注重健康、有机的生活方式，通过食疗、瑜伽、泰式按摩、呼吸调理、冥想等方式帮助客人身心达到自然和谐的状态。

该酒店最具特色的就是 Detox Center 排毒中心。医生会根据不同客人的体质情况，制订 4 天到 7 天等不同的排毒方案，主要包含饮食、运动、按摩等几个部分。酒店餐厅的蔬菜和水果都来自酒店内部的有机农场，客人可以亲自去有机农场参观采摘，学习泰式菜肴制作。Pavana 度假酒店鼓励顾客在运动中养生，除了竹林散步、骑车跑步等日常锻炼，酒店还利用特有的山林资源，开展户外瑜伽课，使客人在大自然中感受身心的平衡。

请根据以上案例，分析该酒店康养服务的内容和特点。

第八章

康养旅游特色服务

本章重点

本章继康养旅游接待服务、行程服务、餐饮服务、住宿服务之后，着重介绍康养旅游的特色服务。课程从定义、特点、产品分类、发展途径等几个角度重点分析森林康养旅游服务、温泉康养旅游服务、中医药康养旅游服务、运动康养旅游服务以及康养旅居服务五大康养旅游特色服务。

学习目标

通过本章的学习，学习者能够了解康养旅游特色服务的基本类型，掌握森林康养旅游服务、温泉康养旅游服务、中医药康养旅游服务、运动康养旅游服务、康养旅居服务等主要康养旅游服务的定义和主要内容，熟悉其一般性服务流程及基本要求，理解服务质量提升方法，明确发展康养旅游特色服务的重要性，为康养特色服务技能学习奠定基础。

本章思维导图

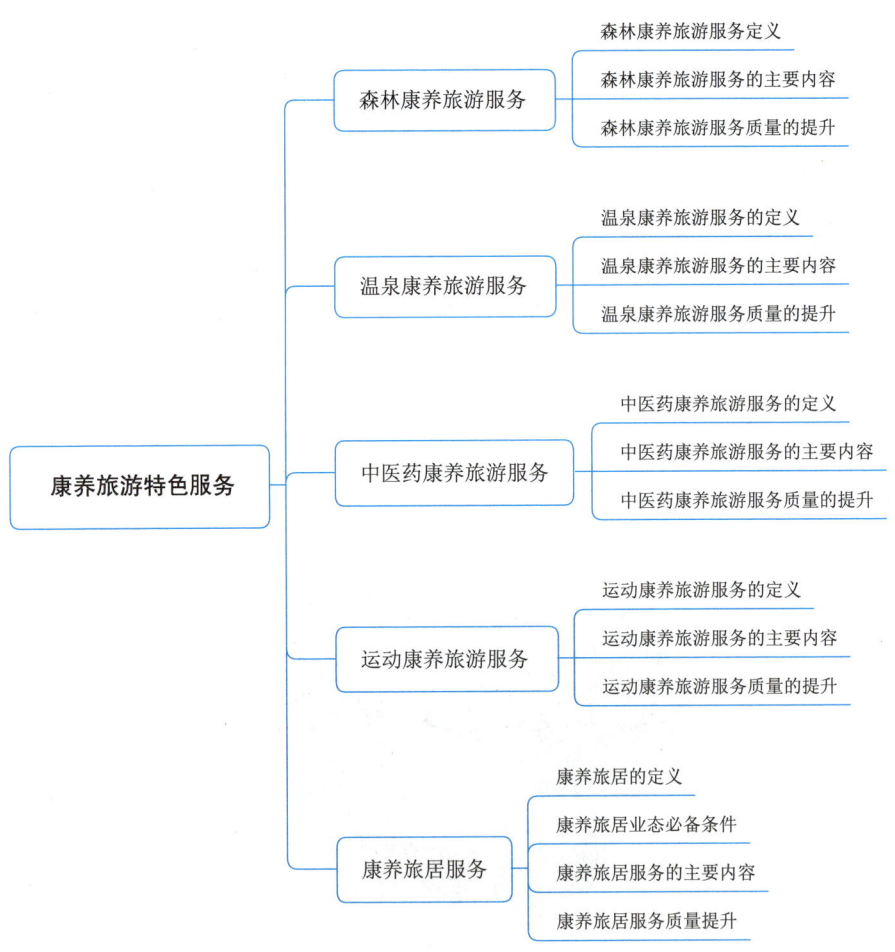

第一节　森林康养旅游服务

森林旅游依托良好的生态资源,结合传统医学与养生文化,一直以来,在康养旅游中起头领头羊的作用。根据《旅游业基础术语》(GB/T 16766-2017)的有关定义,森林康养旅游是以森林景观和森林生态系统为吸引物的旅游,一般包括观光游览、森林浴、野营探险、狩猎采摘、观鸟赏蝶和科考科普等几大类型。森林康养旅游是康养旅游的主要类型之一(见图8-1)。森林康养旅游与建设生态文明和推动绿色发展的时代要求相契合,能够满足人民追求健康生活的多样化需求,成为新时期林业发展新生力量,受到公众的广泛关注和追捧。

图 8-1　森林康养旅游

一、森林康养旅游服务定义

森林康养旅游服务是新兴的特色旅游服务之一,是旅游景点依托美轮美奂的森林景观、沁人心脾的空气质量、健康养生的森林食品、浓郁的生态文化,配备现代化康养服务设施,为客人提供森林浴、森林太极、森林瑜伽及森林冥想等系列森林体验活动,提升客人出游满意度与幸福感的所有活动的总和。

从以上的定义来看,森林康养旅游服务有以下基本特点:

（1）森林康养旅游服务以自然生态的森林资源为基础，讲求特定的环境，突出旅游特色。为了提高旅游者的整体感受，需要集中优势森林资源，为旅游者提供充足的阳光、氧气和洁净的水质、优美的山水景观等疗养因子。

（2）森林康养旅游服务形式多样。旅游服务是无形的产品，为了让旅游者体会到服务的价值，需要综合考量不同旅游者的需求，开发诸如森林浴、森林太极、森林瑜伽等形式多样的旅游服务。

（3）森林康养旅游服务具有一定功效性。旅游者旅游的根本动机不仅是休闲娱乐，更重要的是在旅游的过程中促进身体健康，从而实现旅游者身体素质的提升和亚健康状态的改善。

拓展阅读 8-1

2019年3月，国家林草局、民政局、国家卫生健康委员会、国家中医药管理局四部门联合印发《关于促进森林康养产业发展的意见》。意见提出，到2022年建设国家森林康养基地300处，到2035年建设1 200处，向社会提供多层次、多种类、高质量的森林康养服务；到2050年，森林康养服务体系更加健全，森林康养理念深入人心，人民群众享有更加充分的森林康养服务。

二、森林康养旅游服务的主要内容

对于森林旅游的客体即旅游对象来说，森林康养旅游产品就是森林资源、旅游设施及多种要素构成的综合性服务。森林康养旅游产品是森林康养旅游服务的外显形式，具有综合性、服务性、无形性、生产与消费统一性等特点。因为旅游者的文化层次、个人爱好、心理需求的不同，他们对产品的要求也是千差万别，这就促使森林旅游经营者把旅游产品的特征和质量转化成旅游者能够感受到的信息，引导潜在游者产生旅游的动机。

案例 8-1

云南春节假期溢出暖暖"康养味"

2021年2月16日，春节假期，云南省依托得天独厚的光热资源和各地组织的健康、养生、研学等特色旅游活动，为身处云南过年的本地人和外地人奉献了一份"康养味"十足的旅游大餐。

近年来，云南省致力于创建国际康养旅游示范区，聚焦"文、游、医、养、体、学、智"全产业链，今年春节假期各地推出独具特色的康养旅游产品。在被誉为北回归线上的"绿洲"的普洱，这里的小熊猫庄园为游客提供了晨曦瑜伽、氧吧骑行等活动，丰富旅游体验。游客们住进木屋酒店，环抱于原始森林之中，在温暖的晨光中醒来。家住陕西的游客张文对这里赞不绝口："以前在老家过年，年味是厚厚的积雪；今年在普洱过年，年味是温暖的阳光、清新的空气。"

脱下羽绒服、穿上短袖衬衫，来元谋土林感受露营的魅力。春节假期，云南各大旅行社纷纷打出"户外露营游"的组合产品。白天，游客徒步、登山，赏土林奇观；夜晚，游客搭起帐篷，露宿户外，看璀璨星空。游客白天尽情运动，晚上还能泡温泉，劳逸结合，十分惬意。同时，旅行社为游客提供了丰富的私人定制服务，让整个行程更充实。

（案例改编自云南省文化和旅游厅网站新闻稿件http://dct.yn.gov.cn/xwjj/14516.jhtml。）

【案例点评】

云南省依托得天独厚的光热资源与森林资源，开发了诸如晨曦瑜伽、氧吧骑行、登山徒步等森林康养运动，游客置身于原始森林中，呼吸清新的空气，身体与心灵都得到放松。森林旅游为健康事业提供了新思路。

（一）感受自然——森林浴

森林浴是森林康养旅游最重要产品之一，是保健三浴（水浴、日光浴、空气浴）中的空气浴的一种。森林浴主要指的是林间步行运动，其基本方法是在林荫下散步、娱乐、小憩，呼吸清新的自然空气，沐浴阳光，放松精神；同时通过适当的活动，体会森林的氛围，从而洗净都市尘嚣，让身心舒畅，真正体验到树木、花草带来的莫大益处。森林浴是一种新兴的保健活动，目前俄罗斯、意大利、日本、德国、英国、法国、美国等许多国家都在争相开展森林浴等相关特色服务项目。

科学研究表明森林浴对于人体健康非常有益，因为大自然中含有大量的负离子，特别是在森林瀑布和高山滨海环境里负离子含量尤为丰富，对心血管系统、呼吸系统、神经系统、恶性肿瘤等疾病的预防和治疗有一定的辅助功效，可谓是养生的一大法宝。另外，森林浴对于消除疲劳、恢复体力、平衡生活节奏也有着积极的作用。森林浴不仅有利于健康，人们身处大自然中静心沉思，还可以更好地整理与他人、与社会的关系，增强自信和自我认知力，提高专注力与观察力。

(二)博学强识——森林康养教育基地

大多数人认为康养旅游的主要服务对象是中老年群体或者是存在身体疾病的群体,其实不然,森林康养旅游服务也可以兼顾不同年龄段的游客,类似亲子项目的全程服务,例如参观森林教育基地、森林田野课堂、森林体验馆、森林博物馆、森林康养文化中心,实现身心的和谐发展。

2020年8月27日,"兴安岭号"森林康养文旅专列正式首发。工作人员对列车车厢进行升级,按"康养+森林+铁道"主题文化定位,打造融健康养生服务、森林生态文化宣传、铁路历史文化展示为一体的移动博物馆,增加了娱乐、特色旅游纪念品、购物、健康养生服务车厢和旅游景点沿线语音系统讲解,让游客体验红色文化、铁路文化和森林文化。此次"兴安岭号"专列由6节车体组成,其中4号车体名为"森林氧吧",主要展示中药食材以及健康养生的知识;5号车体名为"山珍工坊",展示大兴安岭山珍的系列产品并进行电商直播。本次专列通过户外活动、乘坐森林火车、角色体验、动手制作、问题讨论等方式认知大兴安岭,理解生态保护的重大意义,实现了文旅融合、研旅融合、康旅融合。

景区内的森林博物馆可以作为对青少年进行林业科技知识教育的课堂,使青少年学生对森林有一个直观的、全面的了解,从而热爱森林,愿为林业建设贡献力量。

(三)强身健体——森林运动康养

森林运动康养依托森林资源,是森林与康养的有机融合体。人们希望找一个好的环境去健身运动,在健身运动的同时还能放松身心。有需求必定有市场,森林康养旅游产品借助优质的山川、湖泊、森林等,为游客提供良好的生态环境,让游客的身心得到放松。

1. 森林瑜伽

森林瑜伽不同于室内瑜伽,它能够引导瑜伽体验者在大自然的怀抱中聆听鸟叫虫鸣,呼吸清新空气。体验者的每一次深呼吸,每一次筋骨的拉伸,都能使其身心进入到平静祥和的状态。通过森林瑜伽,促进人体的新陈代谢,增强人体的抵抗力。铺上瑜伽垫,进行"有氧森林呼吸,天然心情享受",让身心在绿色中徜徉舒展。

2. 森林太极

太极人信奉"人与自然的和谐",大自然所赋予的生命顽强生长、悄然绽放的力量,在森林太极中得到充分的体现。在嘈杂的城市里,人们每天生活在雾霾与汽车尾气中,而太极拳把拳术与吐故纳新相结合,对运动环境有较高的要求,森林空气洁净度高,环境静谧,森林"天然氧吧"为太极提供了优质场所。

除了森林瑜伽与森林太极，森林公园可以开展多种森林体育旅游活动，例如登山旅游、滑雪旅游、森林拓展训练等。每一种森林康养运动项目都值得不同年龄群体身处其中，感受森林环境与运动养生的完美结合。

（四）食养结合——森林康养食品

森林康养食品是指利用森林中的植物资源，根据不同植物特有的药用价值，按照健康饮食规律配制的养生食品。这类食品不仅适合城市亚健康人群，同样适合健康人群，可以增强免疫力，为健康打下良好基础。

四川雅安名山区是当地有名的茶园，53.14%的森林覆盖率塑造了该区的绿色底色。西汉开始人工种茶的历史，奠定了名山区丰厚的茶文化底蕴。近年来，名山区依托本地的森林、茶园资源，以茶为引擎，大力发展旅游生态康养产业，把生态资源有效转化为旅游经济。这里有漂亮的游道，可供参观的茶园，游客到这里避暑、体验采茶，入住森林康养人家，可以感受不一样的茶文化，在身心宁静中品味一杯养生名茶。名山茶已成为名山区助推乡村振兴、茶旅融合发展的主要抓手。

三、森林康养旅游服务质量的提升

发掘森林康养旅游的综合服务功能，可以满足公众对森林深度体验的需求，改善人们的生活品质与身体健康水平。针对不同年龄的群体，发挥森林资源的综合服务功能，打造一批极具吸引力的森林康养活动项目。为了提升游客的旅游体验，森林康养旅游服务体系需要从硬件设施与软件实力上不断提升。

（一）完善硬件设施

森林康养旅游环境需要健全基础设施工程，包括建设生态化旅游通道，增强森林康养基地的可进入性和吸引力，也需加强森林康养基地饮水、卫生间、停车场等设施配套。发挥森林的养生、康复和辅助治疗功能，满足人们对于旅游休闲和健康疗养的双向需求，在规划中要深入挖掘中医药保健养生，优化配置医疗卫生资源。发挥森林的科普宣教功能，在规划中要考虑室内外认知体验自然的设施和路径，满足人们尤其是青少年亲近自然、认知自然、保护自然的需求。

（二）提升软件水平

服务质量的提高需要提升服务人员的服务意识与职业道德，强化服务礼仪与服务技能，完善服务人员的岗前及在职考核制度，引导服务人员熟知本地风土人情和主要旅游资源，能正确回答游客的相关问题。如提供采摘活动，服务人员应熟知相关果菜、菌菇、坚果等品质、成分、特点及营养保健知识等。

(三) 打造特色服务

为了更好地服务消费者，旅游经营商应针对不同年龄的群体，发挥森林资源的综合服务功能，打造一批极具吸引力的森林康养活动项目。针对中老年消费者，要结合森林的养生、康复和辅助治疗功能，开发一批具有吸引力的森林康养体验活动项目，在满足人们旅游休闲的同时，突出森林康养的健康疗养功能，优化配置医疗卫生资源；针对青少年消费者，发挥森林的科普宣教功能，满足人们尤其是青少年亲近自然、认知自然、保护自然的需求。

森林康养服务的发展涉及自然、社会和经济多方面元素，可谓是任重道远。为了更好地发挥森林康养特色服务的价值，需要在国家层面加强宏观调控，优化发展机制；企业层面要健全科研监测，搭建人才队伍，完善配套设施，增强宣传力度，只有持之以恒地扎实推进，才能推动森林康养的健康持续发展。

第二节　温泉康养旅游服务

温泉作为一种珍贵的自然资源，带有天然的康养属性。中国的温泉历史可以追溯到西周，那时便有了温泉宫殿；唐朝有了华清池，宋代划分为官汤与民汤，明代开发了小汤山。目前我国有 5 000 多个温泉资源点。在全国范围内，根据温泉资源的分布陆续开发了 3 000 多个温泉景点（见图 8-2）。近二十年，温泉旅游得以迅速发展。新冠疫情后，越来越多的游客对健康的关注度大幅提升，温泉的康养功能越来越受到重视，温泉康养旅游迎来了发展的新契机。

图 8-2　温泉康养旅游

一、温泉康养旅游服务的定义

温泉康养旅游是以温泉资源为基础，以健康养生为目的，以旅游活动为形式的一种新业态。国务院在《"十三五"旅游业发展规划》中明确提出："促进旅游与健康医疗融合发展。发展温泉旅游，建设综合性康养旅游基地。"学术界对温泉康养旅游说法不一，其中较为权威的是《国家温泉康养旅游项目类型划分与等级评定》中的定义，将温泉康养旅游定义为"以具有保健、疗养等功效的温泉资源为依托，以温泉疗法为主要手段，提供以健康养生、预防保健、康复疗养为主要功能和特色服务的康养旅游活动的总和。"结合上述定义，我们将温泉康养旅游服务定义为："旅游景点依托温泉的保健、疗养功效，配备现代化康养服务设施，为旅客提供健康养生、预防保健、康复疗养等特色服务，提升旅客出游满意度与幸福感的所有活动的总和。"

从以上的定义，我们可以归纳出温泉康养旅游活动的以下特征：

（1）突出温泉康养旅游服务的核心与主要目的是健康。

（2）突出温泉康养旅游服务的主要手段是温泉疗法。

（3）明确特色服务为健康养生、预防保健、康复疗养，符合健康群体、亚健康群体、疗养患病群体的不同诉求。

拓展阅读 8-2

二、温泉康养旅游服务的主要内容

（一）温泉 SPA

从广义上讲，温泉 SPA 是融温泉水疗、芳香按摩、沐浴、去死角等为一体的特色服务。温泉 SPA 根据消费者的不同诉求提供个性化服务：有的以康养为目的，偏重放松、舒缓、排毒；有的以健美瘦身为重点，偏重体重管理；有的结合中医药疗养，即重芳香精油纯草本疗法。无论是哪种类型的温泉SPA，都能从某种程度上满足客人听觉（疗效音乐）、嗅觉（天然花草薰香）、视觉（自然景观）、味觉（健康餐饮）、触觉（按摩呵护）的基本需求，使消费者从身、心、灵上得以抚慰，起到呵护容颜、关爱心灵的作用。

昆明柏联温泉度假村坐落在高原湖泊阳宗海湖畔，拥有被称为亚洲第一的温泉。柏联温泉度假村包含 26 个不同风格的露天温泉池，坐落于禅式露天园林区，构成了一个犹如仙境的世外桃源，消费者置身其中可以尽情享受难得的僻静。温泉度假村中所有的精油及身体磨砂产品均体现"以人为本"的理念，根据消费者所选择的疗程及个人的五行属性来设计，让游客在宽敞环境下享受水疗护理。

(二) 温泉运动疗

温泉运动疗是利用温泉水的温热作用、机械作用,科学使用水中训练器械,提高人体心肺功能的一种温泉特色服务。当人体浸入温泉水中时,温泉水的静水压能促使膈肌上升,有利于增强呼吸功能,能促使肢体外周血液和淋巴液回流,从而增加心脏负荷,促使心脏工作。同时,可在水中浸泡的基础上,进行水中运动训练,利用水中跑步机(见图8-3),借助水的浮力,减轻自己身体体重,达到心肺功能训练的目的,又能减少跑步过程中对关节的损伤,充分利用体能进行耐力训练。

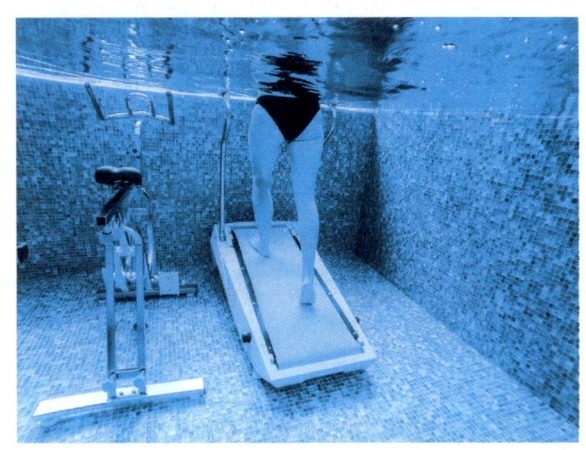

图 8-3 温泉运动疗法中的水中跑步机

(三) 温泉衍生品

温泉衍生品是指看得见、摸得着、带得走的产品,它可以是温泉食品、温泉化妆品、温泉工艺品等。以温泉矿泉水为例,传说法国大革命时期,一个叫莱塞赫侯爵的法国贵族患了肾结石,当时流行矿泉水疗法。某天,他路过依云小镇附近,取了一些Cachat绅士花园的泉水饮用,没想到喝了一段时间后,他的肾结石奇迹般地排了出去。依云"神水"由此闻名。专家们就此作了分析并证实依云水的疗效,医生们将依云水列入药方。戏剧性的神话故事,让依云矿泉水充满了神秘感,专家们的证实又让依云水多了一个"健康"标识。这样的例子还有很多,如日本草津温泉的温泉馒头、温泉药妆,这些温泉衍生品成了温泉康养旅游特色产品,助力温泉康养旅游发展。

通过以下案例,我们可以了解到中国温泉旅游历史悠久、享誉中外。近二十年来,康养元素的凸显也着实让温泉康养旅游一"泡"而红,加上后疫情时代人们健康意识的激增，温泉康养旅游如雨后春笋般风靡全国。

◀◀◀ 案例 8-2 ▶▶▶

你不了解的世界温泉之都

提起温泉之都，人们首先联想到的是温泉之国——日本，因日本地处板块交界处，频繁的地壳运动造就了日本星罗棋布的温泉。世界上，温泉行业并不是一枝独秀，而是呈"三足鼎立"之势。据专家介绍，世界温泉行业大致分为三个流派：中国传统的温泉养生文化、日本"汤治"温泉文化、欧美水疗 SPA 文化。

在中国，早在西周时期便有了温泉宫殿，然而"中国温泉旅游"一词直到 20 世纪 90 年代才出现。那时的主流方向是观光休闲温泉，代表温泉有 1998 年兴起的珠海御温泉，或日式风格，或唐风主题，吸引了大批游客。2012 年 10 月，在世界温泉及气候养生联合会第 65 届年会上，重庆被评为全球首个"世界温泉之都"，这无疑将为巴山蜀水的旅游业带来新的亮点。从 2006 年开始，重庆市围绕打造"中国温泉之都"的总体目标，先后实施了"五方十泉""一圈百泉""两翼多泉"的开发建设，逐步构建特色鲜明、种类齐全、品质高档的温泉旅游精品，形成东、南、西、北、中温泉旅游产业集群，全面提升温泉旅游服务水平。

（案例改编自搜狐门户网站 https://www.sohu.com/a/363635123_100047849。）

【案例分析】

世界温泉资源数不胜数，温泉文化大致分为三个流派：中国传统的温泉养生文化、日本"汤治"温泉文化、欧美水疗 SPA 文化。在众多的温泉资源中，重庆作为全球首个"世界温泉之都"，坐拥天然资源，不断创新服务形式，突出温泉文化内涵及产业链效应，全力打造旅游精品。

三、温泉康养旅游服务质量的提升

为了满足人民日益增长的美好生活需求，温泉康养旅游在前进的路途中应该稳中求进，作出一系列的改革创新，把健康、休闲、社交等属性，通过全新的产品和服务呈献给消费者。

（一）打造温泉小镇，组建康养特色服务体系

旅行社在设计旅游线路的时候，要最大限度地调动旅游产业内资源，将具有康养特征的旅游资源，例如森林康养、中医药康养与温泉康养联系起来，形成产业链，打造温泉小镇，融各类服务为一体，提升旅游资源的吸引力，发展特色服务。

福建汀溪镇作为中国首批康养特色小镇，融合温泉旅游、生态旅游和旅游地产，根据旅游者的消费需求，将健康疗养、生态农业、文化体验、健康产品等业态聚合起来，综合打造乐活小镇。因地制宜，进行温泉产品的复合型开发，在保护基础上提升，在融入城市化的同时展示山水特色等良性发展方式。

（二）开发特色衍生品，无形服务转为有形产品

旅游的宣传大多依赖旅行社旅游线路的推广，消费者只有产生特定的需求才会走进旅行社，进一步了解旅游目的地。然而，通过特色旅游产品的开发，可以在人们的生活中渗透温泉康养理念，借助产品推广温泉康养旅游。

法国依云矿泉水大家并不陌生，即使在超市的货架上，它也占有一席之地。法国药学院经过严格取样化验认定了依云温泉水的医疗功效，依云温泉水 pH 值接近中性且渗透性强，接触皮肤就可以迅速渗入皮肤表层，对皮肤护理与治疗有一定的辅助作用。法国依云温泉小镇就是凭借特色温泉康养产品，将科技元素融入旅游文化，将无形服务转换成有形产品。

（三）提升设施水平，培养专业服务人才

服务是鉴定旅游景点成败的关键，现代化的设施设备作为温泉康养旅游景点的硬实力也是消费者消费动机的重要组成部分。服务人员的专业水平与服务态度是消费者是否选择持续性消费的必要条件。各温泉康养旅游景点应该以国家旅游局颁布的《温泉旅游服务质量规范》（LB/T046-2015）为标准，全面提升温泉旅游企业的管理水平和服务品质，促进温泉旅游企业服务设施、健康卫生管理、安全管理、服务质量等全面升级。

（四）挖掘温泉文化，实现服务差异化发展

温泉文化随着时代不断变迁。从最初的洗浴文化发展到"洗浴+休闲"文化，温泉文化植入了保健概念，打造具有包容性的以温泉主题城市为代表的温泉文化。温泉文化的植入也将为特色旅游的发展增添神秘的吸引力。

南京汤山温泉有着悠久的文化历史底蕴，是中国唯一获得欧洲、日本温泉水质国际双认证的温泉，人们称其为"千年圣汤，养生天堂"。汤山温泉已有 1 500 多年的历史，自南朝以来，历代达官显宦、文人雅士来此游览沐浴。据传南北朝萧梁时期有位太后用泉水治好了皮肤病，被皇上封为"圣泉"。众多旅游者了解到汤山温泉的故事慕名而来，在感受历史文化的同时享受温泉

带来的康养功效。

纵观目前中国温泉旅游现状，中国温泉康养旅游正处于康复疗养向大众休闲、养生保健的过渡发展期。温泉康养旅游应当是以温泉体验为核心，融合健康疗养元素的综合旅游产品。完善"温泉+康养"旅游产品，需要从温泉文化中吸取养分，从中国传统中医药及理疗、养生技术上完善产品；整合周边旅游产业，融合农业观光、小镇游览、体育运动、会展、购物等元素，多方位打造独具特色的"温泉+康养"旅游。

第三节　中医药康养旅游服务

随着健康产业的发展推进，温泉疗养、森林康养、中医药研学等以健康养生为中心的旅游项目已成为时尚新宠。国务院办公厅印发的《关于进一步促进旅游投资和消费的若干意见》提出："要大力开发休闲度假旅游产品，积极发展中医药健康旅游。"中医药文化是中国文化的璀璨分支，也是五千年来炎黄子孙从大自然中汲取的灵感和火花，不少人借中医药调整身心、改善体质。

中医药与旅游的结合，帮助消费者根据旅游目的地气候特色和中医药文化特色，获取中医药和健康知识（见图8-4）。从某种角度来说，中医药康养旅游逐渐成为健康的入口，成为中医药文化进入千家万户的传播途径和窗口，成为中医学与旅游结合的一种有效方式。由此可见，全民大健康时代已经到来。

图8-4　中医药知识展览

一、中医药康养旅游服务的定义

中医药康养旅游服务是新兴的特色旅游服务之一，是依托深厚的中医药文化内涵，以独特的理论体系和内容为基础，以各种中医医疗保健手段、中药材资源为基本吸引物，为旅客提供中医药文化体验、中医药文创衍生品制作、中医药名著品读等服务，提升旅客出游满意度与幸福感的所有活动的总和。

根据上述定义，我们将中医药康养旅游服务的特点总结如下：

（1）中医药康养旅游服务强调从业人员服务的专业性。中医养生讲究养、护、调、治，在中医药康养旅游过程中，必然会涉及一些中医药养生理论与中医专业技能，这就要求旅游目的地的医务人员具有精湛的治疗技术和渊博的专业知识。因此，专业性是实现中医康养旅游的保障。

（2）中医药康养旅游服务应面向全体旅游者，具有普适性。中医康养旅游者不一定是病人，凡是重视健康、关注身体、追求高品质生活的人均是潜在消费者，他们在康养旅游过程中可以舒缓心情，学习中医养生知识疗养身体。因此，中医康养旅游不同于传统的医疗旅游，应该具有一定的普适性。

（3）中医药康养旅游服务以中医文化为背景，具有教育性。中医康养旅游者在旅游过程中，不仅通过中医治疗方式实现康复疗养，而且通过参观中医药博物馆、参加中医调养知识讲座、体验中医理疗技术，学习和感受中医养生文化，获取更多科学的养生知识和健康生活理念，最终改善自身"亚健康"的状态，因此中医康养旅游具有较强的文化教育性。

国务院办公厅印发《中医药发展战略规划纲要（2016—2030年）》（以下简称《纲要》），提出了未来15年我国中医药发展方向和工作重点，并提出发展中医药健康旅游服务的重要任务，大力推进中医药与健康养老、旅游产业等融合发展。《纲要》指出："应开发具有地域特色的中医药健康旅游产品和线路，建设一批国家中医药健康旅游示范基地和中医药健康旅游综合体；加强中医药文化旅游商品的开发生产，逐步建立和完善中医药健康旅游标准化体系，推进中医药健康旅游服务标准化和专业化。"我国中医药健康旅游业迎来新一轮的利好。

二、中医药康养旅游服务的主要内容

根据浙江省地方标准《康养旅游服务规范》（DB33/T 2286-2020），中医药康养旅游服务属于文化旅游康养服务的一种，可提供中医药材参观、药材采摘、药材识别、药膳茶饮制作、中医药文化体验、中医药文创衍生品制作、中医药名著品读等指导服务，也可以开展中医药康养文化、中医理疗技能、国学和民俗、艺术康养文化课程培训、宣教、讲座等服务。

◀◀◀ 案例8-3 ▶▶▶

杏林大观园打造中医药康养旅游全产业链

云南杏林大观园被誉为"中医中药弘扬圣地"，2018年被评为"国家首批中医药健康旅游示范基地创建单位"，拥有全国首个中医文化展览馆、首座药膳公园、首座石海温泉。自建成以来，云南杏林大观园一直坚持以展示、普及中医药文化为导向，以休闲旅游为载体，以促进中医药文化传承为内涵，成为云南省打造"健康生活目的地"的品牌之一，为昆明打造"中国健康之城"助力。

想要品尝特色养生药膳，一定要打卡樱花峪药膳生态园区。这里建有药膳坊、水培馆、南药馆、北药馆、集智堂会议室、迎宾馆等。大部分菜品以特色养生药膳为主，采用纯天然无污染有机食材，符合健康养生标准。

住宿方面，旅客可以选择满是禅意的紫竹苑康养中心、玉兰坊客栈，它们将少数民族、中医药和现代元素融合在一起，充分满足游客多元化的住宿需求。

游览是旅游活动的重头戏，旅客一定不能错过黑石箐景区。这里结合中医药文化典故，通过中华医史馆、中华药史馆、岐黄之术馆、滇南本草馆、云南少数民族医药馆5个展馆和一条长40米的历代御用经典处方长廊，展示源远流长的中医药文化，让石林杏林大观园成为中医药旅游的不二目的地。

通过不断延伸中医药康养旅游产业链，石林杏林大观园已建成融中医药文化展示、中医药养生养老、生态农业观光体验及休闲旅游度假为一体的大型康养旅游度假区，真正打造成为"健康杏林，养生天堂"。

（案例改编自新浪网 https://k.sina.com.cn/article_5116298586_130f4855a02000mlfj.html。）

【案例分析】

杏林大观园拥有全国首个中医文化展览馆、首座药膳公园、首座石海温泉等一些列旅游资源，形成以中医药旅游为中心的产业链，提供特色养生药膳，并结合中医药文化典故，提供景点参观服务，展示源远流长的中医药文化。

（一）中医文化体验

习近平总书记说："中医药学是中国古代科学的瑰宝，也是打开中华文明宝库的钥匙。"中医药学与旅游的有机融合成为弘扬传统文化的重要手段，中医药康养旅游依托中医药自然资源与人文资源优势，开发相应的观光与体验活动，通过为消费者提供中医药参观、药材识别，感受中医药、熟悉中医药，在体验中加深对中医药的认识和了解，提升对中医药文化的认同与喜爱。

例如：上海中医药博物馆坐落于浦东张江上海中医药大学校区内，建筑面积 6 000 多平方米，由医史博物馆、中药标本馆和上海中医药大学校史陈列馆三部分组成。馆内收藏了自石器时代至近现代的中医药珍贵文物 1.4 万余件，布局大气、馆藏丰富，反映了五千年来中医药从草创到成熟、从形成到繁荣的轨迹。珍贵的馆藏吸引了来自全国各地的中医学爱好者，中医药康养旅游成为当地新的风景线。

（二）中医理疗技能体验

中医理疗养生文化源远流长，古代医学圣贤通过反复的尝试，不仅掌握了中医药的药性，而且熟练地运用理疗工具，为健康与亚健康群体提供推拿、针灸、足浴理疗服务，充分体现出中国传统养生文化的优势。

例如：近年来，海南省凭借其热带海岛的独特气候，加上不断完善的医疗康养配套服务，以博鳌高端医疗、海口三亚中医资源为基础，大力推广中医药康养旅游服务，受到国内外游客的青睐。中医药健康旅游项目为消费者提供包括针灸、推拿、拔火罐、刮痧等多项中医疗养服务，将中医疗养与生态游、温泉养生相结合，游客可以体验海南健康游的特色产品。

（三）中医营养膳食体验

随着时代的进步，食物需求由重视数量向重视质量转变，更多人将视角转到重视均衡营养上来。基于"药食同源"理论，人们开始探索以中医药观念去选择、搭配饮食，中医营养膳食应运而生。消费者在闲暇的时间除了追求身心的放松，也开始关注中医康养旅游，爱上了中医营养膳食。

例如：台湾昆仑养生庄园作为台湾第一座中草药主题庄园。庄园内设有药草园、膳食馆、汤浴馆、中医药展览馆、生态步道以及野餐区等体验项目。经过独特的创意，这里成为当地宜静宜动、寓教于乐的度假胜地。中医营养膳食是这里的一大特色，膳食馆开发了一系列色味俱佳、营养均衡、滋补养生的创意菜品。因庄园内设有虫草培植厂，膳食馆特意推出了招牌菜——虫草鲑鱼球，虫草和鲜虾一起打成浆，以鲑鱼片包覆成球，可谓是色香味俱全，兼顾了享受美食与科学养生，成为消费者必点菜单的榜首。

（四）中医药康养衍生产品销售

中医药康养旅游在国家政策的大力支持下可谓是如火如荼，各类中医药基地不仅为消费者提供参观及技能体验服务，也开启了销售的大门。消费者走进中医药康养旅游基地，根据自身的体质，购买中医药衍生产品，如中药材、中药饮片、中医器械、药妆品、药饮品、工艺品等。

例如：金华市磐安县是"中国药材之乡"。磐安县将按照"一心、两带、多点"的规划思路，实施中药材种植基地建设、中药材精深加工、中药材市场商贸流通等旅游服务，目标是把磐安江南药镇打造成"药材天地、医疗高地、养生福地和旅游胜地"。为了助力中药材产业壮大升级，江南药镇举全县之力，种植开发"浙八味"，即白术、白芍、贝母、白菊、元胡、玄参、麦冬、郁金八味中药材。"浙八味"因为质量好，应用范围广，疗效佳，所以被历代医家所推崇，成为金华市的一张中医药名片。

三、中医药康养旅游服务质量的提升

中医药康养旅游目前还处于起步阶段，在很多方面仍然存在问题，发展不规范，缺乏对口高端人才，没有形成完整的旅游概念。为了将中国的医药国学发扬光大，让更多的旅游者体验中医康养的魅力，我们必须探索一条适合中医药康养旅游发展的途径。

（一）优化资源配置，谋求全域发展

随着中医药应用范围逐步广泛，中医药相关产业链也在不断扩展延伸，农业、餐饮、交通、住宿、养生、培训等多方面均与中医药旅游产生关联。为了加强各区域中医药、自然观光、健康等相关产业的整合与链接，旅游经营商顺势开发新科技，创新服务、创造市场，形成规模和品牌效应，从而构成中医药健康旅游产业集群链。

（二）培养复合型人才，创新科技发展水平

人才是21世纪最稀缺的资源，建立健全中医药健康旅游产业全方位多层次人才培养体系刻不容缓。人才培养可以分为学院培养与企业培养两个阶段。部分高等学院与科研机构可以利用自身优势设立中医药健康旅游专业，培养拥有理论知识的初级人才，通过产学研结合和科研成果转化，鼓励初级人才进入中医药健康旅游产业科技孵化基地，提升专业技能。中医药旅游企业建立健全中医药健康旅游产业人才合作、互换、交流等机制，加快现阶段发展急需人才和专业复合高端型人才培养，实现科技的创新与人才的培养。

（三）加强服务内涵，创新营销手段

服务从根本上来说具有无形性，为了增强服务的针对性与吸引性，我们必须为这种无形的服务增加特定的内涵。广大民众对中医药相关产品服务的理解不同，文化的渗透可以增加中医药旅游的神秘感与吸引力，使消费者从内心更容易接受这种新形势的旅游。信息化社会对中医药健康旅游产业营销服务提出了更高要求，因此要促进中医药健康旅游产业服务理念与产品营销结合，依托各区域优势开发具有中医药文化内涵的特色产品，打造特色品牌，让中医药文化成为中医药健康旅游产业发展的重要因素，将中医药健康旅游产业打造成引领经济发展的新引擎。

（四）建旅游示范点，融中医特色服务

中医药健康旅游示范点应具备学习中医药文化、观赏中医药景观、参与中医药活动、开展中医药调理等特色服务，大致可以分为三类：第一类是中医药生态旅游点，主要依托中药资源种植基地与自然疗养景区等，以中医药自然景观为主；第二类是中医药人文旅游点，主要依托中医药文化遗址、中医药名人故居、中医药博物馆、中医药企业等，以中医药人文景观为主；第三类是中医药养生保健旅游，主要依托中医药养生和保健服务医疗机构、度假村、养生药膳馆等，以提供中医药养生保健服务为主。不管是中医药种植、中医药疗养还是中医药药膳，都要紧紧围绕特色，推进特色产业与文化旅游、健康养生等产业融合发展，积极培育"健康+"产业，大力发展文化体验、生态、健康养生为主的生态型旅游业。

中医药康养旅游是健康理念革新的产物，中医药康养旅游特色服务的不断发展为居民调整生活节奏、开阔视野、增进健康提供了更多的可能。目前，我国中医药康养旅游行业发展迅速，但仍存在体系不完善、软硬件设施落后等问题，相信在国家政策扶持下，未来中医药康养旅游产业将呈现多样化、产业联合化的新发展趋势。

第四节　运动康养旅游服务

体育旅游是体育与旅游相互融合交叉的部分，属于社会体育的一个产业分支，也是特种旅游的一种，是人类社会生活中的一种新兴旅游活动。运动康养旅游又是体育旅游其中的一种（见图8-5）。近年来，运动康养旅游发展迅速，各大旅行社纷纷推出运动康养旅游线路或产品，以满足日益增长的消费需求。

第八章 康养旅游特色服务

图 8-5　运动康养旅游

2017 年，国家卫生计生委、国家发展改革委等 5 部门联合印发《关于促进健康旅游发展的指导意见》，指出到 2020 年，建成一批国际健康旅游目的地；到 2030 年，基本建立比较完善的健康旅游服务体系，满足群众多层次、个性化健康服务和旅游需求，吸引更多的境内外游客将中国作为健康旅游目的地，提升产业发展层级。运动康养旅游服务作为比较传统的旅游方式也将迎来新的发展。

一、运动康养旅游服务的定义

运动康养是在大健康产业大发展的基础上，运动与医学相结合发展起来的重要产业。在这一基础上，进一步与旅游进行融合，就产生了运动康养旅游。结合浙江省地方标准《康养旅游服务规范》（DB33/T 2286-2020）关于运动康养旅游的概念，我们将运动康养旅游特色服务定义为"依托各种休闲型、探险型、民族传统型运动资源，为消费者提供现场指导、技能培训等康养类服务项目，引导消费者科学健康运动的所有活动的总和"。

根据以上定义，将运动康养旅游服务的特点总结如下：

（1）运动康养旅游服务的本质在于运动的体验感和参与感。运动康养旅游活动的产生必定来源于旅游者参与运动的行为和身心体验。如马术、射箭、丛林穿越等运动娱乐项目和瑜伽、太极等运动养生项目，均需要旅游者亲自参与到运动项目中而获得康体、养性的感受。

（2）运动康养旅游服务是为旅游者提供健康旅游的必要保障。基于每个旅游者身体素质的差异性与运动过程中的不可抗因素，如果装备物资不到位，防范措施和组织管理不科学规范，极容易发生意外事故。因此部分运动康养旅游活动需配备专业的运动康养师和运动设施设备，运用科学的方法开展。

国务院在2016年发布的《"健康中国2030"规划纲要》中指出："应积极促进健康与养老、旅游、互联网、健身休闲、食品融合，催生健康新产业、新业态、新模式。依托山地、峡谷、水体等地形地貌及资源，发展山地运动、水上运动、户外拓展、户外露营、户外体育运动、定向运动、养生运动、极限运动、传统体育运动、徒步旅行、探险等户外康体养生产品，推动体育、旅游、度假、健身、赛事等业态的深度融合发展。"在这一大背景下，运动康养旅游成为新兴热点。

二、运动康养旅游服务的主要内容

运动康养旅游主要是以旅游目的地或其周边的运动资源或者大型的运动活动为依托开展的旅游活动，以运动的参与或者体育赛事的观赏为主要内容，同时以配套的休闲、养生设施和项目为辅助，以达到促进游客身体健康的目的。运动康养旅游产业以游客参与赛事或活动组织为主要特点。运动康养旅游服务种类众多，根据浙江省地方标准《康养旅游服务规范》（DB33/T 2286-2020），可划分为休闲康体运动、探险性运动、民族传统运动、疗愈性运动四大类别，每一大类别下面又分成若干小类。其中休闲康体运动包括徒步、绿道骑行、登山、定向运动、水上运动、球类运动、射击、休闲体操等；探险性运动包括攀岩、滑翔、溯溪等；民族传统运动包括太极拳、八段锦、五禽戏等；疗愈性运动包括快走、跑步、健身操等体能活动训练、瑜伽等。运动康养旅游项目可以和其他特色康养旅游项目结合，比如去森林旅游，可以选择徒步、绿道骑行、登山、定向运动等运动康养的方式；去温泉，则可以视情况选择水上运动、溯溪等方式，这也说明，运动康养旅游与其他种类康养旅游的融合性很强，很多情况下是可以同时进行的。

 案例8-4

爱水乐山去张坊

建设运动康养特色小镇，是新型城镇化背景下助推城镇化建设的重要举措，是实施全民健身和健康中国战略背景下发展全民健身事业的重要举措，是供给侧结构性改革背景下发展体育产业的重要举措，是脱贫攻坚背景下推动体育扶贫的重要举措。接下来让我们走进国家首批运动休闲特色小镇——北京市房山区张坊镇运动休闲特色小镇。

张坊镇位于房山区西南，林木绿化率达到56.6%，始建于晋代，成乡于金代。悠久的历史，为这里留下了独特的历史古迹，对于渴望远离城市喧嚣、爱水乐山的人们，这是难得的游山玩水与运动休闲胜地。其中，运动特色项目主要集中在乐谷银滩和云居滑雪场两个景点。

乐谷银滩在充分尊重自然人文历史的基础上，以亲近自然、深度体验、欢乐度假为核心理念，致力打造世界地质公园内的核心旅游休闲度假区，使其成为以运动休闲、旅游度假和健康养生为核心项目的智慧型现代旅游综合体，以"高山峡谷漂流""云端玻璃栈道""银河玻璃吊桥"为特色项目，配以科技加人文的高端服务，使之成为北京智慧旅游的新名片。

云居滑雪场山清水秀，景色迷人。冬季滑雪，春季踏青，夏季花草，秋季采摘。云居滑雪场现已开放初中高级雪道6条。滑雪道总长5 000米，平均宽度45米，最大落差208米，最大坡度25度。雪道布局合理，其中出云、飞仙两条雪道总长1 600米，达到国内高级滑雪道标准。

（案例改编自《印象张坊》https://www.sohu.com/a/166240244_256915。）

【案例分析】

北京市房山区张坊镇特色旅游服务项目依托乐谷银滩和云居滑雪场两个景点，创新开发"高山峡谷漂流""云端玻璃栈道""银河玻璃吊桥"等特色项目，满足游客的好奇心，属于探险型康养旅游特色服务项目。

（一）极限挑战——滑翔伞服务

滑翔伞起源于20世纪70年代初的欧洲，登山者从山上乘降落伞滑翔而下，创立了这个新兴的航空体育项目。近年来，随着滑翔伞技术装备的升级，安全水平大幅提高，普及程度也大大增加。滑翔伞运动不仅可以帮助人们提高胆量，而且是人们促进心脏健康的好选择。但滑翔伞仍属于极限运动的类别，对装备、技术的要求非常高。滑翔伞作为运动康养旅游中的探险性运动，不仅需要精心选择旅游地址，也需要专业人员提供培训服务。训练基地会为不同水平的滑翔伞爱好者提供针对性的培训服务。对滑翔伞初学者会提供包括理论知识、地面训练、模拟器练习等服务，如果想提前体验飞行的乐趣，服务人员还会提供带飞服务。对于接受过系统培训的人，可以自由选择单人滑翔伞、双人滑翔伞等项目。而对于滑翔伞高手来说，也可以提供极限类的挑战项目。随着滑翔伞训练基地的进一步发展，滑翔伞这项运动将会越来越普及，让更多的人能享受遨游天空的乐趣。

(二) 乐活时尚——瑜伽服务

瑜伽起源于印度，距今已有五千多年的历史，被人们称为"世界的瑰宝"。人们将练习瑜伽作为一项身心锻炼的方法，以达到心理减压以及生理保健等功能。瑜伽运动不涉及竞技性，重在学会放松，学会尽力而为，充分挖掘自我的潜能，通过身体练习和心理调节，以期唤醒身体的自调机制，逐步提升。

瑜伽馆是用于学习和练习瑜伽的专业场所。作为专业学习和练习场所，瑜伽员工会向消费者提供常规服务与增值服务。常规服务大致相同，包括接待陌生客户、邀约、接人、进店、登记、导览等。从康养的角度来说，瑜伽馆提供多种特色服务，比如茶水养生、瑜伽健康餐食、瑜伽身形调整等服务，通过提供特色服务，达到将瑜伽与健康养生有机融合的效果。

(三) 强身健体——八段锦养生服务

八段锦功法是一套独立而完整的健身功法，起源于北宋，至今有800多年的历史。练习八段锦可以活动颈、肩、腰、膝等关节，加强臂力和下肢肌力，防治脊柱后突等不良姿势。同时，腹式呼吸加上四肢、躯干的伸展和收缩运动，横膈运动幅度加大，扩大肺活量，促进了肺脏的呼吸和气体交换，有助于防治神经衰弱、食欲不振、睡眠障碍、肥胖症等疾病，对血压、心率、血糖、甲状腺功能等也具有双向调节功能，可增强机体的免疫能力。

当前社会上的八段锦培训有很多，教学方式主要以功法教学和动作指导相结合的方式为主。适用对象广泛，特别适用于情志抑郁、神经衰弱、睡眠障碍、视疲劳等办公室人群；哮喘、心慌气短、心律失常等心肺功能减弱人群；体型肥胖、胃肠功能紊乱、便秘、食欲不振等消化系统问题人群；高血压、高血脂、高血糖等慢性病人群；颈椎病、腰腿痛、腰肌劳损、肩周炎等运动系统问题人群；易感冒、易疲劳、抵抗力下降、风湿、类风湿等免疫系统问题人群。

八段锦是优秀的中国传统保健功法，动作简单易学，但是一整套下来也会有浑身发热、出汗的感觉，像是做了剧烈的运动一样，因此患有严重心、脑、肺疾病的人群是不适宜练八段锦的，以免诱发疾病。此外，初学者筋骨太硬者也不宜训练，先松筋达到柔韧后再进行锻炼八段锦可以避免拉伤。总之，练习八段锦，要想达到良好的效果，离不开优秀的养生培训服务，否则只能事倍功半，甚至伤及自身。

(四)积极参与——观看球类盛事

观看或参与球类体育赛事是运动康养项目的重要内容。全世界每年都会举办各种类型的球类运动比赛,吸引了众多体育爱好者,像足球、篮球、网球、排球、乒乓球、棒球、橄榄球、高尔夫球等运动都是人们热爱的项目。

网球是世界上最流行的运动项目之一,网球一向有"贵族运动""绅士运动""文明运动"的美誉。观看重要的国际网球比赛是许多有品位的人休闲、度假的主要内容。独特的网球文化使得网球运动成为现代社会中人们崇尚的生活方式之一,越来越多的人参与到了网球活动中。

目前众多的旅游网站提供各式各样的体育旅游,比如参观澳网博物馆,可以深度了解澳网文化,更可见证网球的发展历史,从装备、服装到规则,唯一不变的是热爱。除了参观,参与也是重要的一环,参与网球盛大派对,可以在蓝天白云下躺卧沙滩椅,也可以参与网球趣味游戏,观看球童训练。志同道合的网球爱好者也可以在旅途中打网球、看网球赛、聊网球,成为人生旅途中的网球友谊。

国内部分康养小镇还建有网球馆,提供网球基础课程,一般包括网球的基础知识(包括场地、球拍的选择、握拍的手法)、击球手法、发球方法、移动步法和实战技术等内容。在学习完基础课程后,网球培训机构还会根据学员情况提供其他的可选强化课程。

三、运动康养旅游服务质量的提升

(一)健全师资队伍,提升服务水平

无论是上面列举的滑翔伞、瑜伽等运动,还是推而广之的溯溪、攀岩、滑旱冰等技巧类运动,都需要专业的培训服务。而评价培训服务质量的好坏,培训师的水平是其中至关重要的因素。

为了提高消费者参加运动康养旅游的积极性,景区应该培养一大批服务意识强、专业水准高的运动培训师。考查培训师专业程度主要从以下几个方面进行:

第一,课程内容优劣是评价培训师水平的试金石。运动课程应根据消费者自身条件设定,课程应具有逻辑性与实用性。

第二,培训师自身素养与服务意识的体现。优秀的培训师应该呈现丰富的表情,能跟随讲授内容来不断转换自己的表情,用亲和力展现吸引力。积极有效的互动也是考查培训师的关键要素,为了避免课程氛围沉闷,优秀的培训师应该采用生动的表达方式,把简单的东西标准化,把复杂的东西简单

化，实现有效沟通。通过以上方法，制定相关标准，提高培训师队伍质量，对于改进培训整体服务质量，最终提高运动康养旅游服务质量具有重要的推动作用。

（二）集中优势力量，优化产业结构

优化"康养+运动"产业结构，集中优势力量，壮大整体规模，精心打造康养小镇，突出运动康养功能，建立精品健身俱乐部，形成品牌核心区，辐射带动周边项目。将户外运动与室内运动有机结合，室外方面可以结合当地地理特征，开展漂流、滑雪、水上游乐体验、环山道自行车赛等项目；室内方面可以修建传统体育展示区，让游客能参观或参与地方传统体育表演，购买体现地方特色的别样体育用品，吸引游客的眼球。

（三）融合传统体育，创新比赛模式

以民族特色引导"康养+运动"项目发展，构建以政府为主导、体育协会协作、社会共同参与的大体育活动格局。深入挖掘开发民族传统体育资源。每个民族有自己特定的传统体育资源，各个区县体育局要把它们发扬光大。比如蒙古族、藏族等少数民族喜爱赛马。蒙古族每年都举行1次盛大的赛马会，可以利用内蒙古大草原的天然优势，开展马术训练，吸引更多的消费者关注少数民族，关注传统体育项目及其具有的康养效果。

创新比赛模式，打造体育赛事品牌。充分利用山、水、林等自然户外"运动养身"资源，举办形式多样的体育赛事，引导消费者以观赛或者参赛为目的前来旅游。比如傣族、苗族、白族等都有划龙舟活动，通过比赛锻炼消费者的耐力与协调力，培养积极向上的心理状态。另外，健身气功、太极拳等项目，具有组织优势和群众优势，可以通过承办全市健身气功交流、太极健身表演等赛事，推动中老年人群"动养"项目的发展。

第五节 康养旅居服务

现代社会人们的工作、生活节奏越来越快，随之而来的是越来越大的精神压力导致的不规律生活，亚健康群体越来越多。进入后疫情时代，人们将关注点聚焦在"康养"上，一大批避暑避寒避霾、养生养心养老的大众旅游进入人们的视线，康养旅居（见图8-6）也随即成为旅游市场甚至房地产市场的又一发展热点。各地纷纷兴起了随季节变换选择不同地域度假的"候鸟式养生"及"便捷式旅居"生活方式，充分利用康养旅居型地产打造避暑养生胜地，以满足不同游客的个性化需求。

图 8-6 康养旅居

一、康养旅居的定义

所谓康养旅居，顾名思义就是健康养生类旅游家居，是以中国传统养生理念去满足人们精神文化追求的一种体验式复合型房地产开发模式。康养旅居服务通过整合森林康养旅游资源、温泉康养旅游资源、中医药康养旅游资源以及运动康养旅游资源，为旅居游客提供健康养生特色服务，让心灵回归自然，让城市人体验"候鸟式生活"，从而提升旅客出游满意度与幸福感的所有活动的总和。

康养旅居与度假休闲比较接近，故其性质特征也基本相同，其中主要的可以概括为以下三点：

（1）在某一特定旅游地居住时间长且重复消费比例高。

（2）环境是康养旅居目的地选择和建设的第一资源。

（3）重视产品和服务的质量及性价比。

《"十三五"旅游业发展规划》提出："十三五"期间要"促进旅游与健康医疗融合发展。鼓励各地利用优势医疗资源和特色资源，建设一批健康医疗旅居示范基地。发展中医药健康旅游，启动中医药健康旅居示范区、示范基地和示范项目建设。发展温泉旅游，建设综合性康养旅居基地。制定老年旅居专项规划和服务标准，开发多样化老年旅居产品。引导社会资本发展非营利性乡村养老机构，完善景区无障碍旅居设施，完善老年旅居保险产品。"

二、康养旅居业态必备条件

康养旅居的特征为业态发展提供了思路,也引出了业态发展的必备条件。国内首部康养蓝皮书《中国康养产业发展报告 2017》主编何莽发表过关于康养旅居的观点:"居"倾向于惯常环境,"居者有其屋"是社会追求,强调稳定性和熟悉感,"旅居"需实现在陌生地方找到熟悉感。康养旅居业态必备条件可以分为以下几点:

(一)优越的自然资源与环境条件

本章的前三节介绍了康养旅游的特色服务,无论是森林康养旅游、温泉康养旅游还是中医药康养旅游,对旅游资源都有特定的需求,比如森林康养旅游要求森林覆盖率高,生物具有多样性;中医药旅游要求适宜特定中草药种植,种植质量优。作为康养旅居是将各类康养旅游资源进行优化整合,必然对气候环境、各季节舒适度等指标有严格的要求。在选址上要生态环境良好,安静恬然、依山傍水、空气清新自然,让人心生向往。除了以上的自然环境,康养旅居还需要政府提供开明的政策支持,需要渗透文化内涵。

(二)完善的康养设施

康养设施是康养旅居的硬实力,是康养旅居吸引力的外在体现。康养设施主要考量三大方面:康养产业水平的高低(康养基地数量及容量、康养及相关配套产业发展水平)、康养服务设施的多少(养老院、敬老院、老年公寓等床位总数及千人床位数)以及医疗资源情况(医院数量及等级,医务人员数量及结构,千人医疗资源比例、医学科研能力)。从服务客户群的不同来分析,主要是服务于中青年客户群和老年客户群。对于中青年客群,他们不了解自身的健康状况,主要提供健康管理系统,提供身体体检、健康顾问等管理服务,改善身体亚健康状态;而对于老年客群,他们更关注晚年生活规划与健康,要重点打造高品质的居住环境,提供专业医师照护,实现医院联动绿色通道等多样化康养服务,致力打造全生命周期的健康关怀。

(三)专业的服务人员

与普通旅游相比,康养旅居最大的特点就是对老人安全健康的服务更加到位。这不仅需要有一套科学的标准化健康管理机制,配备医疗资源,还要培训一批高素质的懂养生专业知识的技术技能型人才,他们会第一时间为每位老人建立健康档案,根据老人身体指标为老人提出出行建议;当老人外出游览时,可以提供各类疾病的救治措施,防止老人在游览过程中突发意外。

◀◀◀ 案例 8-5 ▶▶▶

品味大理慢时光，康养旅居新时尚

2020 年 7 月 30 日，《人民日报·海外版》刊登了一篇题为《大理古城慢时光》的文章，文中对古城景致的生动描写再一次把大理文化魅力推向四方。从"浪漫之都"到"全国历史文化名城"，再到"最佳中国魅力城市"，大理凭借丰富多样的旅游资源和独特的魅力，吸引着海内外游客争相打卡。大理清净典雅的环境和慢节奏的生活正好赶上了康养旅游的新热点，集合了旅游、康养、生活、教育、文化、地产于一体的康养旅游地产项目应运而生，成为大理文旅地产发展的新模式，对于缺乏康养产业的大理更是一种突破和空白填补。

在大理，做文旅的地产项目很多，但真正把文旅与康养融合的项目却不多，其中大理慢谷项目称得上是典范。自成体系的山水公园，为大理构建了森林康养、度假休闲、生态旅游、文化体验为一体的康养旅居生态圈，打造了大理康养产业标杆。此外，常青学院、金成康养"爱护家"国际家庭健康管理中心等机构，提供丰富多彩的体验活动，保障多维度健康管理服务。慢生活是大理的第一标签，大理慢谷将是未来大理"康养+旅居"的第一标签，无论是旅行者还是旅居者，皆可在这里遇见美好的生活。

（案例改编自门户网站界面 https://www.jiemian.com/article/5195063.html。）

【案例分析】

大理慢谷作为文旅地产项目的典范有其必然性。大理风花雪月的自然风景、清净典雅的环境为康养旅居提供优越的自然资源与环境条件，自成体系的山水公园、常青学院为游客提供完善的康养设施，国际家庭健康管理中心拥有大批的专业的服务人员，这些都成为大理慢谷发展的必备条件。

三、康养旅居服务的主要内容

服务是无形的产品，康养旅居服务通过康养旅居产品体现。目前，我国的康养旅居产品市场发展迅猛，主要集中在东北、长三角、山东和西南地区。一大批地产企业凭借丰厚的资金支持和广阔的地域优势，打造出一系列高端的康养旅居场所、社区。另外，还有一些保险公司，看准康养旅居这块大蛋糕，将各类老年保险与康养旅居捆绑销售，积极地加入康养旅居的投资和运营中。

（1）按照消费主体来分，中老年康养旅居产品主要为医疗旅游、慢病管理、健康检测、营养膳食、老年文化等相关产品。

（2）按照市场需求来分，主要包括养身产品、养心产品和养神产品。其中，保健、养生、运动、休闲、旅游等属于养身产品；心理咨询、文化影视、休闲娱乐等属于养心产品；安神养神产品、宗教旅游、艺术鉴赏与收藏服务和修禅服务等属于养神产品。

（3）按照关联产业来分，主要包括农业产品与健康养老产品。其中，果蔬种植、农业观光、乡村休闲属于农业产品；医疗卫生服务、理疗、护理服务、社区养老、养老金融、美体美容、养生旅游、健康咨询等属于健康养老产品。

（4）按照资源差异分类，包括森林康养、气候康养、海洋康养、温泉康养、中医康养等旅居产品。

四、康养旅居服务质量提升

（一）加强精品意识，实现量变到质变的发展

近年来，政府已经认识到康养旅居对经济发展的影响，纷纷加快发展速度，将其作为支柱产业培育或者作为先导产业发展。但是在康养旅居蓬勃发展的同时，也应该看到粗制滥造、假冒伪劣的产品，还出现了"劣币驱逐良币"的现象。政府相关部门必须加强行业的管理，倡导相关企业做精品、做品牌，实现高质量发展。

（二）强化养生主题，设计多元化服务项目

随着经济与交通的发展，加上国家鼓励带薪休假的政策，人们的旅游消费观念不断转变，康养旅居自助市场迅速扩大，个性化旅居、自助旅居迅速成为市场上的主导形式。康养旅居经销商应该以健康养生、休闲度假等健康产业为核心，开发休闲农业、医疗服务、休闲娱乐、养生度假等多功能产品。作为服务产品的提供者，为了增强产品的吸引力，应该合理分析客户群体，根据市场细分，设计有针对性的特色服务，并在实践过程中检验完善。

（三）培养领军人才，提升服务人员专业素养

组织开展有关旅居养老方面的各种业务培训，推广"拉出去""请进来"与"面对面"相结合的培训方式。通过"拉出去"，组织服务人员到康养旅居龙头企业实地考察、参观学习、挂职培训；通过"请进来"，邀请相关专家、

学者开设康养旅居理论课程，夯实理论基础；通过"面对面"，邀请一线实践者开设实践案例分析课，进行情景模拟训练，提高康养旅居产业从业人员实操水平，为旅居产业发展步入快车道奠定人才基础。

康养旅居服务作为现代服务业的重要组成部分，是经济新常态下稳定增长的有效举措，符合后疫情时代人们追求美好生活的合理诉求。作为新兴的战略性支柱产业，康养旅居产业的管理者应致力于提高企业的吸引力和影响力，完善现代化康养设施，培养专业康养服务人员，丰富康养旅游体验项目和内容，提升相应的服务质量，积极探索康养旅居的发展途径。

本章小结

本章主要介绍了康养旅游特色服务的五大表现形式：森林康养旅游服务、温泉康养旅游服务、中医药康养旅游服务、运动康养旅游服务以及康养旅居服务。通过案例的引导，介绍不同康养旅游特色服务的概念、服务分类、发展困境以及发展途径等知识。引导学生明确康养旅游发展的重点在于优化资源配置，挖掘自身特色，配备现代化康养服务设施与专业人才，为旅客提供形式多样的体验活动。身处后疫情时代的人们更加注重身心健康的发展，将旅游的关注点更多地聚焦在康养休闲旅游这一新型旅游服务上，向康养旅游从业者提出了更高的要求。作为新时代的康养旅游从业者，应该在逆境中求变通，充分发挥后疫情时代的独特性，提升自身的专业水平，运用先进的健康理念武装自己，为游客提供优质服务。

思考与练习

一、填空题

1. 保健三浴是指（　　）、（　　）和（　　）。

2. 大多数人认为康养旅游的主要服务对象是中老年群体或是身体存在疾病的群体，然而，森林康养旅游服务也可以兼顾不同年龄段的游客，建设类似（　　）的全程服务。

3. 温泉 SPA 根据消费者的不同诉求提供个性化服务，有的以（　　）为目的，偏重放松、舒缓、排毒；有的以健美瘦身为重点，偏重体重管理；还有的结合中医药疗养，重芳香精油纯草本疗法。

参考答案

4. 世界温泉行业大致分为三个派：（　　）、（　　）、（　　）。

5.中医药康养旅游通过为消费者提供（　　）、（　　），感受中医药、熟悉中医药，在体验中加深对中医药的认识和了解，提升对中医药文化的认同与喜爱。

6.基于"（　　）"理论，人们开始探索以中医药观念去选择、搭配饮食。

7.运动康养旅游服务种类众多，可划分为休闲康体运动、探险性运动、（　　）、疗愈性运动四大类别。

8.瑜伽馆提供多种特色服务，比如茶水养生、瑜伽健康餐食、（　　）等服务。

9.康养旅居最大的特点就是对（　　）的服务更加到位。

10.按照（　　）分类，康养旅居产品包括森林康养、气候康养、海洋康养、温泉康养、中医康养等旅居产品。

二、多项选择题

1.以下选项属于康养特色旅游服务的是（　　）。

A.森林康养旅游服务　　　　B.温泉康养旅游服务

C.中医药康养旅游服务　　　D.运动康养旅游服务

E.康养旅居服务

2.《关于促进森林康养产业发展的意见》提出，到2022年建设国家森林康养基地300处，到2035年建设1 200处，向社会提供（　　）的森林康养服务。

A.多层次　　B.多种类　　C.高质量　　D.高消费

3.温泉SPA根据消费者的不同诉求提供个性化服务，包括（　　）几种类型。

A.以洽谈商业合作为目的

B.以健美瘦身为重点，偏重体重管理

C.结合中医药疗养，重芳香精油纯草本疗法

D.以康养为目的，偏重放松、舒缓、排毒

4.中医药健康旅游项目为消费者提供包括（　　）等多项中医疗养服务。

A.针灸　　　B.推拿　　　C.拔火罐　　　D.刮痧

5.根据浙江省地方标准《康养旅游服务规范》（DB33/T 2286-2020），运动康养旅游可划分为（　　）。

A.休闲康体运动　　　　　　B.探险性运动

C.民族传统运动　　　　　　D.疗愈性运动

三、简答题

1. 简述提升温泉康养旅游服务质量的途径。
2. 简述温泉康养旅游活动的特征。
3. 简述康养旅居业态有哪些必备条件。

四、论述题

分析中医药康养旅游服务的主要内容。

五、拓展题

1. 同学们，通过本节的学习，你是否对运动康养旅游服务有一个大致的了解了呢？请结合所处省市具体情况与自身经验，选择一个熟悉的运动康养旅游服务项目，设计服务方案。（提示：应包括服务名称、服务主要内容、服务要求、保障措施等）

2. 同学们，本节课我们学习了康养旅居的定义及所涉及的主要内容。全国各地都在打造康养名城，请同学们按照分组，挑选一个你身边的康养旅居案例，收集相关资料，突出康养旅居项目的特色，并通过PPT的形式向大家逐一呈现。（提示：应包括康养旅居项目名称，提供的特色服务内容及具备的主要功能等）

第九章

休闲旅游特色服务

本章重点

本章包含户外休闲旅游服务、文化休闲旅游服务、运动休闲旅游服务、康乐休闲旅游服务的相关概念及内容,重点讲解户外休闲旅游服务、文化休闲旅游服务、运动休闲旅游服务、康乐休闲旅游服务四种特色服务的主要内容和质量提升方法。

学习目标

通过本章的学习，了解休闲旅游特色服务中关于户外休闲旅游服务、文化休闲旅游服务、运动休闲旅游服务、康乐休闲旅游服务的概念和主要内容，了解特色旅游服务质量提升方法，具备良好的服务意识，从而为游客提供品质服务。

本章思维导图

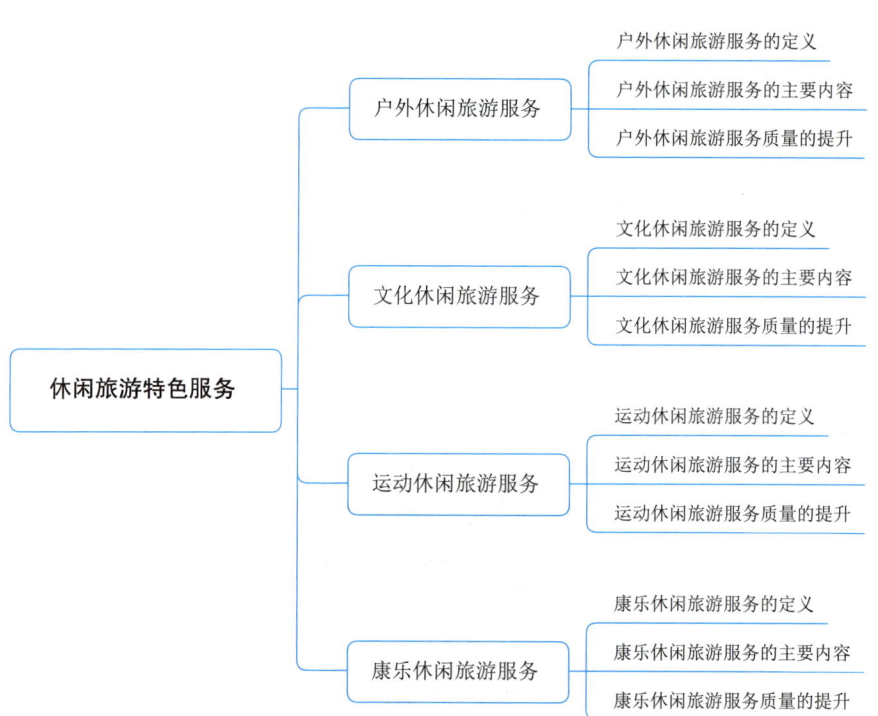

第一节　户外休闲旅游服务

随着城市的发展，人们的生活、工作甚至休闲娱乐绝大多数都在室内进行。然而当人们在旅游中寄情山水时，更愿意在户外进行休闲活动。有过户外旅游经历的人更会对自然、生命心存敬畏与保护，领悟体验更多，户外休闲旅游是休闲旅游中重要的一部分。

一、户外休闲旅游服务的定义

户外休闲旅游是通过发生在户外或依赖于户外环境的休闲旅游活动而产生的娱乐体验。户外休闲旅游与其他休闲方式有两项不同之处：一是所涉及的范围是否处于自然；二是所涉及的活动与体验是否依赖自然环境。一些户外休闲旅游的环境是完全自然且未开化的，而另一些则经过了高度改良并且需要成熟的设备。有时体验会完全取决自然环境，如徒步、攀岩、探险旅游等；有时自然环境未必起到关键作用，如林荫小道散步休闲。户外休闲旅游服务正是立足于户外休闲旅游资源，通过产品、设施设备和技能服务等，满足游客的主观满足和客观需求。

综上所述，户外休闲旅游服务的定义是以户外休闲资源为依托，为了满足游客户外休闲旅游需求，提供以户外休闲旅游为主的各种产品和技术支撑的服务形式的总和。

户外休闲旅游服务主要为游客的户外休闲活动提供服务，其服务特点除以户外服务为主外，还具有很强的环境依赖性，依托什么环境提供什么服务；服务综合性、层次性，同样的产品和服务可以提供不同层次的服务，游客获得体验程度也有差异；区域协作性，户外休闲旅游一般是线路产品，可能需要多个景区、地方共同协作提供服务。

二、户外休闲旅游服务的主要内容

从广义上来说，凡是非室内的旅游都可称为户外旅游。户外休闲旅游涵盖内容广泛，并不能完全区分开，根据主要提供服务的差异可以大致分为四类。

（一）城市户外休闲旅游服务

城市户外休闲旅游服务依托城市户外休闲资源，需要充分依赖和利用城市本身的户外休闲资源，在此之上配备高质量、高品位、高效率的旅游服务，促进城市旅游持续稳定健康发展，增强游客旅游体验。完整的城市户外休闲旅游服务内容丰富，应涵盖旅游产业结构中的食、住、行、游、购、娱各方面，并应将这些要素间进行充分衔接配合，设计完整的户外休闲旅游线路，充分体现城市特色，增添体验型户外休闲类旅游产品和项目。充分展现城市浓郁的文化氛围和特色，以悠闲、舒适为基调，提供如城市观光、文体历史、民俗体验、美食享受、现代娱乐、城市打卡等产品和服务，并同时能让游客体验城市鲜明特色的市井文化、历史风貌、民俗文化、岁时习俗、茶歇习俗、现代娱玩等，为城市户外休闲旅游产品提供物质和服务保障，让游客充分感受和体验城市原汁原味的户外休闲氛围。

（二）乡村户外休闲旅游服务

乡村户外休闲旅游服务区别于城市户外休闲，主要是围绕乡村特色休闲资源，在保护乡村生态环境的前提下提供能体验乡村自然田园风光、风土人情、乡味乡俗的旅游产品和服务。服务模式主要以参与性和休闲性相结合，服务内容项目包括田园观光、果蔬采摘、传统农耕、乡村美食、农家乐、农具陈列、农贸交易等。充分利用乡村优美的环境、清新的空气，少污染少干扰的自然生态，配套各种户外休闲娱乐设施，满足游客远离城市喧嚣、回归自然乡村，实现休闲、放松、娱乐、健身的目的。在服务的过程中，要注意将乡村文化旅游资源融入乡村户外休闲旅游景区中，展现独具特色的民俗风情、乡土文化、传统文化，开发类型多样、特色独具的乡村户外休闲旅游景区，实现"一村一特、一户一品"，避免同质化和重复性，给游客不一样的新奇体验。通过开展乡村节庆、乡间歌舞、传统文化、乡风民俗、婚丧嫁娶等活动展示乡村民俗文化，如开展稻田摸鱼、乡野垂钓、果蔬采摘、农田认养等各种具有乡村特色的户外休闲活动，增强体验性和互动性，让游客充分参与和体验乡村户外休闲旅游的乐趣和特色。

（三）户外运动休闲旅游服务

户外运动休闲旅游服务即为户外进行的运动休闲旅游提供服务，其主要特征是以休闲旅游为目的的户外运动，在提供服务时要充分考虑到游客的业余性、自主性和参与性。户外运动休闲旅游不具备传统竞技比赛的专业性和规则性，是游客根据自身偏好和动机自主选择的项目。游客参与项目时，其目的并不是想要获得名次和成绩，主要是为了身心放松、休闲体验，参与户外运动项目的过程才是游客在意和重视的。因此，户外休闲运动旅游服务就是为游客提供可以参与的户外运动休闲项目，并协助游客完成体验，如景区的户外游泳、滑雪、球类运动、攀岩、高尔夫、马拉松等。在给游客提供户外运动场地、设施设备的同时，提供技术指导、安全服务等，让游客充分参与其中，体验户外运动休闲的快感。

（四）特色户外休闲旅游服务

户外休闲旅游种类众多，当依托具有特色的环境和资源，便形成了特色户外休闲旅游服务。以自然环境划分，可以分为沙漠户外休闲旅游服务、草原户外休闲旅游服务、雪域户外休闲旅游服务、森林户外休闲旅游服务、湿地户外休闲旅游服务、山地户外休闲旅游服务等。这些特色户外休闲旅游服务必须依据特色自然地貌和环境，提供不同的特色服务，满足游客特色户外体验需求。如沙漠类户外休闲旅游，提供能满足游客骑骆驼、滑沙、沙漠摩托车等特色沙漠体验和服务；草原类户外休闲旅游，提供能满足游客骑马、摔跤、射箭、吃手扒肉、住蒙古包、奶食等具有当地草原特色和风情的体验；雪域类户外休闲旅游，提供满足游客滑雪、爬山、看云海、观雾凇等体验冰雪世界、雪域风光的特色服务。应在对应的特色户外休闲旅游环境中提供特色服务，要告知游客相应注意事项，并根据游客需求和情况提供服务，满足游客特色户外休闲旅游体验。

三、户外休闲旅游服务质量的提升

（一）完善户外休闲旅游智能导航系统

随着户外休闲的快速发展，户外休闲旅游项目不断开发，参与人员不断增加，户外休闲旅游范围也不断扩大，地图、导航、指示系统等的需求更为广泛。地图一直是户外运动休闲旅游等必备的辅助工具，户外休闲指南地图随着地图科学技术的进步也得到更快发展，各种形式的户外休闲专用地图被广泛应用，这些地图在标准地形图基础之上加绘专题要素，更具有直观性、一览性、可测量性等。为了应对多样化的户外休闲旅游需求，应根据户外休闲项目和户外休闲旅游涵盖的范围，不断探索和总结，制定专项导航地图，如××地方自驾指南、徒步指南、骑行指南、摄影采风指南、急救服务指南，还有类似赏花品茶及探访农家乐等户外休闲旅游地图等。通过专题导航满足游客不同户外休闲旅游需求。由于不同比例尺电子地图上地理要素的详细程度差异很大，在编制户外运动导航时，应选用合适的比例尺和数据源来编制不同用途的指南图和导航。同时随着互联网、移动网络技术发展，手机终端的普及，开发网络户外地图、手机 GPS 户外导航成为必然。为了满足游客需求，提高游客体验和服务，导航系统应更加智能化和精细化，让游客能在最短的时间找到和对接需要的产品和服务。

（二）增加户外休闲旅游服务的层次性

休闲旅游消费形式有低端、中端、高端之分，根据游客体验现状和参与程度的差异，又可以分为浅层体验、中度体验、深度体验三个层次。浅层体验主要依赖旅游资源，根据旅游资源稀缺性和独特性吸引游客，如观光休闲旅游。户外休闲旅游对旅游资源品质依赖较高，在资源品质不高的情况下，游客难以获得独特、难忘的体验效果。传统户外休闲旅游停留在浅层体验阶段，消费形式也比较低端，以观光为主，游客只是走马观花地欣赏一下自然景观和风貌，对地方民俗文化了解甚少。中度体验游客可以通过参与各种的户外休闲特色活动，从视、触、味、声等多方面体验休闲项目、旅游地居民的生活方式并放松心情，可以给游客留下更为深刻的印象，其消费层次可以涵盖低端、中端和高端。而深度体验则是指游客完全融入旅游产品和服务中，与旅游资源、景区和当地居民进行零距离的接触，深刻体验景区的特色和文化。完整的户外休闲旅游服务应同时包含三个体验层次，并根据游客的需求和动机调整所含服务层次的比例，给游客提供相应的服务。

（三）加强区域协作，形成户外休闲旅游产业链

旅游是线路活动，游客的户外休闲旅游活动区域可能涵盖多个景区、地方和城市甚至国家和地区。因此，为了提高户外休闲旅游服务质量，区域间联合起来共同开发户外休闲旅游产品很有必要。区域协作，可以实现户外休闲旅游资源优势互补形成合力，发挥整体优势，并能避免各自为政、重复建设。对于产品类似且临近的区域，可进行产品联合开发，科学布局，发挥集成优势，形成大户外休闲旅游产品服务群。城市之间也应走竞争合作之路，以市场为导向，结合区域分工和客观规律，通过竞争合作，寻求区域户外休闲旅游发展的最佳利益结合点，兼顾各区域利益，充分利用各自资源、交通、产品、市场、资本、信息、人才等优势，共同开发户外休闲旅游资源，合理编排户外休闲旅游线路和分工，完善旅游设施，联合开拓户外休闲旅游市场，延长户外休闲旅游产业链，实现多区域的协调发展。

（四）注重环境保护，促进户外休闲旅游可持续发展

户外休闲旅游以自然环境为本。为了可持续发展，形成生态环境保护意识至关重要。户外休闲旅游的开发、服务，无论是开发商、旅游企业、旅游从业人员，还是游客都应该形成生态发展、环境保护意识。户外生态环境质量是户外休闲旅游赖以生存和发展的基础，资源开发和接待游客都要充分考虑生态环境承载能力，保证生态底线，保护性开发和利用。对于各种垃圾要

进行专门处理，杜绝污染，旅游接待部门应加强废水、污水、厕所、生活垃圾、厨余垃圾等的处理，并注重餐具、餐厅及住宿、厕所户外设施设备等的杀菌消毒，预防疾病产生、传染，让游客安心、放心，从而促进户外休闲旅游的健康有序可持续发展。

第二节 文化休闲旅游服务

随着旅游的发展，游客对于旅游有了更深层次的需求，走马观花、游山玩水式的旅游方式已经不能满足游客需求。领略旅游地的悠久灿烂历史，品味其蕴藏的丰富文化内涵，并深入体验当地的文化，已经成为主流需求。旅游从业人员应该在策划文化休闲旅游服务的时候，对地区文化资源进行挖掘与梳理，深挖文化内涵，通过创意性的策划传承和保护区域文化，为游客提供全面的文化休闲旅游服务。

一、文化休闲旅游服务的定义

世界旅游组织在1985年给出"文化旅游"的广义定义："文化旅游包括旅游的各个方面，旅游者从中可以学到他人的历史和遗产，以及他们的当代生活和思想。"同时，也给出了狭义定义："人们出于文化动机而进行的移动，诸如研究性旅行、表演艺术、文化旅行、参观历史遗迹、研究自然、民俗和艺术、宗教朝圣的旅行、节日和其他文化事件旅行。"

文化休闲旅游服务要让游客能实现特殊的文化感受，满足游客文化休闲动机和目的，在旅游过程中，能充分观察、感受、体验异地或异质文化，或对旅游资源文化内涵进行深入体验，从而得到全方位的精神和文化享受，增加知识、开阔眼界，或从中获得教育，满足精神生活的需要。

综上所述，文化休闲旅游服务是"以文化休闲资源为依托，为了满足游客文化休闲旅游需求，提供以文化休闲旅游为主的各种产品和技术支撑的服务形式的总和"。

文化休闲旅游服务具有主题性、无形性、体验性和审美性等特点。文化休闲旅游产品众多，需要根据确定的文化主题提供服务；文化大多是无形的东西，在提供服务时要将无形的文化有形化、活态化，让游客能够感知参与，因此也具有很强的体验性；文化休闲旅游是一种较为高级的行为和方式，提供的服务必须具备一定的审美意识和情怀，体现美学价值。

二、文化休闲旅游服务的主要内容

文化是旅游的灵魂，旅游是文化发展的重要途径。文旅融合之后，文化休闲旅游成为重点和热点。人们不再只满足旅游资源表面和浅层的东西，而更希望深入了解资源景观背后的底蕴和知识，文化休闲旅游服务应运而生。

文化休闲旅游服务大致可分为历史文化休闲旅游服务、现代文化休闲旅游、民俗文化休闲旅游服务、民族文化休闲旅游服务。

（一）历史文化休闲旅游服务

历史文化休闲旅游以文物、遗址、古建筑等历史文化资源为依托，具有极高的历史、文化、科学、社会、艺术、科考等价值，是国内外游客最青睐的旅游内容之一。在进行历史文化休闲旅游服务时，有三点要特别注意：

一是阐明当地历史文化的灵魂，让游客能够充分了解一个地区的历史文化脉络，其中所包含的人物、建筑、故事都是珍贵历史文化资源，但这种内容贵真重实，不能为了迎合部分游客趣味而篡改历史，更不应该为增加趣味而哗众取宠。

二是历史文化休闲旅游服务中要软件硬件两手抓，许多地方非常重视历史文化资源的硬件建设。完善的基础设施对游客来说是必要的，但要留得住游客，能让游客深入了解历史和文化，还需要丰富的软件内容，要活化表达方式，让游客能被历史文化所感动、所触动。

三是创意表达历史文化。历史文化休闲旅游服务需要融入游客的生活环境，仅靠厚重文化底蕴而缺乏创意表达，不能让游客满意。通过开发、利用游客喜闻乐见的休闲旅游项目和资源，提供满足游客文化需求的休闲旅游项目（景区）、旅游设施和旅游服务的综合设施和服务，才能满足游客的需求。

（二）现代文化休闲旅游服务

现代文化休闲旅游以现代文化、艺术、技术成果为代表，有别于以文物、史记、遗址、古建筑等为代表的历史文化休闲旅游，体现现代精神、现代文明、现代生活方式。比如现代时尚文化休闲旅游服务、现代科技文化休闲旅游服务、现代休闲文化休闲旅游服务、现代商业文化休闲旅游服务、现代艺术文化休闲旅游服务、现代创意文化休闲旅游服务、现代乡村文化休闲旅游服务等。依托现代文化休闲旅游资源，通过开发和利用，提供丰富多样的现代文化休闲旅游产品和服务，一般需要体现创意性、科技性和体验性，如提供 VR（虚拟现实）和 AR（增强现实）体验即为现代科技文化休闲旅游服务的典型。

（三）民俗文化休闲旅游服务

民俗文化休闲旅游是以参观、体验旅游地居民日常生活习俗、节日庆典、祭祀、婚丧、体育活动和衣着服饰等为吸引物的旅游活动。民俗文化传承民族文化，珍藏历史记忆，彰显民俗特色。旅游开发融入民俗文化，可以使民俗文化焕发出新的生机与活力，形成独特的民俗休闲旅游文化产品。中国地大物博，各地区长时间传承发展形成了独特丰富的民俗文化，是极其珍贵的旅游资源，如潍坊的风筝节、绵竹的年画节等。在开展民俗文化旅游服务时，应充分挖掘游客需求和民俗文化休闲旅游产品，为游客提供丰富的民俗休闲文化体验，让游客充分了解地方民俗文化，并注重推广各地多样的民俗活动，让游客通过参与、体验民俗文化休闲旅游活动获得精神文化的满足。

（四）民族文化休闲旅游服务

异质性是旅游的核心吸引要素之一。我国拥有56个民族，各民族在漫长的历史长河中形成了特有的民风民俗和生活习惯，形成了文化差异显著的民族文化。民族文化休闲旅游服务正是为了满足游客各种民族文化休闲旅游体验，以民族文化休闲旅游资源为依托而提供的各种服务，包括民族歌舞文化休闲旅游服务、民族演艺文化休闲旅游服务、民族体育文化休闲旅游服务、民族婚礼文化休闲旅游服务、民族节庆文化休闲旅游服务、民族工艺文化休闲旅游服务、民族音乐文化休闲旅游服务、民族建筑文化休闲旅游服务、民族服饰文化休闲旅游服务等。民族文化休闲旅游服务能让游客深入了解和感知民族文化、民族非遗、民族风俗、民族演出演艺、民族餐饮等。

三、文化休闲旅游服务质量的提升

（一）创新活化，丰富文化休闲旅游服务内容

文化休闲旅游服务是游客实现文化休闲旅游的重要保障。如何将文化活化是提升和保障文化休闲旅游服务质量的关键。文化内涵广泛，如何让游客对文化看得见摸得着，能够深入体验甚至融入，是文化休闲旅游服务的瓶颈也是关键。创新活化是提高文化休闲旅游服务的必然之路。文化与实物结合，尤其是与科技融合创新是文化休闲旅游的普遍方式。在现代科技的引领下，将文化内容进行重新创作，在生产传播和消费中都融入科技和现代特征，从而提高文化的影响力、表现力和传播力。创新活化，包含两个部分：一是"内容活化"，即将优秀传统的文化内容通过技术手段进行保存和传承；二是"形态活化"，主要是通过现代科技手段，丰富文化休闲的外在形态，使之生动活泼，丰富游客的体验和感知方式，让游客参与其中。如3D、4D、虚拟现

实、VR、AR等现代科技的应用，打破了传统的博物馆式陈列模式，通过各种新形式新内容进行文化解读和传播，给游客创造沉浸式、交互性和个性化的文化休闲旅游体验。

（二）场景营造，强化文化休闲旅游服务体验

提升文化休闲旅游服务质量要注重游客的体验性，其中体验场景营造，是旅游景区和旅游服务设计中易操作、见效快的方式，也是强化游客体验的重要因素。一个精致且能和游客产生情感连接的场景可以将抽象的文化旅游现实化、具体化，不仅能凸显景区和服务特色，还能强化游客体验，在场景和氛围中讲述文化，给游客创造能够囊括视觉、听觉、嗅觉、味觉、触觉等多元感知的体验过程，从而强化记忆，提高满意度。如江苏无锡灵山拈花湾。拈花湾的爆红很大程度上是得益于景区在设计之初就强调营造禅意场景氛围，通过大量场景细节精致设计，使其一山一水、一花一草、一门一窗、一杯一盏，甚至鸟叫虫鸣，无处不充盈着禅意（见图9-1、图9-2）。以场景化的构建，体验式的设计开发，成功营造出一种具有精品独具的禅意文化氛围，吸引大量游客前往并流连忘返。

图9-1　江苏无锡灵山拈花湾夜景

图 9-2　灵山拈花湾充满禅意的场景设计

(三)深化体验,深度感知文化休闲旅游内涵

文化休闲旅游服务需要通过旅游地和游客双向参与的方式,实现文化旅游产品的消费。延伸开发"身""心"兼备的深度体验项目,让游客不仅肢体动起来,精神上也要深度参与,才是实现和提高文化休闲旅游服务的重要方式。通过氛围营造、产品和活动设计,充分调动游客感官、情感和思维,增强游客身心体验。以茶文化休闲旅游为例,应将茶文化融入游客食、住、行、游、购、娱所有旅游要素和行程服务之中,打造茶文化深度体验之旅,通过品茶食、住茶舍、逛茶山、游茶园、购茶品、赏茶艺等实现一条龙深度体验。各个茶区根据当地饮食文化开发具有地方特色的茶宴,如杭州龙井茶宴,安溪铁观音茶宴等;在住宿方面,打造茶文化主题客栈和民宿;在购物方面,除了开发传统茶叶、茶具,还应开发有新特色、新功能的茶商品,如茶饼、茶糖、茶工艺、保健茶、减肥茶等;在茶文化的深度体验中,不仅要让游客品茶赏茶,还能让游客参与到茶的采摘、制作、封存过程和工艺之中;还可结合茶文化节庆、茶文化遗迹遗址和茶文化民俗进行开发设计,让游客能真正深入融入茶文化休闲旅游之中。

(四)特色文创,延长文化休闲旅游服务线

在文旅融合时代,文化创意已成为旅游开发的热门话题和后发动力,具有高度的融合性、较强的渗透性和辐射力。将文创融入文化休闲旅游之中,可以助力景区发展并延长文化休闲旅游服务线,推动旅游地的持续发展。文

创产品和服务可以从创作、制造、增值、流通到消费端等所有方面，让游客参与制作、创造、分享、传播、推广全过程。文创产品包括文创设计商品、节庆礼品、观光纪念品等。可以立足核心文化休闲旅游资源，寻求多元载体，并延伸出无限生长点，研发系列化的文创主题纪念品、商品。同时可以提供游客多样体验的文化休闲业态，如可进行扇面、竹编、手工编织等手工艺制作室；可读书、写毛笔字的书吧；体现古风拍摄汉服体验的私人摄影室，还有茶座、评书、国学私塾；等等。这些特色文创产品不仅可以涵盖在文化休闲旅游活动过程中，文创商品也可以作为纪念品成为游客文化休闲旅游的纪念和见证，有效延长服务线。

第三节 运动休闲旅游服务

与文化艺术一样，运动休闲在社会中有着举足轻重的作用。运动带来的好处包括强身健体，提高个人幸福感，推动社会的包容性发展。运动休闲活动的主体包含个人、团体甚至整个社会，能够联系起不同年龄段、不同运动技巧水平与能力的人群。人们所参与的运动休闲的种类很大程度上取决当地的环境，并且能在一定程度上反映社会系统与文化价值。

一、运动休闲旅游服务的定义

运动休闲旅游是一种特殊的旅游方式。从概念的字面意思看，运动休闲旅游既有"运动"，也有"休闲"，但归根结底是一种旅游方式。"所谓运动休闲旅游，是指通过运动休闲活动达成的旅游行为，是运动休闲与旅游两个概念内涵的有机合成"（汪亚明，2015）。运动休闲旅游是以休闲为目的，以运动项目、运动赛事、运动观赏等为基础条件和开发主题的一切旅游活动的总和。

运动休闲旅游服务是以运动休闲资源为依托，为了满足游客休闲旅游需求，提供以运动休闲旅游为主的各种产品和技术支撑的服务形式的总和。

运动休闲旅游服务具有参与性、自主性、业余性和小众性等特点。运动休闲旅游服务主要是让游客能够参与到运动休闲活动中，在体验过程中获得快感；活动内容由游客自主选择，根据自己的偏好选择喜欢的运动和休闲；服务过程中要充分认识到游客并非专业或竞技人员，是业余爱好或体验

拓展阅读 9-1

者，服务过程和内容也应根据游客的业余特征提供与之相应的服务；运动休闲活动内容众多，有很多针对特殊爱好的小众旅游市场，服务时应充分考虑服务特殊性，满足小众游客需求。

二、运动休闲旅游服务的主要内容

（一）滨水运动休闲旅游服务

滨水运动休闲旅游是以江、河、湖、海、溪流、瀑布、山涧等水资源为依托，通过开发、利用和加工，提供满足游客消费需求的运动休闲旅游产品和项目。中国幅员辽阔，水资源丰富，具有丰富多样的滨水休闲旅游运动资源。滨水运动休闲旅游服务则是为了帮助游客完成滨水运动休闲旅游而提供的各种旅游设施设备和服务的总和。包括滨河运动休闲旅游服务、滨湖运动休闲旅游服务、河滩运动休闲旅游服务、岛屿运动休闲旅游服务、沙滩运动休闲旅游服务、帆船运动休闲旅游服务、游艇运动休闲旅游服务等。

（二）冰雪运动休闲旅游服务

冰雪运动休闲旅游服务是依托于冰雪旅游资源，满足游客冰雪运动休闲旅游需求而提供的各种服务的总和。冰雪旅游资源属于自然旅游资源中的气象、气候旅游资源，只能在中高纬度的严寒季节才能出现，包括冰和雪两部分。利用冰雪旅游资源可以开发一系列冰雪旅游产品。冰雪运动休闲旅游服务是指在冰雪旅游中提供能让游客既参加运动健身活动，又能休闲娱乐的旅游产品和服务。游客通过冰雪运动休闲旅游能够亲身体验和感受运动休闲冰雪旅游活动的经历，满足冰雪运动休闲旅游心理需要，如滑雪、冬季森林探险、冰雪游戏、攀冰等冰雪运动休闲旅游服务。

冰雪地区的长期历史文化发展，与当地的风俗习惯、宗教信仰等相结合，形成了独特的民族或地方冰雪文化，形成了独特的民俗型冰雪运动休闲旅游资源。如达斡尔族的打冰嘎溜，锡伯族的蹬冰滑子、撑冰车；满族的抽冰猴、拉爬犁、滑冰车、冰上踢石球等；赫哲族的滑雪、狗拉雪橇；鄂伦春族的精骑善射、森林狩猎等，可以给游客不一样的冰雪运动休闲旅游服务体验。

（三）山地运动休闲旅游服务

山地运动休闲旅游服务是依托于山地运动旅游资源，满足游客山地运动休闲旅游需求而提供的各种服务的总和。中国山地运动休闲产业市场巨大，山地适宜开展的运动休闲项目很多，主要有徒步、山地摩托、山地越野、漂流、林地探险、骑马、露营、滑雪、溯溪、攀岩等。山地运动休闲旅游服务需要山地景区把运动休闲项目作为景区的补充要素，起到提升景区运动休闲功能的作用。一些山地运动休闲条件优越的地方，已自发成为许多"驴友"的首选地，这种情况下，可以借助主题化的开发模式，确定山地运动休闲的核心，使各项经营围绕山地运动休闲展开，提供徒步、漂流、滑雪、探险等主题运动项目，并且提供专业的运动设备以及安全救护保障，保障游客山地运动休闲旅游体验。

（四）沙漠运动休闲旅游服务

我国是世界上沙漠较多的国家之一，沙漠和沙地集中分布在西北、华北、东北地区。沙漠运动休闲旅游服务是以沙漠景观、沙漠地势和沙漠环境为资源条件，满足游客沙漠运动休闲旅游需求而提供的各种服务的总和，是融观光、运动、休闲、猎奇等功能为一体的旅游项目和服务。可以提供各种运动休闲旅游服务满足游客在沙漠里赛驼、冲浪、滑沙、沙舟、登沙山、拉沙撬、拔河、射箭、沙漠定向越野、机动车沙地运动、沙地马术、沙漠体验、沙漠宿营、拓展基地、高空滑索、沙疗、沙浴、丛林迷宫、滑沙、沙画、沙漠摄影等沙漠运动休闲体验，获得别致旅游享受。

（五）民族运动休闲旅游服务

各个民族在不同的地理环境、生产生活、宗教信仰、历史文化等条件的影响下，形成了独特的民族运动休闲文化，如藏族的赛牦牛、蒙古族的摔跤、侗族的哆毽、彝族的跳火绳、朝鲜族的跳板等。这些运动休闲项目既反映出各民族的生活习俗、劳作方式、审美情趣、宗教祭祀等特点，又体现鲜明的民族性特征。传统民族节庆体育运动活动，如广西龙胜县每年的农历二月十五举行"花炮节"，当地的瑶族民众开展一系列具有民族风情特色的民族体育运动活动，如花炮巡游、抢花炮、水田拔河、顶竹杠等，吸引了上万名中外游客观赏体验。民族运动休闲旅游服务是依托各种民族运动休闲旅游资源，提供各种服务和产品让游客能够了解并参与到各项民族运动休闲活动之中，体验到民族运动休闲的乐趣。

拓展阅读9-2

三、运动休闲旅游服务质量的提升

（一）完善运动休闲旅游的相关配套服务体系

运行休闲旅游需要服务配套设施齐全，在提供涵盖食、住、行、游、购、娱等所有基本旅游要素服务设施设备的基础上，还应该配套运动休闲必需的设施设备和服务体系，满足游客的运动休闲旅游需要，如必要的运动休闲设施设备、补给站、修理站、咨询服务等。如骑行爱好者的天堂——浙江五峰山运动度假村建设的德明骑侠驿站,是全球第一个以骑自行车环球名人命名的骑行驿站。该驿站由五峰山运动度假村和骑友网联合共建,提供旅游咨询、单车租赁、骑行线路、维修保障、能量补给、活动会议等完整服务;此外,驿站还配备了虚拟骑行系统供游客体验,游客可以在骑行中感受度假村的风光。

(二)建设运动休闲旅游服务安全保障体系

安全保障是实现运动休闲旅游服务的基础,因此必须建设完整健全的安全保障体系:一是建立运动休闲旅游安全预防机制,包括应急预案编制、应急能力建设、风险转移以及风险防范措施;二是建立运动休闲旅游安全监测预警机制,即构建多部门协作的监测网络,全方位、全天候、全要素监测运动休闲旅游风险,加强风险预警,实行旅游风险提示制度,核查预警信息接收情况和防范措施落实情况;三是建立运动休闲旅游安全控制响应机制,即编制应急预案,实现分级响应、现场安全控制,成立救援指挥系统,最快确定救援方案,形成公益、民间与商业救援三位一体的救援体系;四是创新运动休闲旅游安全巡查机制,与专业安全服务机构合作,建立健全运动休闲旅游安全管理机制,优化旅游安全隐患检查方式,以专业技术为支撑,系统、全面、科学地开展运动休闲旅游安全巡检和隐患排查,形成整体联动的运动休闲旅游安全应急管理工作格局,全面保障游客的运动休闲旅游安全。

(三)与赛事活动相结合,充分利用地方运动休闲旅游资源

赛事活动是旅游地吸引游客的重要途径之一,大型运动赛事活动因其巨大的影响力可以提高旅游人数和旅游收入,这也是很多国家和地区争相争取各种赛事举办权的重要原因。依托当地的体育资源,以运动为主要元素,开发休闲度假运动,采用度假区、运动场等形式,配备完善的运动设施,打造融休闲、观光、运动、娱乐、度假为一体的运行休闲旅游模式,吸引游客,带动周边体育、休闲、旅游等相关产业发展。与本地的体育设施,如体育馆、游泳池、足球场、田径场、篮球场、滑冰场、棒球场、网球场、赛马场、保龄球场等相结合,在服务本地居民运动生活的同时,也能服务于游客。还可以将城市文化融入赛事活动和运动休闲配套建设中,让游客在运动休闲之中也能领略城市文化氛围。

(四)建设运动休闲旅游服务专业技术人员管理体系

运动休闲旅游服务对从业人员的职业素质要求更高,要求从业人员在专业能力、团队协作、沟通交流、心理素质、身体素质等方面具备较高素质。在提供服务的过程中,运动休闲服务人员就是游客的安全保障,需要具有开展运动休闲旅游所必需的技能、安全意识、团队协作能力,加强与游客的沟

通，保证运动休闲旅游正常进行。要提高并保持整体服务水平，就必须建立运动休闲旅游服务专业技术人员管理体系，体系应包含四个方面：

一是建立运动休闲旅游从业人员的准入机制，特别是提高运动休闲接待、教练和指导人员的准入门槛，对于这些人员进行法律、业务、礼仪、心理和职业道德以及专业运动技能和知识的系统培训，实行凭证上岗，提高进入门槛，从根本上提高服务水平。

二是建立运动休闲旅游从业人员的考核机制，对从业人员进行年度考核。

三是建立运动休闲旅游从业人员评价机制，实行量化评价，树立模范标兵，淘汰不合格从业者。

四是建立旅游从业人员奖惩机制，进一步引导运动休闲旅游服务从业人员专业技术和服务水平的提高。

第四节　康乐休闲旅游服务

康乐休闲旅游在 19 世纪开始升温。随着旅游业的发展，现代意义的康乐休闲已经不限于旅游饭店专有，在旅游景区、城市娱乐场所、旅游主题乐园中也同样有康乐设施和项目。

一、康乐休闲旅游服务的定义

什么是康乐休闲旅游呢？目前国内学术界还缺乏明确且广泛被人所认同的说法。比较有代表性的定义如下：

（1）康乐休闲旅游是指旅游者为了实现养生健体，康养身心，休闲娱乐的目的从而进行的旅游活动（田云国，段文英）。

（2）康乐休闲旅游是建立在良好的物候基础之上，以旅游的形式促进游客身心健康，增强游客快乐，达到幸福为目的的专项度假旅游（任宣羽）。

（3）康乐休闲旅游概括来讲为健康旅游、养生旅游，是一种建立在自然生态环境、人文环境、文化环境基础上，结合观赏、休闲、康体、游乐等形式，以达到延年益寿、强身健体、修身养性、医疗、复检等目的的旅游活动（王赵）。

（4）四川省（雅安市）地方标准《"金熊猫"旅游服务质量等级划分与评定》（DB5118/T 5.6-2019）认为康体娱乐是指"社会各部门提供的与康体娱乐活动有关的一切产品和服务，以及与这些产品与服务相关的所有经营活动康体娱乐总和，主要包括健身娱乐业，涵盖了体育健身、休闲娱乐、户外运动、观赏和体育旅游等内容"。

然而，上述定义都只是阐明了康乐的目的，即修身养性，放松心情，保持身心健康，却都缺乏对康乐休闲旅游的具体内容描述。因此，我们将康乐休闲旅游做出如下定义："以旅游景区、娱乐场所、游乐场所和旅游饭店等的康体娱乐、康疗娱乐设施为基础和载体，以休闲为目的的所有的旅游活动和服务总和。"

综上所述，康乐休闲旅游服务是"以康乐休闲资源为依托，为了满足游客康乐休闲旅游需求，提供以康乐休闲旅游为主各种产品和技术支撑的服务形式的总和"。

康乐休闲旅游服务具有娱乐性、丰富性和现代性等特点。康乐休闲旅游服务专注于娱乐产品和服务的开发，满足游客娱乐体验；康乐休闲旅游服务内容丰富多样，可由多个小体量、短时间的项目、产品、服务和设施组合而成；康乐休闲旅游是现代社会发展的产物，与现代生活、科技息息相关，服务过程和内容也深受现代科技、手段和方式的影响。

二、康乐休闲旅游服务的主要内容

（一）旅游饭店康乐休闲旅游服务

康乐休闲旅游服务并不限于旅游饭店专有，在旅游景区、娱乐场所、游乐场所都有康乐设施和项目，旅游饭店所提供的康乐休闲服务是康乐休闲旅游产品的重要组成部分。国家标准《旅游饭店星级的划分与评定》（GB/T 1438-2010）明确三星级以上的旅游饭店需"具有会议康乐设施设备，并提供相应服务"。康乐设施包括但不限于歌舞厅、酒吧、健身房、电影院以及保龄球馆、桌球室、台球室、游戏房、网球场、游泳池和棋牌室等，项目丰富多样，且都需要配备必备的设施设备和管理服务人员。随着饭店业不断发展，高端饭店越加向休闲度假综合体发展，所提供的康乐休闲内容和服务逐渐丰富和时尚，比如很多五星级旅游饭店具备高尔夫、滑雪、SPA、潜水、水上水下运动等各种高端康乐休闲旅游服务。

（二）主题乐园康乐休闲旅游服务

主题乐园康乐休闲旅游是旅游市场热点，其中以迪士尼乐园最为著名，是最具代表性的现代综合性游乐园。随着我国旅游业的不断发展，也出现了大量知名本土品牌，如北京密云国际游乐场、深圳欢乐谷、上海锦江乐园、芜湖方特欢乐世界、常州中华恐龙园、深圳东部华侨城等。主题乐园娱乐休闲旅游服务就是依托于主题乐园为游客园内康乐休闲旅游体验而提供的一站式服务。主题公园与游乐场最大的区别在于"主题"二字。所谓主题，即需要具有一个或多个特定文化旅游主题，依托自然环境，塑造特色鲜明的差异化主题，如冰雪欢乐世界主题、丛林探险主题、热高乐园主题等；围绕主题配备相关项目和设施，为游客带来最好玩、最安全、最顶级的主题乐园康乐休闲旅游设备；提供温情服务，增加游客体验，针对每个园区不同的主题特色与客群差别等特征，提供个性化和精细化服务。

（三）娱乐场所康乐休闲旅游服务

娱乐场所康乐休闲旅游服务是以娱乐场所内的康乐休闲资源为依托，满足游客康乐休闲需求而提供的各种服务。娱乐场所的康乐休闲旅游服务是以一定的娱乐场所、设施或环境为基础，让游客消除疲劳、振奋精神、健壮体魄的休闲旅游服务。主要包括两部分：一是依托于城市的基础服务设施和休闲设施而提供的服务，包括公益性设施和经营性设施服务，如休闲广场、KTV、歌舞厅、健身俱乐部以及体育馆、洗浴中心（SPA、美容、足疗馆）等，这部分设施首先为当地居民服务，但能同时满足游客的康乐休闲需求。二是依托旅游景区景点的旅游设施而提供的服务，包括高尔夫球场、保龄球馆、滑雪以及船艇运动服务，还包括主题公园、游乐园、狩猎场、竞技游乐场服务等。

（四）其他专项康乐休闲旅游服务

除了上述旅游饭店康乐休闲旅游服务、主题乐园康乐休闲旅游服务和娱乐场所康养休闲旅游服务等典型类型外，还有很多其他专项康乐休闲旅游服务类型。就康乐休闲旅游服务本身而言，它与文化休闲旅游服务、运动休闲旅游服务和户外休闲旅游服务等具有融合性和交叉性，不能完全割裂开，这是旅游的综合性属性所决定的。有时同一种旅游服务，从产品和服务属性看，可以同时有几项内涵，如城市主题乐园既是康乐休闲旅游服务类型，也可属于城市休闲旅游服务类型，同时也有可能是文化休闲旅游服务类型。因此，我们在理解不同休闲旅游服务类型时候，主要是基于其主要功能、目的和最基本的内涵和属性。同时，随着康乐休闲旅游的不断发展，会有更多的康乐休闲项目、产品、设施设备不断推陈出新，以满足游客不断变化的康乐休闲旅游需求。

三、康乐休闲旅游服务质量的提升

（一）规范康乐休闲旅游服务内容和体系

康乐休闲旅游服务与其他服务相比，涵盖的内容更加多样，对服务要求、服务保障、服务监督等提出了更高要求。为保障康乐休闲旅游服务质量，应根据地方和景区特色分别制定康乐休闲旅游服务规范，明确服务的内容和基本要求、服务提供、服务保障以及服务监督与改进等内容。以主题乐园的康乐休闲旅游景区为例，首先，应对主题公园的文化内涵，从文化的角度予以区分；其次，主题乐园的服务应规范，特别是安全检查、水上游乐水质、食品安全等应做相应的具体要求，将剧场演出、花车巡游等受旅客欢迎但易出现安全问题的项目纳入管理体系；最后，园内各种游乐项目内容、设施设备要做好安全检查工作，对服务内容和流程作出规范；在售票、餐饮和购物方面，对售、换、退和服务等方面作出明确规定，从各方面保证康乐休闲旅游服务质量。

（二）设立康乐休闲旅游设施和服务评级和标准

不同的景区还应根据景区等级设立康乐休闲旅游设施和服务评价等级和标准，以保证康乐休闲旅游服务质量。对康乐休闲旅游服务的接待人员，尤其是相关人员，如足浴技师、美容技师、健身教练等设定从业资格和等级评定标准和体系，规范行业服务质量和从业人员素质技能，保障服务质量。将游客满意度作为康乐休闲旅游服务质量评价指标，不断跟进和反馈游客意见。除了无形的服务外，康乐休闲旅游在硬件维护上也应重视和规范，除了既有的设施设备，还应提供完善的公共服务，如婴儿车、轮椅、移动电源、育婴室、置物柜、宠物寄放处、广播寻人等服务。不同等级的康乐休闲旅游场所应根据服务等级和项目包含必要的服务设施，以满足游客康乐休闲旅游需求。

（三）创新康乐休闲旅游产品和服务内容

随着经济社会、科技和旅游市场的不断发展，传统的康乐休闲旅游服务已经不能满足游客的细分化、特色化、个性化、主题化需求。不断创新是保障和提高康乐休闲旅游服务质量的必然途径。创新主要体现在三个方面：一是业态创新，积极开发康乐休闲旅游新产品，打造旅游新业态，在旧业态的基础上增加新业态，并重点推进新旧业态的融合。二是技术创新，与现代科技相结合，引入先进技术，丰富游客体验方式，如康乐休闲旅游融入 VR/AR 技术的应用，打破时空的限制，形成 VR 酒店预订、AR 旅游目的地、VR 主题公园、VR 旅游演艺等新康乐休闲旅游新形态，从内容和展现形式、游客体验方式和目的地营销方式上给游客不一样的康乐休闲旅游体验。三是程序创新，通过时间整合出行方式，根据游客需求特征、节庆活动安排、交通拥堵规律等结合"四季全时"的理念，四季即春夏秋冬，全时即"白天+夜晚"；同时通过夜间造景、民俗节庆、商街夜市和旅游演艺等方式，打造夜间旅游或开发特色交通旅游增值服务产品，通过活动组织、时间安排给游客提供新的康乐休闲旅游体验。

本章小结

本章主要介绍了四种特色休闲旅游服务——户外休闲旅游服务、文化休闲旅游服务、运动休闲旅游服务、康乐休闲旅游服务的相关概念、主要内容,并分别对如何提升其服务质量提出建议,让学生了解特色休闲旅游服务的基本内容,掌握应具备的特色服务技能和相关知识,了解新业态,具备不断创新拓展自己专业知识和技能水平的意识,并具有一定的应变和创新能力。

思考与练习

一、填空题

1. 运动休闲旅游服务是以（　　）为依托,为了满足游客休闲旅游需求,提供以（　　）为主的各种产品和技术支撑的服务形式的总和。

2. 户外休闲旅游服务的主要内容包括：城市户外休闲旅游服务、（　　）、（　　）和特色户外休闲旅游服务。

参考答案

3. 户外休闲旅游按自然环境可分为（　　）、（　　）、（　　）、（　　）、湿地、山地、高原七类。

4. 文化休闲旅游分类大致可分为：历史文化休闲旅游服务、（　　）、民俗文化休闲旅游服务、（　　）等。

5. 运动休闲旅游服务的主要内容包括（　　）、冰雪运动休闲旅游服务、山地运动休闲旅游服务、（　　）、民族运动休闲旅游服务。

二、单项选择题

1. 我国是世界上沙漠较多的国家之一,沙漠和沙地集中分布在（　　）地区。

    A. 西北华北东北   B. 西南华南中南

    C. 西北华北西南   D. 西北华南华东

2. 广西龙胜县每年的农历二月十五举行"花炮节",当地的瑶族民众开展一系列具有民族风情特色的民族体育运动活动,如花炮巡游、抢花炮、水田拔河、顶竹杠等,这属于（　　）。

    A. 冰雪运动休闲旅游   B. 主题乐园康乐休闲旅游

C. 历史文化休闲旅游 　　　D. 民族运动休闲旅游

3. (　　) 肩负着传承文化根脉、珍藏历史记忆、彰显民俗特色的重任。

A. 历史文化 　　　B. 现代文化

C. 民族民俗 　　　D. 休闲文化

4. 历史文化休闲旅游以 (　　)、遗址、古建筑等为代表，主要面向旅游业所在地的历史文化遗产。

A. 现代文化 　　　B. 艺术

C. 技术成果 　　　D. 文物

5. 如潍坊的风筝节、绵竹的年画节等属于 (　　) 休闲旅游。

A. 民俗文化 　　　B. 城市户外

C. 民族运动 　　　D. 历史文化

三、简答题

1. 简述户外休闲旅游服务质量的提升。
2. 简述文化休闲旅游服务主要内容。
3. 简述康乐休闲旅游服务主要内容。

四、论述题

如何创新康乐休闲旅游产品和服务内容？

参考文献

[1] 孙静. 旅游服务教程[M]. 哈尔滨：哈尔滨工业大学出版社，2004.

[2] 吴必虎. "旅游系统论"对旅游活动与旅游科学的一种解释[J]. 旅游学刊，1998（1）：214.

[3] 张文建，王晖. 旅游服务的无形性与有形展示[J]. 桂林旅游专科学校学报·旅游学科建设与旅游教育增刊，1999（10）：15.

[4] 谢春山，岳艳琴. 试论旅游产品与旅游服务的概念内涵及其关系[J]. 旅游研究，2014（10）：46.

[5] 罗越福. 旅游业隐性服务问题探究[J]. 合作经济与科技，2009（9）.

[6] 樊平，李琦. 餐饮服务与管理[M]. 3版. 北京：高等教育出版社，2012.

[7] 全国导游人员资格考试教材编写组. 导游业务.[M]. 2版. 北京：旅游教育出版社，2016.

[8] 曹花蕊，韦福祥. 娱乐休闲消费中的沉浸体验及其作用研究[J]. 天津师范大学学报·自然科学版，2017（6）：71-75.

[9] 李天元. 旅游学概论[M]. 天津：南开大学出版社，2015.

[10] 刘伟. 旅游概论[M]. 北京：高等教育出版社，2019.

[11] 全国导游人员资格考试教材编写组. 导游业务[M]. 2版. 北京：旅游教育出版社，2017（5）.

[12] 杨崇君，黄代淼，刘琪. 试论旅游服务从业人员的职业素质[J]. 消费导刊，2010（1）：26.

[13] 韦晨. 提升旅游服务人员素能，培养卓越人才[J]. 当代旅游，2019（10）：9.

[14] 陈福义. 旅游服务创新分析[J]. 阿坝师范高等专科学校学报，2004（12）：6.

[15] 郭春丽. 基于旅游信息服务视角下的智慧旅游概念研究[J]. 当代经济，2017（6）：12-13.

[16]魏娟.旅游服务从业人员必备的职业素质[J].校园之声,2012,510(7):58.

[17]匡翼云.近十年中国旅游服务质量研究综述[J].乐山师范学院学报,2013,28(6):6.

[18]李广.行业"推荐性标准"能否作为司法裁定的依据?[N].中国旅游报,2020-12-10:3.

[19]杨丽.欧洲国家旅游标准化管理及对我国的启示[D].昆明:云南大学,2013.

[20]邱萍.旅游标准化研究与创新[M].北京:旅游教育出版社,2015.

[21]李鹏.旅游标准化理论研究与实践[M].北京:中国旅游出版社,2013.

[22]张莺莺,张铱莹,李驰.《旅游景区安全防护设施基本规范》地方标准解读[J].标准科学,2017(11):7.

[23]Dunnhl. *High-levelwellnessformanandsociety*[J]. Americanjournalofpublichealthandthenationshealth,1959,49(6):786-792.

[24]王赵.国际旅游岛:海南要开好康养游这个"方子"[J].今日海南,2009(12):12.

[25]刘群红.发展我国休闲旅游产业问题的若干思考[J].求实,2000(8):41-43.

[26]陈永昶,郭净,徐虹.休闲旅游——国内外研究现状、差异与内涵解析[J].地理与地理信息科学,2014,30(6):94-98.

[27]任宣羽.康养旅游:内涵解析与发展路径[J].旅游学刊,2016(11):1-4.

[28]李鹏,赵永明,叶卉悦.康养旅游相关概念辨析与国际研究进展[J],旅游论坛,2020(1):69-80.

[29]谢春山,岳艳琴.试论旅游产品与旅游服务的概念内涵及其关系[J].旅游研究,2014(4):1-5.

[30]丁雨莲,陆林,黄亮.文化休闲旅游符号的思考——以丽江大研古城和徽州古村落为例[J].旅游学刊,2006,21(7):12-16.

[31]郭剑英.四川休闲旅游资源及开发评价[J].乐山师范学院学报,2005,20(12):92-94.

[32]张洪森.青岛市休闲旅游发展研究[D].青岛:中国海洋大学,2013.

［33］杨益群.城市休闲文化［J］.南方论坛，2002，1（1）:86-92.

［34］陈秀忠.康乐服务与管理［M］.北京：旅游教育出版社，2006.

［35］全国导游资格考试统编教材专家编写组.导游业务［M］.4版.北京：中国旅游出版社，2019.

［36］雷巍娥.森林康养概论［M］.北京：中国林业出版社，2016.

［37］赵慧，隋荣庆.康养旅游文化消费研究［M］.济南：山东人民出版社，2018.

［38］郑健雄.休闲旅游产业概论［M］.北京：中国建筑工业出版社，2018.

［39］马惠娣.未来十年中国休闲旅游业发展前景展望［J］.齐鲁学刊，2002（2）：8-10.

［40］杨铭铎，陈心宇.休闲、养生、度假旅游概念辨析［J］.黑龙江科技信息，2009（29）：8-9.

［41］梁焰.乡村旅游服务规范现状及思考——以贵州省黔东南州为例［J］.现代经济信息，2011（4）：9-11.

［42］樊平，李琦.餐饮服务与管理［M］.2版.北京：高等教育出版社，2019.

［43］刘军田.菜肴基础知识及营养卫生［M］.4版.北京：中国劳动社会保障出版社，2016.

［44］张怀玉.烹饪营养与安全［M］.3版.北京：高等教育出版社，2019.

［45］雷铭，薛欣，陈维.康养服务理论与实践［M］.北京：旅游教育出版社，2020.

［46］国家旅游局.国家康养旅游示范基地［OL/DB］.［2021-03-05］.https：//www.cnta.gov.cn.

［47］浙江省文化和旅游厅.康养旅游服务规范［OL/DB］.［2021-02-10］.https：//zjjcmspublic.oss-cn-hangzhou-z.

［48］汪亚明.运动休闲旅游开发的"浙江经验"［J］.旅游研究，2015，7（3）：63-68.

［49］白慧芳，李艳芳.城市休闲旅游创新开发研究——以石家庄市为例［J］.国土与自然资源研究，2011（3）：52-53.

［50］董长云，崔玲.转型期城市休闲旅游发展研究——以扬州为例［J］.中国商贸，2011（18）：171-172.

［51］阚敏.康乐服务实训教程［M］.北京：中国人民大学出版社，

2007.

［52］谢元鲁．旅游文化学［M］．北京：北京大学出版社，2007：295-322．

［53］杨畅．乡村休闲文化旅游可持续发展的困境与破解——基于湖南实践的思考［J］．农村经济，2016（4）：50．

［54］宋文丽，苏剑，刘筱秋，高宏．和合思想指导下的乡村休闲旅游目的地规划——以鹿鸣岭景区为例［J］．中国农学通报，2012，28（15）：312-316．

［55］罗自力，温萍．乡村休闲旅游产业定位思考［J］．农村经济，2007（3）：50-52．

［56］姚应祥，王益平．基于"生态+"理念的运动休闲旅游策略研究——以湖州市为例［J］．湖州职业技术学院学报，2017，15（4）：84-87．

［57］赵东辉．基于政策利导下运动休闲旅游产业融合发展研究［J］．体育研究与教育，2017，32（2）：25-27．

［58］汪亚明．运动休闲旅游开发的"浙江经验"［J］．旅游研究，2015，7（3）：63-68．